WIEN
1890-1920

WIEN 1890-1920

herausgegeben von Robert Waissenberger

mit Beiträgen von
Hans Bisanz, Kurt Blaukopf,
Günter Düriegl, Renata Kassal-Mikula,
Harald Leupold-Löwenthal,
Wendelin Schmidt-Dengler,
Robert Waissenberger
und Reingard Witzmann

Ueberreuter

CIP-Kurztitelaufnahme der Deutschen Bibliothek

Waissenberger Robert:
Wien 1890 [achtzehnhundertneunzig] - 1920/
Robert Waissenberger. - Wien; Heidelberg:
Ueberreuter, 1984.
ISBN 3-8000-3196-5

J 1399/1

Printed in Switzerland

INHALTSVERZEICHNIS

VORWORT

Robert Waissenberger

Für Wien, eine der damals wichtigsten Großstädte der Welt, bedeuteten die Jahre um 1900 einen Kulminationspunkt seiner Entwicklung. Freilich mußten Jahre vergehen, bis die auf geistigem und kulturellem Gebiet vollbrachten Leistungen dieser Epoche volle Anerkennung fanden. Vor wenigen Jahren erst begann dem Kenner die volle Bedeutung des Jugendstils Wiener Ausprägung bewußt zu werden, der als Spätform künstlerischer Bestrebungen »im Stil« sich von anderen Unternehmungen der Zeit unterschied. Als die Kunstformen der École de Paris, des deutschen Expressionismus und anderer moderner Bewegungen bereits längst voll gewürdigt wurden, standen die großen Wiener Künstler der Jahrhundertwende immer noch im Schatten anderer schöpferischer Gestalten: Weder Klimt noch Schiele, weder Josef Hoffmann noch die Wiener Werkstätte fanden das Interesse, das ihnen eigentlich zustand; man sah in ihnen nicht mehr als eine Art Außenseiter der Kunst.

Nicht geringer als die Bedeutung der bildenden Kunst ist die des musikalischen Schaffens in Wien. Das zu Ende gehende 19. Jahrhundert ist die Zeit von Brahms und Bruckner, die beide in dieser Stadt wirkten. Gustav Mahler war eine Zeitlang als Operndirektor tätig und hatte als Komponist Erfolg, während die Musiker des Kreises um Arnold Schönberg, die »Wiener Schule« mit Alban Berg und Anton von Webern, von sich reden machten, ohne daß man sie sogleich als erfolgreich bezeichnen kann.

Die Architekten Otto Wagner und Adolf Loos, heute überall als Wegbereiter moderner Architektur anerkannt, traten mit ihren deutlich profilierten Arbeiten an die Öffentlichkeit. Schließlich gewannen auch die Schriftsteller allseits an Bedeutung, allen voran die Dramatiker und Prosaisten Arthur Schnitzler und Hugo von Hofmannsthal. Ist ihre Eigenart einerseits ohne ihr Wirken auf Wiener Boden nicht verständlich, so verhalfen sie andererseits Wien zu seinem Ruf als interessante Stadt des Fin de siècle.

Selbstverständlich ist die Konzentration künstlerischer Schaffenskraft in Wien nicht eine einmalige, aus dem Nichts entstehende Erscheinung, die weder Vorher noch Nachher hatte. Die Künste stehen durchaus in einer Tradition. Die Hervorbringungen mit überregionaler Bedeutung sind nur gleichsam als Produkte einer überhitzten Treibhausatmosphäre zu verstehen, die ein verstärktes Wachstum bewirkte und in den Jahren um die Jahrhundertwende die Stadt beherrschte. Nirgends sonst war die Stimmung einer Wende, eines nahenden Unterganges so sehr spürbar wie hier. Das hing auch mit den komplizierten politischen und nationalen Verhältnissen Österreich-Ungarns und dem Bewußtsein zusammen, daß sich hier nur so lange nichts ändern würde, als »er lebt« – gemeint war der hochbetagte Kaiser Franz Joseph I. von Österreich.

Natürlich stellt sich die Frage, wo die Ursachen für eine plötzliche Steigerung aller Kreativität liegen. Sie werden sehr verschieden sein. Man findet zwischen den hohen, überfeinerten Qualitätsansprüchen der Kunst und den gesellschaftlichen Gegebenheiten so leicht keinen Zusammenhang und neigt zu der Auffassung, daß die Kunst nicht zuletzt auch als Reaktion auf das Mißbehagen aufzufassen ist, das der Kreative vor den Zeitumständen empfindet. Man kann weder behaupten, daß die Kunst der Zeitgenossen von damals allzuviel Verständnis fand, noch daß die gesellschaftlichen Verhältnisse befriedigend gewesen wären. Mehr oder weniger prophetisch tritt hier der Künstler gegen das Bestehende auf.

Die großartige Kunst also, allen voran die Schöpfungen der Secession und der Wiener Werkstätte, wurden und konnten wohl in ihrer exklusiven Haltung und Kostbarkeit nur von einer schmalen Bevölkerungsschicht angenommen werden. Es war allein das liberale Großbürgertum, das sich aufgeschlossen und weltoffen zeigte. Doch der Anzahl nach waren das im Grunde genommen nur wenige Menschen. Nach außen hin ist man Zeuge einer unerhört rasch vor sich gehenden Vergrößerung der Stadt und eines sprunghaften Anwachsens der Bevölkerungsziffer. Im Zusammenhang damit stehen aber auch großes Elend, drückende Wohnungsnot und die Unterbringung der Menschen in unzureichenden Massenquartieren. So gestaltete sich das gesellschaftliche und politische Leben in Wien besonders spannungsreich, nicht zuletzt auch deshalb, weil die Stadt eine Art Abbild des Vielvölkerstaats der österreichisch-ungarischen Monarchie bot.

Der aus der Problematik einer rasch gewachsenen Stadt entstandenen Situation steht also eine Kunst gegenüber, die sich vielfach in einem übersteigerten Ästhetizismus gefällt, eine Kultur des Großbürgertums. Dichter und Literaten befassen sich vor allem mit großbürgerlichen Anliegen und Nöten, wie sie typisch sind für eine überfeinerte Gesellschaft, die sich allerdings ihrer Fragwürdigkeit bewußt zu werden beginnt.

Es ist aus der angedeuteten Lage verständlich und nicht als Zufall zu werten, daß zu dieser Zeit in Wien Sigmund Freud wirkte und hier sein Gedankengebäude der Psychoanalyse entwarf. Man hat sich überlegt, ob es gerade Wien sein mußte, wo dies geschah, ob solches nicht auch anderswo auf der Welt hätte geschehen können. Sicher ist, daß zwischen Psychoanalyse und gesellschaftlicher Situation in Wien ein sehr wesentlicher Zusammenhang besteht; so soll sie als geistesgeschichtliches Phänomen im vorliegenden Buch die Gegensätzlichkeit zwischen dem äußeren Leben der Stadt, den gesellschaftlichen Gegebenheiten und dem Streben nach Vollendung in der Kunst überbrücken.

Es ist nicht möglich, den gesamten Komplex des Lebens einer Stadt wie Wien, wenn er auch nur dreißig Jahre umfaßt, darzustellen. Man ist gezwungen, aus dem Kontinuum einzelne Beispiele hervorzuheben. Wenn diese einigermaßen abgewogen einander gegenüberstehen, vermag das Bild wohl auch den Leser zu überzeugen. Von den prachtvollen Schöpfungen der Kunst allein zu sprechen, hieße einen falschen Eindruck erwecken, so wunderbar, so kostbar, so sehr seltener Höhepunkt sie auch sind. Nur besteht Gefahr, daß man die Anliegen von Kunst und Zeit miteinander verwechselt. Und das wäre falsch. Erst die Widersprüche innerhalb der Kunst und die Widersprüche zwischen Kunst und Zeit ergeben ein annähernd wahres Bild.

DAS BILD DER STADT – GESTALT UND WANDLUNG

Günter Düriegl

Verhalten zwar, vielleicht sogar kritisch – auch mäßigende Zurückhaltung und kühle Distanz entsprachen dem bürgerlichen Weltbild –, aber nicht ohne Selbstbewußtsein beurteilte im Jahre 1908 ein Reiseführer Wien: »Auf dem Kontinent nur von Paris an Größe und Glanz übertroffen, hat Wien bis zur Weltausstellung von 1873 seine Rolle als vornehmste deutsche Stadt behauptet. Aber schon die Ereignisse von 1866 haben es der politischen Vorortschaft in Deutschland entkleidet und auf die zentrale Stellung innerhalb der Monarchie zurückgedrängt, die überdies infolge der dualistischen Reichsverfassung von 1867 zu einem Teile auf Budapest überging. Trotz der hiemit verbundenen Rückschläge in der Entwicklung bildet Wien als weitaus größte Stadt des Reiches, als ständige Residenz der Dynastie und Sitz der gemeinsamen Verwaltung sowie der Diplomatie, ferner durch die Vereinigung der bedeutendsten industriellen und kapitalistischen Unternehmungen, wie auch der größten wissenschaftlichen und Kunstinstitute den Schwerpunkt nicht nur des österreichischen Staates, sondern auch der Gesamtmonarchie und hat neuerdings wieder einen großen Aufschwung genommen. An Zahl der Bewohner seit 1871 von Berlin überflügelt, ist Wien nächst diesem die größte deutsche Stadt und die dritte des europäischen Festlandes; unter den Millionenstädten der Erde nimmt sie nach London, New York, Paris und Berlin den fünften Rang ein, der ihr allerdings bereits durch Chicago und Tokio streitig gemacht wird.«[1]

Wien war nun einmal das Zentrum Österreich-Ungarns, der Mittelpunkt einer europäischen Großmacht, Symbol für und Sehnsucht von etwa 54 Millionen Bewohnern eines mächtigen Reiches. Und bemerkenswert daran ist, daß die Stadt dies in wenigen Jahrzehnten geworden war, in einem Zeitraum, der so recht einsetzte, nachdem die Revolution des Jahres 1848 zwar gescheitert, ihr eigentlicher Träger aber, das Bürgertum, sich im bezeichnenden modus vivendi des Liberalismus mit dem Legitimismus der konservativ-restaurativen Staatsautorität etabliert hatte. In dieser Zeit, der »Gründerzeit« – welch ein verharmlosendes Wort für einen manchmal sehr haltlosen Taumel, der nicht nur faszinierende Höhen, sondern auch erschreckende Tiefen erleben ließ –, war Wien zunächst Großstadt und sodann glänzende Weltstadt geworden.

Mit der von 1857 an entstandenen Ringstraße, der so inhaltsreichen Erbin des drohend abweisenden, die Innenstadt beengenden Festungsgürtels, hatte die seit 1694 bestehende rechtliche Einheit von Stadtkern und Vorstädten[2] nun auch ihre unübersehbare, ja geradezu greifbare Verwirklichung erhalten. An der mit Ailanthusbäumen, Linden und Platanen bepflanzten Straße hatten die besten Architekten der Zeit ihre Gedanken zur Idee des »Gesamtkunstwerkes« vorgetragen, der schimmernde Glanz dieser Via triumphalis wurde zum Symbol der Großstadt. Jetzt unterschied man Innenstadt nicht mehr von Vorstadt, man unterteilte den Stadtkörper in neun

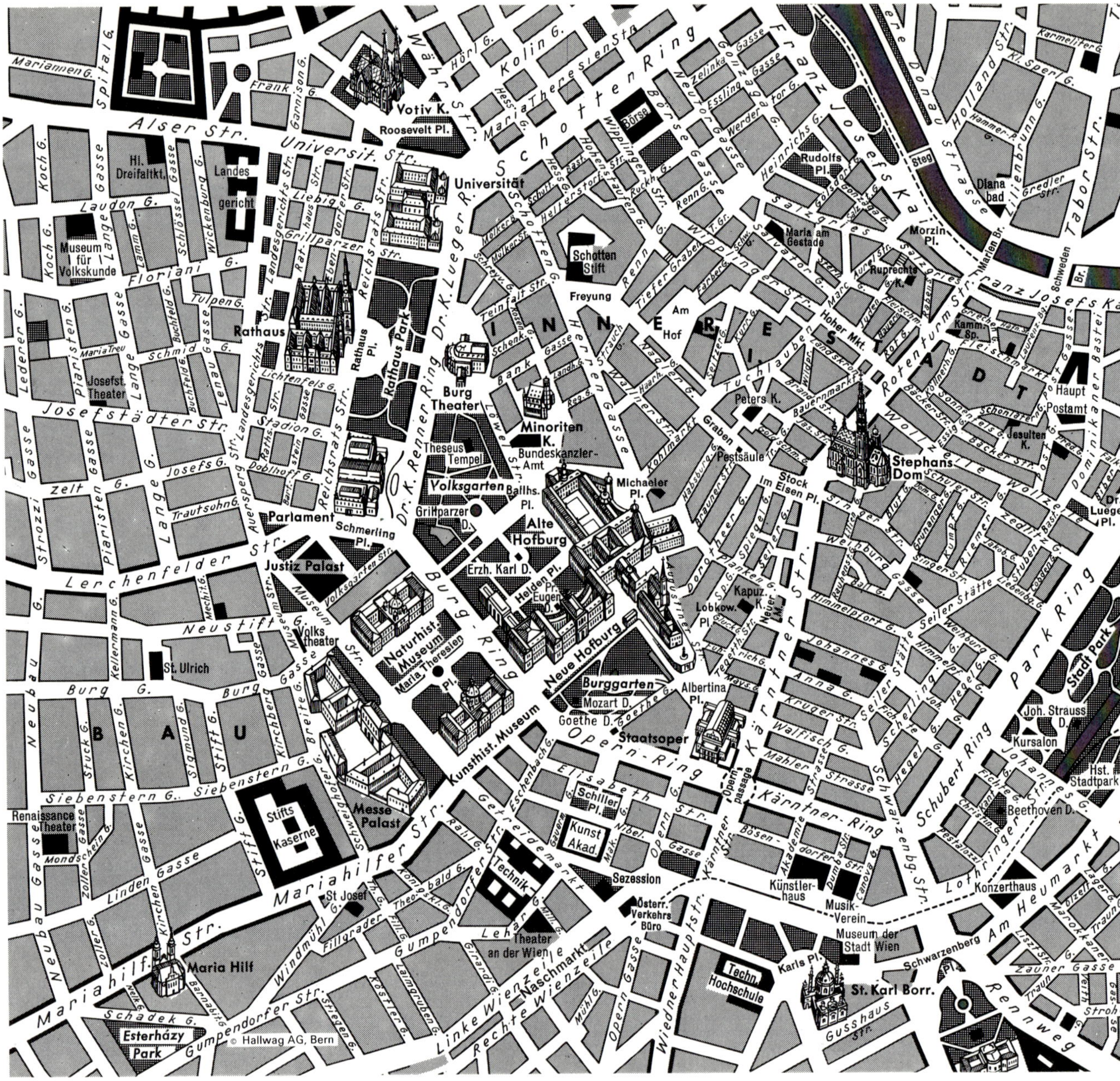

Bezirke, ließ aber jene aus Bauerndörfern gewachsenen Siedlungen, die mehr oder weniger unmittelbar an ihn anschlossen und die man als Vororte bezeichnete, unberücksichtigt.

Noch bildete der 1704 aus Verteidigungsgründen zwischen Vororten und Vorstädten errichtete »Linienwall« eine Trennungslinie, die topographisch durchaus einer Grenze gleichkam, die, wenn schon längst nicht mehr fortifikatorische, so jedenfalls fiskalische Schranken errichtete: An den Linientoren wurde seit 1829 die »Verzehrungssteuer«, eine Abgabe auf in die Stadt transportierte Lebensmittel erhoben.

Die Furcht vor einem »unheilvollen Proletariat«, mehr aber noch die entschiedene Weigerung, Mehrkosten für das Polizei- und Armenwesen tragen zu wollen, verhinderten zunächst die Integration dieser Ge-

Stadtplan von Wien

1 Anton Hlávaček, Blick vom Nußberg auf den regulierten Donaustrom; 1881. Öl auf Leinwand, 44,4 x 63 cm. Historisches Museum der Stadt Wien
Im Verlauf weniger Jahrzehnte war aus der »Festung Wien« die weltoffene Großstadt geworden, deren lokale Veränderungen der globalen Idee entsprachen. Mit der 1875 im Wiener Raum beendeten Regulierung der Donau wurde erstmals bewußt das linke Ufer des Stromes als zur Stadt gehörig reklamiert und schließlich 1904 legistisch-administrativ integriert.

2 Auf dem Stephansplatz; um 1900. Foto. Historisches Museum der Stadt Wien
Die Veränderung der Stadt machte auch vor ihrem Zentrum nicht halt. Zwischen 1867 und 1895 wurden die Neubauten der Nordwestseite des Stephansplatzes errichtet. Überlegungen zur Erhaltung des gewachsenen Stadtkernes im Sinne eines Denkmalschutzes vermochten sich gegenüber den Absichten einer modernen »Stadtregulierung« nicht durchzusetzen.

3 Auf der Opernkreuzung; um 1900. Foto. Historisches Museum der Stadt Wien
Die Opernkreuzung, der Schnittpunkt der Ringstraße mit der Kärntnerstraße, wurde wohl zum markantesten Beispiel des gerade hier am deutlichsten Gestalt gewordenen Historismus – rechts das Gebäude der k.k. Hofoper.

4 Carl Müller, Straße in Wien; 1903. Aquarell über schwarzer Kreide, 27,3 x 37,7 cm. Historisches Museum der Stadt Wien
Carl Müller, ein weniger bekanntes Mitglied der Gruppe um Klimt, malte diese anonyme Straßenszene aus Wien mit dem auffallenden Plakat »Paprika Schlesinger« von dem Triester Künstler Giulio Angelo Liberali.

PAPRIKA SCHLESINGER
Wien
Hôtel de Russie
C. Müller 1903.

meinden, obgleich sie seit der Mitte des 19. Jahrhunderts in immer rascherer Weise auf allen Ebenen kommunaler und sozialer Existenz mit dem Stadtzentrum verflochten wurden.[3] Andererseits führte die Autonomie der sich zunehmend urbanisierenden Vororte wiederholt zu Schwierigkeiten, die die Modernisierung der Stadt durchaus behinderten. So entwickelte sich beispielsweise die bauliche Entfaltung dieser Gemeinden nicht unbedingt planlos – durch ministeriellen Erlaß vom 4. November 1862 war man zur Vorlage von Regulierungsplänen verpflichtet[4] –, doch arbeitete man unabhängig voneinander und nahm auf die Bedürfnisse der Nachbargemeinden und der Innenstadt kaum Rücksicht.

Kennzeichnend für diese Situation mag es sein, daß am 4. März 1879 der Gemeinderat von Wien die Bürgermeister der Vororte ersuchte, zur Reinhaltung der öffentlichen Straßen und Plätze und zur Desinfektion der Kanäle und Senkgruben das Erforderliche zu veranlassen.[5]

In einem einzigen Fall kam es bereits 1874 zur Eingemeindung eines Vorortes: Favoriten, ein auf Gründen der Wieden (4. Bezirk) und der Landstraße (3. Bezirk), die über den Linienwall hinausreichten, ohne dörfliche Vorsiedlungen entstandener Vorort, der eine ausgesprochen eigenständige Entwicklung genommen hatte, wurde als 10. Bezirk konstituiert.

Mag die Haltung den Vororten gegenüber aus den unmittelbaren Umständen und den daraus resultierenden Ängsten des Jahres 1848 erklärbar sein, kurzsichtig und in jeder Weise delikat war sie insbesondere deshalb, weil es vor allem jene Gemeinwesen waren, die der Großstadt Wien einen erheblichen Teil ihrer ökonomischen Basis gaben. Bestimmt von den Befürchtungen einer durch die Französische Revolution schwer erschütterten Zeit, hatte Kaiser Franz II. an der Wende des 18. zum 19. Jahrhundert die Verlagerung der industriellen Produktion aus dem Stadtkern und den Vorstädten in die Vororte angeordnet. Sehr rasch hatten sich in der Folge diese rustikalen Idyllen romantischer Schwärmer – der Wiener verweilte dort gerne zur Sommerfrische – zu dichtestbesiedelten Industriezentren verändert. Insbesondere die Metallverarbeitung hatte hier Möglichkeiten

5 Am Linienwall; um 1895. Foto. Historisches Museum der Stadt Wien
Fortifikatorische Bedeutung hatte der Linienwall schon längst nicht mehr. In den letzten Jahrzehnten des 19. Jahrhunderts markierte er einen eher unangenehmen topographischen Grenzverlauf, der das organische Zusammenwachsen von Vorstädten und Vororten behinderte.

6 Die Österreichischen Siemens-Schuckert-Werke im 2. Bezirk; 1905. Foto. Historisches Museum der Stadt Wien
Die Industrie fand vor allem in den Vororten ideale Bedingungen zur Betriebsansiedlung.

gefunden, deren Entwicklung die technisierte Eigendynamik dieser Betriebe in einer nach oben hin scheinbar endlosen Spirale förderte. Nicht nur die Kapazitäten der Manufakturen weiteten sich zur Fabriksproduktion idealkapitalistischer Form aus, auch der Arbeitskräftebedarf nahm in einer Weise zu, die die traditionellen Bevölkerungszahlen erheblich veränderte. Die bevölkerungsstärkste Gemeinde Niederösterreichs war damals Hernals mit etwa 70000 Bewohnern.[6]

Und der Strom von Zuwanderern nach Wien nahm nicht ab. Die Verdienstmöglichkeiten in der Stadt, mochten sie auch noch so bescheiden sein, lockten Menschen zumeist bäuerlicher Herkunft aus so ziemlich allen Teilen der Monarchie – die meisten kamen aus den Sudetenländern, um die Wende vom 19. zum 20. Jahrhundert waren 25% der Wiener Bevölkerung von dort gebürtig – in die um die jungen Industriezentren entstandenen, rasterförmig verbauten Wohngebiete. Einerseits entsprach die Nähe von Wohnung und Arbeitsstätte durchaus der bäuerlichen, aber auch der handwerklichen Tradition, andererseits darf nicht übersehen werden, daß Kosten eingespart wurden, wenn sich ein Berufspendelverkehr erübrigte. Billiger war es auch, außerhalb des Linienwalles zu leben und so von den Auflagen der Verzehrungssteuer nicht betroffen zu sein, war der Mietzins mit etwa einem Viertel des Arbeitseinkommens doch Belastung genug. Die Summe aller die Lebenshaltungskosten in den Vororten niedrig haltenden Umstände machte jenen Anreiz aus, der zur verstärkten Ansiedlung führte, obwohl – auch gemessen an den damaligen Kategorien – die Qualität des privaten Wohnens zu einer gegenteiligen Haltung verständlichen Anlaß geboten hätte.

Man lebte zumeist in riesigen Wohnblöcken, Kleinstwohnungen beherbergten die Masse der Bevölkerung, sogar in einräumigen Wohnungen hauste man, zehn Mieter und mehr waren die übliche Belegung pro Wohneinheit.

Die Merkmale der Vororte waren so heterogen, daß die Haltung diesen Gemeinden gegenüber nicht anders als ambivalent sein konnte. Einerseits, berücksichtigte man die ökonomischen Fakten mit all ihren Möglichkeiten und Hoffnungen, mußte man bestrebt sein, die Vororte mit der Stadt zu

7 Die Taborstraße im 2. Bezirk; um 1900. Foto. Historisches Museum der Stadt Wien
Auch Stadtteile mit ausgesprochen urbaner Tradition – wie die Siedlung entlang der Taborstraße, einer der ältesten und wichtigsten Fernverkehrsstraßen Wiens – verschlossen sich dem radikalen Veränderungswillen der Gründerzeit nicht.

8 In der Hainburgerstraße im 3. Bezirk; um 1900. Foto. Historisches Museum der Stadt Wien
Neubauten inmitten eines aus völlig anderen Traditionen stammenden alten Baubestandes – die ehemals landwirtschaftliche Struktur dieses Stadtteils ist klar erkennbar – kennzeichnen die bauliche Leistung des letzten Abschnitts der Gründerzeit in den inneren Bezirken.

9 Ferdinand Weckbrodt, Die Gegend des Hernalser Friedhofs mit Blick gegen Dornbach; um 1890. Aquarell, 27,8 x 43 cm. Historisches Museum der Stadt Wien
Hernals, der 17. Wiener Gemeindebezirk, entwickelte sich in höchst einprägsamer Weise aus einer ländlichen Gemeinde zu einem Industriebezirk mit veränderter Verbauung und Sozialstruktur.

10 Franz Kopallik, Der Franz-Josephs-Bahnhof; um 1905. Aquarell, 23,2 x 34,9 cm. Historisches Museum der Stadt Wien
Blick vom Viadukt der Stadtbahn (Gürtellinie) gegen den Bahnhof und die dahinterliegende Stadt. Auch die Kaiser-Franz-Josephs-Bahn, die 1870 dem Verkehr übergeben wurde und Wien mit Prag und Eger verband, endete in einem Kopfbahnhof.

F. Kopallik

vereinen, andererseits, bedachte man die sozialen Gegebenheiten mit ihren bedrückenden Zwängen, bedurfte es gewiß eines erheblichen Maßes an humanitärem Wollen, den Wunsch nach einer Eingemeindung zu teilen.

Eine Vorentscheidung, der sehr bald die eigentliche Entscheidung folgte, fiel, als der Wiener Gemeinderat am 6. Dezember 1889 im Einvernehmen mit der Regierung die Aufhebung der Verzehrungssteuergrenze am Linienwall und die Einbeziehung von 43 Vororten in das weitere Verzehrungssteuergebiet beschloß. Am 19. Dezember 1890 stimmte der Kaiser dem Gesetz zur Eingemeindung der Vororte zu, am darauffolgenden Tag wurde ein neues »Gemeindestatut für die Reichshaupt- und Residenzstadt Wien« erlassen, die Entwicklung zur Großstadt (offiziell sprach man von »Groß-Wien«) hatte ihre gesetzliche Absicherung erhalten. Wirksam wurden diese Gesetze mit dem 1. Jänner 1892, nachdem eine Statthaltereikundmachung vom 9. Dezember 1891 – Wien war eine Stadt im Erzherzogtum Österreich unter der Enns (Niederösterreich) und der Aufsicht des niederösterreichischen Statthalters unterstellt – die Übernahme der ehemals autonomen Gemeinden administrativ regelte.

Die Fläche Wiens wuchs von 55 auf 178 km^2, 19 Bezirke[7] waren das Ergebnis einer durch diese bedeutende Gebietserweiterung notwendig gewordenen Dezentralisierung, die Zahl der Einwohner stieg von 801176[8] im Jahre 1890 auf 1355979[9] im folgenden Jahr an. Diese in Zahlen faßbaren Veränderungen der Stadt führten in den nun folgenden Jahren bis zum Ende der Existenz Wiens als Reichshaupt- und Residenzstadt, also bis 1918, zu jenem Wandel im Stadtkörper, der auch heute noch in weiten Teilen sein Bild prägt.[10]

Vor allem Umbauten des älteren Bestandes, aber auch Neubauten kennzeichnen die bauliche Leistung des letzten Abschnittes der Gründerzeit. Ständig steigende Bodenpreise, veränderte bautechnische und architektonische Prinzipien und nicht zuletzt ein sich steigerndes Verlangen nach Komfort waren Rahmen und Motiv für neue Bauformen. Zu vollständigen Neubauten kam es insbesondere in den inneren Bezirken (1 bis 9); der Abbruch des Altbestandes wurde, weil Denkmalschutzgedanken weitgehend unberücksichtigt blieben, kaum behindert. Der Anreiz, hier Wohnhäuser zu errichten, war dadurch gegeben, daß die Bauordnung sechsgeschossige (1. Bezirk) beziehungsweise fünfgeschossige (Bezirke 2 bis 9) Häuser zuließ, während in den äußeren Bezirken eine Bauhöhe von maximal vier Geschossen einzuhalten war. Man verstand es jedoch, zusätzliche Stockwerke zu erhalten, denn Tiefparterre, Hochparterre, Mezzanin, Dachgeschoß und Halbstöcke galten nicht als voll zu zählende Geschosse. Neben dieser bis an die Grenzen des Erlaubten gehenden Ausnützung der Vertikalen stand vor allem die maximale Nutzung der Horizontalen. Die Bauordnung des Jahres 1893 gestattete eine Flächennutzung von 85%, in den meisten Fällen gelang es, diese Vorgabe total auszuschöpfen. Wiederholt wurde auf einen Zentralhof verzichtet, eine Verschachtelung von Lichthöfen, Stiegenhäusern und Mehrfachtrakten ist das Kennzeichen einer Vielzahl von Grundrißlösungen der Zeit. Bei allen offenkundigen Nachteilen dieser nur auf Profit hin orientierten Raumgestaltung muß angemerkt werden, daß in einem ge-

11 Das Währinger Linienamt; um 1890. Foto. Historisches Museum der Stadt Wien
Seit 1829 hoben die an den Linientoren gelegenen Linienämter die »Verzehrungssteuer« ein. Mit Wirksamkeit vom 1. Jänner 1892 wurde die Verzehrungssteuergrenze am Linienwall aufgehoben und die Eingemeindung von 43 Vororten durchgeführt; offiziell sprach man nun von »Groß-Wien«.

12 Der Donaukanal oberhalb der Ferdinandbrücke; 1895. Foto. Historisches Museum der Stadt Wien
Erst um die Wende vom 19. zum 20. Jahrhundert erfolgte die Regulierung des Donaukanals und damit die entscheidende Sanierung der Verkehrsmöglichkeiten, die die Donau bot.

13 Die Regulierung der Innenstadt im Bereich des Platzes Am Hof; 1913. Foto. Historisches Museum der Stadt Wien
Vor allem an den repräsentativen Plätzen der Innenstadt opferte man dem schrankenlosen neuen Bauwillen bedenkenlos den alten Hausbestand.

14 In der Dorfgasse in Simmering; um 1900. Foto. Historisches Museum der Stadt Wien
Zweifellos war die Eingemeindung so betont ländlicher Vorortgemeinden wie Simmering nicht ganz problemlos, fehlten doch weitgehend alle Einrichtungen einer urbanen Infrastruktur.

wissen Ausmaß bereits auf den Einbau sanitärer Anlagen – Wohnungen in einer Größenordnung von zweieinhalb Zimmern an (Mittelstandswohnungen) verfügten zumeist über ein Bad – Wert gelegt wurde. Ein weiteres Merkmal war die Gleichartigkeit der Wohnungen, unabhängig davon, in welchem Stockwerk oder in welchem Trakt des Hauses sie situiert waren. Die Unterscheidung nach »privilegierten« Lagen war kein Gestaltungsprinzip mehr. Damit entwickelte sich ein Wohnungstyp, dessen grundsätzlicher Struktur insbesondere der kommunale Wohnbau Wiens in der Zwischenkriegszeit folgte.

Nicht zuletzt aus wirtschaftlichen Gründen – Handwerk und Gewerbe erlebten die bedrängende Konkurrenz der Fabriken – löste sich in der Spätgründerzeit die starke gewerbliche Durchsetzung der Vorstädte auf. Andererseits führte das Profitdenken der Hausbesitzer in den inneren Bezirken zu einer ausgesprochenen Werkstättennot des Kleingewerbes[11], dieses fand lediglich teilweise Zuflucht im Tiefparterre, einem über dem Keller liegenden, unter das Straßenniveau abgesenkten Geschoß. Von der Abwanderung des Kleingewerbes in die Vororte waren die alten Fabriken zumeist nicht betroffen, sie glichen sich vielmehr der Wohnverbauung an. Wirtschaftlich interessant und damit auch sozialräumlich relevant waren vor allem die Betriebe in den »äußeren« Bezirken. Hier entwickelten sich die zur Stadt hin radial verlaufenden ehemaligen Dorfstraßen zu Hauptgeschäftsstraßen, jeder Bezirk besaß davon zumindest eine.

Aber nicht nur durch individuelle private Eingriffe, gleichsam organisch wachsend, änderte sich die Stadt in ihren neuen Gebieten, auch öffentliche Einrichtungen, die notwendigerweise geschaffen werden mußten, verursachten einen Wandel. Die sowohl flächenmäßig als auch bevölkerungsmäßig enorm angewachsene Gemeinde konnte teilweise nur dezentral verwaltet werden: Magistratische Bezirksämter hatten in den Bezirken im Namen des Bürgermeisters bestimmte lokale Aufgaben in eigener Kompetenz zu erfüllen, entsprechende Magistratsgebäude waren zu errichten, die Standortwahl wurde zumeist im Hinblick auf eine mögliche spätere Attraktivität des Gebietes getroffen. Nicht immer erfüllten sich solche Hoffnungen. Auch Schulneubauten und neugegründete Kirchen wurden manchmal in Hoffnungsgebiete geplanter Wohngegenden gesetzt, teilweise blieben auch sie nur Vorposten ohne entsprechende Nachfolge.

Durchaus Einfluß auf die sozialräumliche Entwicklung der Stadt im weitesten Sinne nahmen die Eisenbahnlinien. Sie waren

15 Der Bahnhof Hauptzollamt; 1899. Foto. Historisches Museum der Stadt Wien
Durchaus Einfluß auf die sozialräumliche Entwicklung der Stadt im weitesten Sinne nahmen die Eisenbahnlinien, die zwischen 1837–1838 und 1880–1881, geschaffen worden waren.

16 Der Westbahnhof; 1895. Foto. Historisches Museum der Stadt Wien
Fast ausnahmslos endeten die Bahnlinien in der Nähe des Linienwalls in Kopfbahnhöfen, so auch die 1857–1858 fertiggestellte Kaiserin-Elisabeth-Westbahn. Unbestreitbar war es von Vorteil, die Gleise durch kein geschlossen verbautes Gebiet zu führen.

zwar bereits in den Jahrzehnten zuvor geschaffen worden[12] und sind auch ein Beleg dafür, welch ein Versäumnis es war, mit der Eingemeindung der Vororte so lange zugewartet zu haben: Sie enden fast ausnahmslos in der Nähe des Linienwalles in Kopfbahnhöfen; erst mit der Übergabe dieser Befestigungsanlage an die Stadt Wien am 21. August 1893 konnte der Wall eingeebnet werden. Unbestreitbar war es von Vorteil, die Gleise durch kein geschlossen verbautes Gebiet zu führen, städtischerseits war man durch keine Rücksichtnahme auf die Trassierung betroffen, andererseits erhielt Wien dadurch nie einen Zentralbahnhof.

Die zuführenden Schienenstränge entwickelten sich im weiteren Verlauf zu Strukturgrenzen erster Ordnung[13], wie es am deutlichsten die Süd- und die Ostbahn zeigen: Beide Linien schnürten in ihrer geländebedingten Führungswahl den südlichen Stadtsektor ab, gaben ihm aber doch wesentliche wirtschaftliche Impulse. Zum Hauptträger der industriellen Brückenkopfbildung von Floridsdorf wurde die Nordbahn, die mit ihrer Trassenführung größtenteils noch unverbautes Gelände erschloß. Erst 1904 faßte man die am linken Donauufer gelegenen Gemeinden als »Floridsdorf« zusammen und integrierte sie der Stadt[14], nachdem schon im Jahre 1900 die nordwestlichen Teile des 2. Bezirkes als »Brigittenau« zum 20. Bezirk geworden waren. Die im Wiental hereingeführte Westbahn gab den in diesen Teilen der Stadt bereits vorhandenen Gewerbesiedlungen neuen Auftrieb, veranlaßte als Radiallinie jedoch keine tiefgehende Störung des Wachstums. Dies gilt auch für die Franz-Josephs-Bahn, die knapp neben dem Donaukanal parallel zur nördlichen Ausfallstraße Wiens nach Norden führt.

Prägende Veränderungen der Stadt hatten einerseits zwei Flußregulierungen und andererseits der endgültige Ausbau der Gürtelstraße zur Folge. Verlauf und Zustand sowohl des Wienflusses als auch des Donaukanals waren unbefriedigend, die Lösung der mit ihnen verbundenen Probleme bereits mehr als überfällig. Daß es schließlich in den Jahren um 1900 doch zur Sanierung dieser Problemzonen kam – auch der Bereich der Gürtelstraße war eine solche –, hängt zu einem sehr erheblichen Teil mit dem zur gleichen Zeit großzügig verwirklichten Verkehrskonzept der Wiener Stadtbahn zusammen: Seit 1598 ist der Donaukanal der mehr oder weniger regulierte Südarm des Donaustromes, er führt direkt am Stadtzentrum vorbei. Zweifellos eingebunden in die Überlegungen der großen Donauregulierung 1870–1875, durch die der Strom von Nußdorf bis Albern in einer Länge von 13,27 km ein ganz neues Bett erhielt, erfolgten die Begradigung des Donaukanals in seinem Unterlauf und der Bau des »Sperrschiffes« an seinem Beginn. Eine vollständige Regulierung war dies jedoch nicht. Insbesondere das Sperrschiff, es wur-

17 Der Winterhafen; um 1905. Foto. Historisches Museum der Stadt Wien
Nach dem Abschluß der Donauregulierung wurde von 1889 bis 1902 am unteren Ende der Praterinsel ein Donauarm zur Überwinterung der Donauschiffe eingerichtet, da die Boote vor dem Eisgang auf dem Strom geschützt werden mußten.

18 Das Nußdorfer Wehr; 1904. Foto. Historisches Museum der Stadt Wien
Im Zuge der Regulierung des Donaukanals bedeutete die Errichtung des Nußdorfer Wehrs 1894–1898 (Architekt Otto Wagner) den absoluten Hochwasserschutz für die am Kanal gelegenen Bezirke Wiens.

19 Während der Regulierung des Donaukanals; um 1900. Foto. Historisches Museum der Stadt Wien
Regulierungsarbeiten oberhalb des Verwaltungsgebäudes der Donaudampfschiffahrtsgesellschaft. Im Hintergrund das 1897 erbaute Riesenrad.

20 Ferdinand Weckbrodt, Der Wienfluß unterhalb der Pilgram-Brücke; 1884. Aquarell, 28 x 40,3 cm. Historisches Museum der Stadt Wien
Der Wildbach-Charakter des Wienflusses, seine bedenklich zunehmende Verschmutzung durch die an seinen Ufern sich entwickelnden Gewerbe- und Industriebetriebe und nicht zuletzt die Errichtung der Wiener Stadtbahn führten 1894–1899 zu seiner Regulierung.

21 Johann Varrone, Die Tegetthoff-Brücke über den Wienfluß; 1888. Aquarell und Deckfarben, 53,3 x 67,2 cm. Historisches Museum der Stadt Wien
Das einstmals Malerische des Wienflusses ging durch die Regulierung verloren; die Vielzahl jener beschaulichen Motive, die ihren Reiz nicht zuletzt aus dem Landschaftlichen inmitten der Stadt gewonnen hatten, ist verschwunden.

Tegetthoff-Brücke.

de auch Schwimmtor genannt, erfüllte die Erwartungen nur teilweise; es garantierte keinen absoluten Hochwasserschutz für die Stadt. Da andererseits eine der Linien der geplanten Stadtbahn entlang des Donaukanals geführt werden sollte, mußte, als Voraussetzung für einen geregelten Betrieb, die Überschwemmungsgefahr gebannt werden. Dieses Verkehrsbauwerk also und ferner das Bestreben, die Schiffahrt im Donaukanal auch bei unterschiedlichen Wasserständen zwischen Hauptstrom und Kanal aufrecht zu erhalten, führte zur Errichtung des Nußdorfer Wehres 1894–1898, eines Sperrwerkes in Form einer Kombination aus Wehr und Kammerschleuse.[15] Drei weitere Staustufen waren geplant, nur eine, die Staustufe »Kaiserbad«, wurde 1904–1908 realisiert. Sie erfüllte zwar alle gestellten technischen Anforderungen, erwies sich jedoch bald als nicht notwendig und verlor ihre Funktion. Auch die Ufer wurden verändert, im Bereich der Innenstadt errichtete man zwischen Augartenbrücke und Verbindungsbahnbrücke moderne Kaianlagen. Als am 6. August 1901 die Donaukanallinie für den Verkehr freigegeben wurde, waren auch die Regulierungsarbeiten am Donaukanal selbst weitgehend abgeschlossen.

Als sehr umfangreich erwies sich auch die Wienfluß-Regulierung.[16] Der Wienfluß, die Wien, nimmt unter den Oberflächengewässern der Stadt eine entscheidende Stellung ein, ist er doch, von der Donau abgesehen, der bedeutendste Flußlauf. Die Wien hat eine Länge von 34,18 km – das Quellgebiet liegt im Wienerwald westlich der Stadt –, ihr gesamtes Flußgebiet, also die durch sie entwässerte Region, umfaßt 225 km². Ihre Besonderheit liegt darin, daß zu ihren Merkmalen eine geradezu beängstigende, höchst unterschiedliche Wasserführung gehört. Entscheidend dafür ist die Tatsache, daß ein erheblicher Teil des Flußlaufes und des Flußgebietes in der Flyschzone liegt, die als wasserundurchlässige Gesteinsschicht bei starken Regenfällen das Wasser nicht mehr aufnimmt. Heftige Niederschläge rinnen zum großen Teil rasch an den Hängen hinab. Deshalb besitzt der Wienfluß den Charakter eines Wildbaches, dessen Kennzeichen ein rasches Ansteigen des Wasserstandes während einer Regenperiode, besonders aber bei Gewittern, und ein Wassertiefstand in der trockenen Jahreszeit sind. Da das Verhältnis Niedrigstwassermenge zu Hochwassermenge pro Zeiteinheit 1:2000 beträgt, kann es nicht verwundern, daß Hochwasser des Wienflusses verheerende Folgen hatten; noch 1897 und 1899, zu einem Zeitpunkt also, als die Regulierungsarbeiten bereits voll eingesetzt hatten, kam es zu gefährlichen Überflutungen.

Ein weiterer Übelstand, der seine Ursache im Flußlauf der Wien hatte, war gleichfalls

22 Die Regulierung des Wienflusses im Bereich der Stadtbahnstation Margaretengürtel; 1898. Foto. Historisches Museum der Stadt Wien
Die Planungen der Wiener Stadtbahn sahen von Anfang an eine der Linienführungen im Wiental vor. Für die Betriebssicherheit war die Regulierung des Flußlaufes eine unabdingbare Voraussetzung: Bahnbau und Wasserverbauung gingen Hand in Hand, bereits 1899 konnte die gesamte Wientallinie von Hütteldorf bis zum Hauptzollamt befahren werden.

23 Die Regulierung des Wienflusses im Bereich der Secession; 1898. Foto. Historisches Museum der Stadt Wien
Aus einem streckenweise von Aulandschaften begleiteten Flußlauf wurde ein innerstädtisch kanalisiertes, in weiten Teilen überwölbtes Gerinne großstädtischer Ordnung. Bemerkenswert sind die Bauarbeiten in der Nähe des 1897–1898 von Joseph Maria Olbrich errichteten Gebäudes der Secession.

nicht ungefährlich. Als sich in der ersten Hälfte des 19. Jahrhunderts immer mehr Gewerbe- und Industriebetriebe entlang des Wientals ansiedelten, die ihre Abwässer zusammen mit den Hauskanälen in den Fluß leiteten, war die Wien eigentlich nur noch ein offener Jauche- und Unratabfluß. Drängten also beide Fragen zu einer Lösung, so gab erst die Realisierung der Wiener Stadtbahn den entscheidenden Anstoß. Wiederum war für die Betriebssicherheit einer von Anfang an festgelegten Linie, der Trasse im Wiental eben, die Flußregulierung die notwendige Voraussetzung. 1894 begannen die Arbeiten, 1899 bereits konnte die gesamte Wientallinie von Hütteldorf bis zum Hauptzollamt befahren werden, die Wien war reguliert. Technisch hervorragend konzipiert – die Arbeiten wurden so angelegt, daß Teile der Endausführung der Zukunft überlassen werden konnten –, bedeutete die Regulierung die wesentlichste Veränderung des Wienflusses. Aus einem streckenweise von Aulandschaften begleiteten Flußlauf wurde ein innerstädtischer, kanalisierter, in weiten Teilen überwölbter Wasserlauf großstädtischer Ordnung. Manche Fragen, die sich aus der Einwölbung ergaben, so beispielsweise die Gestaltung des Karlsplatzes, blieben nicht nur zunächst ungelöst, sie sollten noch durch Jahrzehnte unbeantwortet bleiben.

Da der Verteidigungswert des Linienwalles schon sehr bald nach seiner Errichtung umstritten war, konnte es nicht verwundern, daß man 1873 endlich begann, diesen Fortifikationsbereich durch eine Straße, die Gürtelstraße, begleiten zu lassen. Damit wurde ein erstrangiger Verkehrsträger geschaffen, der großräumige, für die Stadt bedeutsame Verbindungen ermöglichte. Als, wie bereits erwähnt, der Linienwall am 21. August 1893 der Stadt Wien übergeben wurde, konnte nicht nur der Ausbau der Straße selbst forciert, sondern auch die dritte Trasse der Stadtbahn, die Gürtellinie, realisiert werden. Sind die Donaukanallinie und die Wientallinie durch die Flußläufe gekennzeichnet, denen sie folgen, so war die architektonische Lösung der Gürtelstrecke eine Antwort auf das stark hügelige Gelände, durch das sie führt. Das entscheidende

24 Die Trasse der Stadtbahn im Bereich der Station Gumpendorfer Straße; um 1900. Foto. Historisches Museum der Stadt Wien
Das entscheidende Charakteristikum der Gürtellinie ist der Wechsel zwischen Hoch- und Tiefbahn im offenen und gedeckten Einschnitt; sie ist ein das Stadtbild an der Nahtstelle zwischen inneren und äußeren Bezirken gestaltendes Verkehrsbauwerk.

Charakteristikum der Gürtellinie ist ein Wechsel zwischen Hoch- und Tiefbahn im offenen und gedeckten Einschnitt[17], ein das Stadtbild an der Nahtstelle zwischen inneren und äußeren Bezirken gestaltendes Verkehrsbauwerk.

Mit der Eingemeindung der Vororte erfaßte Wien nicht nur besiedeltes Gebiet, vielmehr erstreckte sich die Stadt nun auch auf das Umland und ergriff damit auch Teile des Wienerwaldes, einer »Hauptzierde Niederösterreichs«.[18] Nachdem es Josef Schöffel, dem Landtagsabgeordneten und späteren Bürgermeister von Mödling, einer südlichen Nachbargemeinde Wiens, nach schwierigsten Bemühungen zwischen 1870 und 1873 gelungen war, den Wienerwald vor der Abholzung zu retten, beschloß der Wiener Gemeinderat am 24. Mai 1905 einstimmig, einen »Wald-und-Wiesengürtel« zu schaffen. Damit war die Bedeutung des Wienerwaldes als Erholungsgebiet und Luftreservoir für die Großstadt nicht bloß erkannt, sondern auch unterstrichen. Das Bauverbot im Bereich dieses Grünraumes sollte einer von Demographen um 1900 für die Mitte des 20. Jahrhunderts prognostizierten Wohnbevölkerung von vier Millionen Menschen jene Freiräume sichern, die wesentlichen Anteil an dem haben, was

25 Carl Schuster, Stadtbahn; um 1900. Federzeichnung, 26,5 x 34,6 cm. Historisches Museum der Stadt Wien
Die Wiener Stadtbahn entstand zwischen 1894 und 1900, Otto Wagner war mit der architektonischen Gestaltung betraut. Aus der Linienführung und den topographischen Gegebenheiten entstand eine Kombination aus Tiefbahn und Hochbahn, die zu teils auffallenden, teils repräsentativen Verkehrs- und Stationsbauwerken führte.

26 Sonntagsspaziergang im Wienerwald; um 1910. Foto. Historisches Museum der Stadt Wien
Nachdem es gelungen war, die drohende Abholzung des Wienerwaldes und eine damit verbundene industrielle Nutzung dieses Raumes in der Hochgründerzeit zu verhindern, bedeutete die 1905 erfolgte Schaffung des »Wald-und-Wiesengürtels« die rechtliche Absicherung eines einzigartigen Erholungsgebietes und Luftreservoirs für die Großstadt.

27 Die Zahnradbahn auf den Kahlenberg; um 1900. Foto. Historisches Museum der Stadt Wien
Im Zuge der touristischen Erschließung des Wienerwaldes im Nahbereich von Wien wurde die Kahlenbergbahn – sie verband Nußdorf mit dem Hotel auf dem Kahlenberg – errichtet, die als erste Zahnradbahn Österreichs von 1874 bis 1920 in Betrieb war.

heute so richtig als Lebensqualität bezeichnet wird.

Noch vor der Schaffung des »Wald-und-Wiesengürtels« versuchte man eine touristische Erschließung des Wienerwaldes im Nahbereich von Wien. 1872 wurde eine Drahtseilbahn auf die Sophienalpe errichtet, allerdings 1881 wieder stillgelegt. Die Bahn war zweigleisig angelegt; in kutschenähnlichen offenen Wagen überwand man bei einer Streckenlänge von 600 m einen Höhenunterschied von 108 m. In den Jahren zwischen 1873 und 1875 führte eine Drahtseilbahn auf den Leopoldsberg. Als Standseilbahn hatte sie ihre Talstation an der Donau und überwand bei einer Strekkenlänge von 725 m einen Höhenunterschied von 343 m. Die bekannteste Bahn jedoch, die man auf den Wiener Hausbergen baute, war die Kahlenbergbahn. Als erste Zahnradbahn Österreichs war sie von 1874–1920 in Betrieb und verband Nußdorf mit dem Hotel auf dem Kahlenberg.[19] Sie fiel der wirtschaftlichen Katastrophe zum Opfer, die dem Zusammenbruch der österreichisch-ungarischen Monarchie folgte; auch dieses Symbol gründerzeitlicher Lebensfreude hatte nur kurzen Bestand.

Die Landschaftsschutzzone entlang des Wienerwaldes beschränkte die Ausdehnung der Stadt nach Nordwesten und Westen, die Schaffung des 21. Bezirkes »Floridsdorf« am 28. Dezember 1904 brachte der Stadt ein städtebauliches »Hoffnungsgebiet«[20] am linken Donauufer, das Raum für mehr als eine Million Bewohner, ein ausgedehntes Industrie- und Handelszentrum sowie einen Donauhafen bot. Die Integration dieses Gebietes – Wien umfaßte nun eine Fläche von 273 km^2 – war weitblickend, unmittelbare Folgen hatte sie kaum, wirksam wurde sie später. Eine erwähnenswerte Baumaßnahme, die hier noch vor dem Ersten Weltkrieg getroffen wurde, war die Errichtung des städtischen Gaswerkes Leopoldau, das 1911 seinen Betrieb aufnahm. Es fügte sich in die Reihe jener Einrichtungen, die den Weg der bewußt kommunalisierten Infrastruktur Wiens unter der christlichsozialen Verwaltung markierten.

Wie sehr die Stadt, obgleich sie nicht Kriegsschauplatz war, vom Weltkrieg betroffen wurde, wird an anderer Stelle ausgeführt. Abgesehen von militärischen Einrichtungen und Baumaßnahmen zur Sicherung des »Brückenkopfes Wien«[21], den man einzurichten begann, nachdem man die russischen Erfolge im Spätsommer und Herbst 1914 in Galizien auch als Bedrohung Wiens verstehen mußte, gibt es keine topographischen Veränderungen zu verzeichnen.

Und doch war es dieser Krieg, der die Entwicklung zum kommunalen Wohnbau einleitete, zu jener sozialistischen Idee, die, in Wien realisiert, die Stadt zur vielbeachteten Utopia der Zwischenkriegszeit machte. Wie in fast allen kriegführenden, aber auch neutralen europäischen Ländern, entschloß man sich auch in Österreich, gedrängt von sozialen und ökonomischen Zwängen der Zivilbevölkerung, die Höhe des Mietzinses und das Kündigungsrecht entscheidend einzuschränken: Am 26. Jänner 1917 wurde die kaiserliche »Verordnung über den Schutz der Mieter«[22] erlassen. Im Gegensatz zu anderen Staaten wurde dieser »Mieterschutz« nach Kriegsende in Österreich nicht mehr aufgegeben. Insbesondere in Wien hielt man, nachdem hier die Sozialdemokratische Partei bei den Wahlen vom 4. Mai 1919 auf der Grundlage des allgemeinen und gleichen Wahlrechtes für Frauen und Männer 100 von 165 Gemeinderatssitzen errungen hatte, unverbrüchlich daran fest. 1922 wurde die Verordnung sogar in ein Gesetz umgewandelt. Diese für die Hauseigentümer zweifellos restriktiven Maßnahmen boten dem Privatkapital, soweit dieses in der Inflation überhaupt Bestand hatte, keinen Anreiz mehr, in den Wohnungsbau zu investieren. Diese Aufgabe übernahm nun die Stadtverwaltung. Vom sozialdemokratischen Ansatz her bot sich nun die Möglichkeit, im Wohnungsbau einen »Gemeinzweck« zu sehen, der aus den Steuern aller zu finanzieren war und die Wohnung zum Sozialprodukt machte, das allen zur Verfügung gestellt werden mußte. Der 1919–1923 erbaute »Metzleinstaler Hof« war der Anfang; er ist Sinnbild jener Veränderungen der gesellschaftlichen Formen Wiens, deren architektonische Gestalt das kommunale Bauschaffen der Zwischenkriegszeit wurde.

28, 29 Der Metzleinstaler Hof, 1923. Fotos. Historisches Museum der Stadt Wien
In den Jahren 1919–1923 wurde von Hubert Gessner der Metzleinstaler Hof (Wien 5, Margaretengürtel 90–98) als erster Wohnhausbau der Gemeinde Wien errichtet.

METZLEINSTALERHOF

ANMERKUNGEN

1 Eugen Guglia, Wien, Ein Führer durch Stadt und Umgebung, Wien 1908, S. XLIV

2 1694 wurde der »Burgfriedensbezirk« auch auf die 34 die Stadt umgebenden Vorstädte ausgedehnt.

3 Felix Czeike, Geschichte der Stadt Wien, Wien 1981, S. 233

4 Wolfgang Mayer, Die städtische Entwicklung Wiens bis 1945, Wien 1978, S. 19 (= Katalog der Ausstellung der Geschäftsgruppe Stadtplanung und des Wiener Stadt-und Landesarchivs)

5 Wiener Communal-Kalender und Städtisches Jahrbuch 1880, Wien 1880, N.F. 8, S. 357

6 Vgl. Anm. 3

7 Es bestanden folgende Bezirke:
1. Bezirk: Innere Stadt
2. Bezirk: Leopoldstadt
3. Bezirk: Landstraße
4. Bezirk: Wieden
5. Bezirk: Margareten
6. Bezirk: Mariahilf
7. Bezirk: Neubau
8. Bezirk: Josefstadt
9. Bezirk: Alsergrund
10. Bezirk: Favoriten
11. Bezirk: Simmering
12. Bezirk: Meidling
13. Bezirk: Hietzing
14. Bezirk: Rudolfsheim
15. Bezirk: Fünfhaus
16. Bezirk: Ottakring
17. Bezirk: Hernals
18. Bezirk: Währing
19. Bezirk: Döbling
Zu beachten ist, daß die heutigen Bezirke 1 bis 19 zwar noch die gleichen Namen wie in den Jahren 1890/1892 führen, die Bezirksgrenzen jedoch nicht mehr in allen Fällen identisch sind.

8 Wiener Communal-Kalender und Städtisches Jahrbuch 1892, Wien 1892, N.F. 20, S. 390

9 Wiener Communal-Kalender und Städtisches Jahrbuch 1893, Wien 1893, N.F. 21, S. 465

10 Hans Bobek u. Elisabeth Lichtenberger, Wien. Bauliche Gestalt und Entwicklung seit der Mitte des 19. Jahrhunderts, Graz u. Köln 1966, S. 103ff.

11 Ebd. S. 113

12 Die Eisenbahnlinien entstanden in den folgenden Jahren:
1837/38 Nordbahn (Kaiser-Ferdinands-Nordbahn)
1841 Südbahn (Wien-Gloggnitzer-Bahn)
1846 Ostbahn (Wien-Raaber-Bahn; Staatsbahn)
1851 Verbindungsbahn
1857/58 Westbahn (Kaiserin-Elisabeth-Westbahn)
1870 Franz-Josephs-Bahn (Kaiser-Franz-Josephs-Bahn)
1880/81 Aspangbahn

13 Hans Bobek u. Elisabeth Lichtenberger, Wien, Graz u. Köln 1966, S. 42

14 1910 wurde die Gemeinde Strebersdorf mit Floridsdorf vereinigt, 1938 wurde der südöstliche Teil des 21. Bezirkes als 22. Bezirk (Donaustadt) abgetrennt.

15 Martin Paul, Technischer Führer durch Wien, 1910, S. 205ff.

16 Günter Düriegl, Wien auf alten Photographien, Wien u. München 1981, S. 141f.

17 Renata Kassal-Mikula, Otto Wagner (1841–1918). Die Wiener Stadtbahn, Wien 1982, S. 6

18 Erzherzog Rudolf, Der Wienerwald, in: Die österreichisch-ungarische Monarchie in Wort und Bild. Wien und Niederösterreich, 2. Abtheilung: Niederösterreich, Wien 1888, S. 3f.
Der Wienerwald wird im Norden durch das Tullner Becken und die Donau, im Osten durch das Wiener Becken, im Süden durch die Triesting und den Gölsenbach und im Westen durch die Traisen begrenzt.

19 Zu den Bahnen vgl. Günter Düriegl, Wien auf alten Photographien, Wien u. München 1981, S. 144

20 Felix Czeike, Geschichte der Stadt Wien, Wien 1981, S. 250

21 Walter Hummelberger u. Kurt Peball, Die Befestigungen Wiens, Wien u. Hamburg 1974, S. 95f. (= Wiener Geschichtsbücher, Bd. 14)

22 Reichsgesetzblatt für die im Reichsrate vertretenen Königreiche und Länder, Jg. 1917, Nr. 34

POLITIK VOR UND NACH DER JAHRHUNDERTWENDE

Robert Waissenberger

Massenparteien entstehen

Wer zurückblickt, erkennt viele Probleme, mit denen die Welt von heute belastet ist, als die Probleme Österreichs von ehemals. In den sogenannten Nachfolgestaaten wuchs seit dem Zerfall der Donaumonarchie im Laufe der Jahre die Erkenntnis, daß es besser gewesen wäre, zu versuchen, die politischen Schwierigkeiten zwischen den Nationen auszugleichen, anstatt überall nach nationaler Selbständigkeit und Unabhängigkeit zu streben. Denn auch das sah man allmählich ein: Kleine Nationen können leicht in Gefahr kommen, über kurz oder lang von den großen ins Schlepptau genommen zu werden.

Die geistige Ausstrahlung, die um die Jahrhundertwende von Wien dank einer Fülle von neuen politischen, wissenschaftlichen und kulturellen Ideen ausging, beruhte auf der Lage dieser Stadt im Mittelpunkt Österreich-Ungarns. Seitdem die Nationalitäten der Monarchie im 19. Jahrhundert zu vollem Bewußtsein erwacht waren, begann ihr Konkurrenzkampf sich zu steigern. So verderblich sich dieser in vieler Hinsicht auf den Fortbestand des Staates auswirkte, so fruchtbar war er freilich auch in mancher Beziehung in der Folge.

Kultur entsteht zumeist als Widerstand gegen Bestehendes, das zu bekämpfen man sich aufgerufen fühlt. Die wirkenden Kräfte, die die Geschehnisse in Wien beeinflußten, waren verschiedener Art, aus der Vergangenheit herüberreichend oder in die Zukunft weisend: Da war zunächst die gesellschaftliche Schichtung ausschlaggebend, Adel, Bürgertum und Proletariat. Der Adel verfügte lange nicht mehr über den Glanz, den er noch im 18. Jahrhundert ausgestrahlt hatte. Viele seiner Vertreter bekleideten allerdings nach wie vor hohe Stellen in Politik und Armee. In der Wirtschaft hatte ihm das Bürgertum längst den Rang abgelaufen. Das 19. Jahrhundert war in jeder Hinsicht das Jahrhundert des Bürgertums, das jetzt seine Blütezeit erlebte und in zunehmendem Maß wirtschaftliche Positionen einnahm. Es hatte seine Kraftprobe in der Revolution von 1848 in Wien zu bestehen gehabt. Die Aufständischen waren mit militärischer Gewalt niedergeschlagen worden, doch dieser Sieg galt nur für kurze Zeit: Gerade die »Achtundvierziger« übten Jahrzehnte später die politische Macht im Staate aus.

Hingegen war die Zeit des Vierten Standes, des Proletariats, noch nicht gekommen. Auch in dieser Beziehung hatte das Bürgertum während der Revolution des Jahres 1848 Stellung bezogen und jeden Versuch des Proletariats, politische Macht zu erlangen, vereitelt. Die Politik der Jahrzehnte nach 1848 wurde von den Liberalen beherrscht. Der Absolutismus hatte vor allem in der Auseinandersetzung mit den auswärtigen Feinden eine Reihe von Schlappen erlitten, was für die Stabilität des Regimes nicht ungefährlich war; es brauchte deshalb im Inneren nicht Gegner, sondern Verbündete. Andererseits waren die

Erfolge des liberalen Bürgertums dann auch nicht total. Ziele, wie die Schaffung einer Konstitution, wurden erreicht, jedoch um den Preis eines beschränkten Klassenwahlrechtes und der kaiserlichen Bürokratie. Jedenfalls waren die Revolutionäre von einst schrittweise in die Politik eingezogen und konnten ihre Prinzipien auch rund zwei Jahrzehnte, von 1860 bis 1880, aufrechterhalten. Insofern hatten sich die Ideen von einst nicht verdrängen lassen.

Doch schon von 1880 an erhoben neue Gruppen der Gesellschaft Anspruch auf eine Teilnahme am politischen Leben: besonders die Industriearbeiter in den großen Städten, aber auch die kleinen Gewerbetreibenden, die Bauern und in zunehmendem Maß vor allem die slawischen Nationen der Monarchie.

Die Jahre unmittelbar vor 1890 waren von besonderer Bedeutung. Es kam zur Formierung der Christlichsozialen und der Sozialdemokratischen Partei wie der deutsch-nationalen Bewegungen. Eine Reihe ausschlaggebender Probleme beherrschte die Szene: die wirtschaftlichen Anliegen des sogenannten Mittelstandes, die Not des Industrieproletariats, die deutschnationalen Bestrebungen, die zunehmenden Auseinandersetzungen zwischen den Nationalitäten und schließlich der deutlich vorhandene Antisemitismus, der im alten Österreich große Bedeutung hatte, weil er im Grunde genommen außerordentlich populär war. Man konnte bei breiteren Schichten nur politischen Erfolg haben, wenn man sich irgendwie zum Antisemitismus bekannte.

Ende 1888 und zu Beginn des Jahres 1889 hatte die Gründung der Sozialdemokratischen Partei in dem kleinen niederösterreichischen Ort Hainfeld stattgefunden. Gleich von vornherein wurde klargestellt, daß diese Partei nicht gegen den Staat gerichtet war, sondern sich zu ihm bekannte. Dennoch stellten Gegner der Sozialdemokratie sie als Bürgerschreck hin, als Exponenten sich ankündigender Anarchie. Am 1. Mai 1890 fand eine Arbeiterdemonstration statt. Das Bürgertum erwartete anstelle dessen eine Art Volksaufstand, der für viele das Schreckbild schlechthin darstellte oder ihnen wenigstens, wie dem jungen Hofmannsthal, Abscheu verursachte. Die Demonstration im Prater fand dann aber in völliger Ordnung statt und ohne daß es zu den geringsten Zusammenstößen kam. Die *Neue Freie Presse*, das angesehene Wiener Blatt, berichtete über diese Demonstration voll Hochachtung, vor allem über die große Disziplin der Arbeiterschaft. Weder wurde versucht, andere Gesellschaftsschichten zu beleidigen, noch kam es zu einer Konfrontation mit der Polizei. Der Aufmarsch der Arbeiter im Prater war ein Gegenunternehmen zum sogenannten »Blumenkorso«, der alljährlich seit 1886 ebenfalls am 1. Mai im Prater stattfand und das Fest des Adels und des Bürgertums war.

Die Arbeiterschaft kämpfte zu dieser Zeit nicht nur um Rechte, sie machte zunächst vor allem die Gesellschaft auf ihre Nöte und Schwierigkeiten aufmerksam. Die Löhne der Arbeiter waren gering, und die tägliche Arbeitszeit betrug 12 bis 14 Stunden, wenngleich sie im Kaisertum Österreich immerhin schon gesetzlich geregelt war. Freie Tage und Urlaub gab es kaum, Sonntag allenfalls, doch für viele Lohnabhängige oft nur den Sonntagnachmittag, weil vor allem die Dienstleistungsgewerbe selbstverständlich am Sonntagvormittag zur Verfügung stehen mußten. Das soll nicht sagen, daß die bestehende Gesell-

30 Das Gasthaus, in dem 1888/1889 der Hainfelder Parteitag der Sozialdemokraten stattfand. Foto. Wien, Dr.-Karl-Renner-Institut
Am 30. Dezember 1888 trat in dem kleinen niederösterreichischen Ort Hainfeld, der außerhalb der Ausnahmezustandsbezirke von Wien, Wiener Neustadt und Korneuburg lag, ein Kongreß sozialdemokratischer Delegierter aus allen Kronländern der Monarchie zusammen. Mit nur drei Gegenstimmen aus den Reihen der Delegierten wurde die »Prinzipien-Erklärung der sozialdemokratischen Arbeiterpartei Österreichs« angenommen, die bis 1901 grundsätzliche Bedeutung für die weitere Politik der Sozialdemokratie in Österreich behielt.

31 Anton Ziegler, Die Barrikade auf dem Michaelerplatz in der Nacht vom 26. zum 27. Mai 1848. Öl auf Leinwand, 68 x 55 cm. Historisches Museum der Stadt Wien
Die Revolution 1848, von der die Wiener Bürger anfangs den Eindruck gewinnen konnten, sie verliefe siegreicher für ihre Ziele, wurde im Oktober des Jahres blutig niedergeschlagen. Trotzdem war der Kampf um die Rechte einer Verfassung nicht verloren, und Jahre später konnten die Revolutionäre von 1848, die Liberalen, nachdem sie in hohe politische Funktionen gelangt waren, viele ihrer politischen Zielvorstellungen verwirklichen.

schaft von der Not, den sozialen Mißständen und der Bedürftigkeit der Menschen nichts wußte. Doch standen soziale Übelstände keinesfalls im Mittelpunkt des Interesses. Man lebte ganz im Gegenteil noch in einer Zeit, in der Armut als etwas Böses, Verachtenswertes angesehen wurde, als ein Zustand, an dem der Betroffene selbst Schuld hatte. Die sozialen Spannungen zwischen den verschiedenen Schichten der Bevölkerung waren allerdings gewaltig. Es gab, vor allem im Bereich der Wirtschaft, großen Reichtum, daneben aber, beim Proletariat, Armut ohnegleichen. Als besonders krasses Beispiel elender sozialer Verhältnisse galt das Problem der Ziegelarbeiter. Sie wohnten in winzigen Räumen nahe ihrer Arbeitsstätte am Wienerberg, oftmals mehrere Familien zusammen. Ihr Problem war typisch für die Zeit, in der die Stadt Wien rasch anwuchs und laufend Arbeitskräfte brauchte. Es war natürlich nicht ungewöhnlich und tritt bei ähnlichen Situationen in gleicher Weise auf, daß die so dringend benötigten, von andersher zugewanderten Arbeitskräfte wie Sklaven behandelt werden. Die Ziegelarbeiter Wiens waren vorwiegend aus den böhmischen und mährischen Gegenden zugezogen und froh gewesen, überhaupt in Wien Arbeit zu finden. Viktor Adler nahm das Los dieser Menschen zum Anlaß seiner Kritik. Allerdings geschah diese Kritik durchaus auf dem Boden der bestehenden staatlichen Verhältnisse, die von ihm immer wieder standhaft verteidigt wurden.

Gerade in dieser Zeit des Aufbaues und der Sammlung der sozialdemokratischen Bewegung zog diese eine Reihe von Persönlichkeiten an, die zu den besten schöpferischen Kräften des Sozialismus überhaupt zählten. Vor allem sind neben Victor Adler Karl Renner und Otto Bauer zu nennen. Der aus Prag stammende Arzt und Politiker Victor Adler hatte sich ursprünglich den Deutschnationalen angeschlossen, doch als dort lautstark antisemitische Parolen zu vernehmen waren, wendete er sich 1881 der Sozialdemokratischen Partei zu. Daß die verschiedenen Tendenzen in dieser Partei auf dem Hainfelder Parteitag unter einen Hut gebracht werden konnten, war in erster Linie Victor Adlers Verdienst. Karl Renner stammte aus Mähren, war wie Adler früh nach Wien gekommen und hatte hier eine Anstellung an der Parlamentsbibliothek erhalten. Er stieß 1893 zur Arbeiterbewegung. Er war ein Mann des

32 »Ein Bild von den Krawallen in Neulerchenfeld«. Anonymer Holzstich aus dem *Illustrierten Wiener Extrablatt* vom 13. April 1890
Es kam in dieser Zeit in Wien immer wieder zu Streikbewegungen, die in der Unzufriedenheit der Arbeiterschaft mit den herrschenden sozialen Verhältnissen ihre Ursache hatten. In Neulerchenfeld, im Bezirk Hernals, kam es zu Schlägereien zwischen streikenden und arbeitswilligen Maurergehilfen, die schließlich durch den Einsatz von Militär beendet wurden.

33 »Der erste Mai in Wien«. Anonymer Holzstich aus dem *Extrablatt* vom 4. Mai 1890
Über den Maiaufmarsch der Arbeiter berichtete das *Extrablatt*: »Von 1 Uhr bis 4 Uhr dauerte der Zuzug der Arbeiter zum Prater, wo sie sich nach vorher getroffenen Anordnungen in verschiedene Wirtshäuser zerstreuten, um bei Bier und Gesang ihren freien Tag zu verbringen, dessen Vormittagsstunden sie dem ernsteren Versammlungsgeschäfte gewidmet hatten. Um halb 6 Uhr brachen dann die ersten Trupps unter Führung von Ordnern zum Heimmarsch auf.«

34 Maximilian Lenz, Praterfahrt; 1900. Öl auf Leinwand, 73 x 160 cm. Historisches Museum der Stadt Wien
Die Hauptallee im Prater galt dem noblen Wien als Paradestraße, über die man, im Fiaker sitzend und schön gekleidet, vor allem an Sonn- und Festtagen fuhr. Am 1. Mai 1886 wurde hier zum ersten Mal der »Blumenkorso« abgehalten, bei dem man sich im Zeichen des Frühlings besonders prunkvoll zeigte.

Ausgleichs, gemäßigt, wurde 1918 Staatskanzler und 1945 Österreichs erster Bundespräsident der Zweiten Republik. Otto Bauer machte sich 1907 mit dem Erscheinen seiner Schrift *Die Nationalitätenfrage und die Sozialdemokratie* einen Namen und wurde in den Jahren nach dem Ersten Weltkrieg der eigentliche Vertreter des politischen Kurses des »Austromarxismus«. Wenngleich fallweise gewisse radikale politische Tendenzen wirksam wurden, so verfolgte man im Prinzip von Anfang an einen eher gemäßigten Kurs. Man bekannte sich zu einem evolutionären Weg, der die bestehende Ordnung nicht stürzen, sondern verbessern wollte und unter anderem darauf zielte, die Arbeiterbildung weiterzutreiben, aus der Einsicht, daß der intelligente Arbeiter nicht so leicht ausgebeutet werden konnte wie der ungebildete. Die Sozialdemokraten, die nach der Gründung ihrer Partei, dem »Hainfelder Parteitag«, im politischen Leben immer deutlicher in Erscheinung traten, wurden in einigen Kreisen der Bevölkerung als Bürgerschreck angesehen. Man stellte sich unter ihnen Anarchisten vor, die die bestehende gesellschaftliche Ordnung stürzen wollten; eine Meinung, die in weiten Bereichen freilich falsch war. Eine größere Gefahr als von ihnen drohte dem Staate von den Rivalitäten unter den Nationalitäten. Ziel der Sozialdemokraten war es hingegen, die Nationalitäten im alten Österreich untereinander auszusöhnen. Das war allerdings ein problematisches Unternehmen, denn gerade in dieser Zeit drängten die nationalen Streitereien immer mehr einem Höhepunkt zu. Gegen nationale Gegensätze aufzutreten bedeutete, sich gegen die Mehrheit der wirkenden Kräfte aufzulehnen. Das barg aber in jeder Beziehung die Gefahr in sich, zwischen den Mühlsteinen der Linken und der Rechten zerrieben zu werden. Im Reichsrat kam es zu erbitterten Redeschlachten, bei denen die nationalen Minderheiten mit größter Leidenschaft ihre Rechte forderten.

Da die nationalen Gruppen bemüht waren, in Wien beisammen zu bleiben, gab es verschiedene Stadtviertel, die von ihnen dominiert wurden. Die Verständigungssprache war Deutsch, aber nicht deshalb, weil die deutsche Sprache von allen beherrscht wurde, sondern weil sie die Sprache jener Nation war, die den Führungsanspruch im Staate erhob. Und diesen Anspruch verteidigte sie, wenn es darauf ankam, mit aller Macht.

Nr 38
Preis 10 kr.
Humoristisch-satyrisches Arbeiterblatt
Redaktion : Wien
IX. Pelikangasse 15
2. Jahrgang.
Administration: Wien
I. Am Bergel 1
Glühlichter
Acht stündiger Arbeitstag
1. Mai 1891
Freiheit Gleichheit Brüderlichkeit

Dem hochverehrten Herrn Dr Viktor Adler
zu seinem 60. Geburtstage
Der Ziegelarbeiter
1887.
Der Ziegelarbeiter
1912.
gewidmet von den dankbaren Ziegelarbeitern

35 *Glühlichter. Humoristisch-satyrisches Arbeiterblatt,* Ausgabe vom 1. Mai 1891
Auf der Titelseite einer Ausgabe dieser von 1889 bis 1915 erscheinenden Zeitschrift wird ein Demonstrationszug für die Arbeiterrechte am 1. Mai 1891 dargestellt.

36 Ziegelarbeiter. Foto. Wien, Dr.-Karl-Renner-Institut
Aus den Ländern der Monarchie wanderten viele Arbeitskräfte nach Wien, die in der Stadt vielfach in sozial üblen Verhältnissen lebten. Als besonders negatives Beispiel galten die Ziegelarbeiter, die in Elendsquartieren wohnten und schlecht bezahlt waren. Victor Adler stellte in seinem Kampf um die Rechte der Arbeiter ihr Los besonders in den Vordergrund.

37 Dr. Karl Renner. Foto. Wien, Dr.-Karl-Renner-Institut
Renner zählt zu den bedeutenden Führern der österreichischen Sozialdemokratie. Als Staatskanzler und zweiter Präsident des Nationalrats spielte er in der ersten Republik eine wichtige Rolle, als erster Staatskanzler und späterer Bundespräsident der zweiten Republik zählte er zu deren Schöpfern.

38 Alexander Demetrius Goltz, Victor Adler; 1919. Öl auf Holz, 62 x 51 cm. Historisches Museum der Stadt Wien
Victor Adler, der aus jüdischer Familie stammte, wandte sich zunächst der deutschnationalen Bewegung zu, doch als diese zunehmend einen radikalen Antisemitismus vertrat, schloß er sich den Sozialdemokraten an, deren gemäßigter und unbestrittener Führer er schließlich wurde.

39 Moriz Jung, »Die rote Bestie«. Tuschzeichnung, aquarelliert, 24,4 x 18,7 cm. Historisches Museum der Stadt Wien
Den Bürgern Wiens erschienen die Formierung der Arbeiterschaft und das Erstarken der Sozialdemokratie gleichsam als Vorzeichen des Weltuntergangs. Dieser Stimmung bemächtigten sich verständlicherweise auch die Karikaturisten.

40 Carl Sturz, Allegorie auf den 1. Mai 1890. Federzeichnung, getuscht, 19 x 23,4 cm. Historisches Museum der Stadt Wien
Als bewußten Gegensatz zum »Blumenkorso im Prater« des bürgerlichen Wien veranstalteten die Sozialdemokraten am 1. Mai 1890 ihren ersten Maiaufmarsch im Wiener Prater, von dem viele erwarteten, er würde in Anarchie ausarten. Entgegen diesen Erwartungen fand die Demonstration jedoch in größter Ordnung statt, was ein Teil der Presse mit Anerkennung vermerkte.

1897 entzündeten sich die nationalen Leidenschaften besonders in den »Badenikrawallen« im Gefolge der Sprachenverordnungen des Ministerpräsidenten Graf Badeni. Dieser polnische Großgrundbesitzer, der in seinem Heimatland immer bestrebt gewesen war, einen Ausgleich zwischen Föderalismus und Zentralismus zu finden, war der Meinung, daß er dieses Bemühen auch über den ganzen Staat hin fortsetzen könne. Auf Grund seiner Sprachenverordnungen, die am 1. Juli 1901 in Kraft treten sollten, hätten alle Beamten in den Sudetenländern nachweisen müssen, daß sie in der Lage waren, deutsch und tschechisch zu sprechen. Natürlich erschien die Forderung der Nationen, daß sich ihre Angehörigen vor Gericht oder bei den Behörden in ihrer Muttersprache ausdrücken konnten, keinesfalls unbillig. Die Betroffenen hingegen, von denen man die Zweisprachigkeit verlangte, akzeptierten das nicht und setzten sich heftig zur Wehr. Die Sache wurde derart hochgespielt, daß sie geradezu eine Staatskrise auslöste. Wahrscheinlich hatte Graf Badeni die Situation unterschätzt, und möglicherweise kannte er nur die Verhältnisse in seiner polnischen Heimat, die mit der brisanten Situation in Wien, die hier immer wieder deutlich wurde, nicht zu vergleichen war.

Zunächst brach vor allem in der Presse ein Sturm der Entrüstung über die Sprachenverordnungen los, der sich im Reichsrat fortsetzte und schließlich in der Abberufung Badenis durch Kaiser Franz Joseph gipfelte, nachdem der Wiener Bürgermeister Karl Lueger erklärt hatte, er könne die Aufrechterhaltung von Ruhe und Ordnung nicht mehr garantieren. Tatsächlich war es inzwischen um diese Frage in Wien zu Straßenschlachten gekommen. Anlaß dafür war ein wüster Krach im Parlament gewesen. Die deutschen Abgeordneten hat-

41 Husaren des 15. Regiments zerstreuen am 28. November 1897 Demonstranten vor dem Wiener Parlament. Holzstich von Franz Schlegel
Am 28. November 1897 kam es als Höhepunkt der Auseinandersetzungen um die Sprachverordnungen des Ministerpräsidenten Graf Badeni zu regelrechten Straßenschlachten, bei denen Militär eingesetzt wurde, um die Ruhe wiederherzustellen. Man bezeichnete die »Badenikrawalle« als den eigentlichen Beginn des Untergangs der Monarchie, da sie besonders deutlich machten, daß die nationalen Leidenschaften nicht zu zügeln waren und sich sogar immer mehr steigerten.

ten mit einer langen Obstruktion begonnen, der sich die Abgeordneten der anderen Nationen alsbald anschlossen. Zuletzt konzentrierte sich am 28. November 1897 die Auseinandersetzung auf eine nationale studentische und eine Arbeitergruppe, wobei auf der einen Seite die »Wacht am Rhein« und auf der anderen das »Lied der Arbeit« gesungen wurde. Um die Mittagszeit erschien berittene Polizei, die wie wild auf die Gruppe der Demonstranten einzuschlagen begann. Als schließlich Husaren zur Verstärkung der Polizei herbeigerufen wurden, konnte der Demonstration ein Ende gesetzt werden. Badeni mußte demissionieren. Hernach wurde eine Reihe seiner Verordnungen wieder rückgängig gemacht. Das Nationalitätenproblem verschärfte sich trotzdem weiterhin, wie sich auch die nationalen Leidenschaften verstärkten. Jedermann konnte sich ausrechnen, daß diese Situation über kurz oder lang zur Katastrophe führen mußte. Man verschaffte sich jeweils für kurze Zeit Luft, indem man irgendwelche Einfälle, die sich gerade anboten, aufgriff. Die Lösung des gesamten Problems blieb allerdings aus.

In mancher Beziehung gefiel diese Situation den Feinden des Parlamentarismus, möglicherweise sogar dem Monarchen selbst, der immer wieder die Ansicht geäußert haben soll, daß Österreich parlamentarisch nicht zu regieren sei, und dies durch die Praxis bestätigt sah. Obwohl im Grunde genommen die Probleme, die offiziell im Reichsrat zu behandeln waren, anders gelagert waren als die im Wiener Gemeinderat, spiegelten sich doch auch dort die nationa-

42 Der österreichische Ministerpräsident Graf Kasimir Badeni. Anonymer Holzstich aus *Buch für alle*, 1896
Badeni war bemüht, die Mitarbeit der Tschechen im österreichischen Reichsrat zu gewinnen. Er erließ deshalb am 5. April 1897 eine Sprachverordnung für Böhmen und Mähren, wonach in diesen Ländern alle Eingaben entweder in Deutsch oder Tschechisch je nach Wunsch der Partei behandelt werden sollten. Er erreichte damit aber nur den Ausbruch nationaler Leidenschaften, so daß er schließlich zurücktreten mußte.

len Kämpfe. Vorrangig kam in diesem Gremium freilich der Wille des Bürgertums zum Ausdruck, wenngleich auch hier nicht immer nur zu Themen gesprochen wurde, die tatsächlich hierher gehörten.

Im Wiener Gemeinderat vollzog sich zunächst ein politischer Wandel, der durch den Übergang vom Liberalismus zur bürgerlichen Massenpartei der Christlichsozialen gekennzeichnet war. Die eigentlichen Liberalen – die Generation der Achtundvierziger – waren schon allmählich aus dem politischen Leben ausgeschieden.

Dr. Karl Lueger

Zwei Persönlichkeiten dieser Zeit haben die Politik in Wien besonders beeinflußt: Georg von Schönerer und Karl Lueger. Beide hatten anfangs durchaus Sympathien für den Liberalismus gezeigt, von dem sie sich allmählich abwandten, um schließlich zu seinen schärfsten Gegnern zu werden.

Schönerer, der »Ritter von Rosenau«, ein Nationalist und Antisemit ohne Kompromißbereitschaft, wurde 1873 in den Reichsrat gewählt. Er verteidigte dort vor allem die Interessen der Landwirtschaft und kam deshalb sehr bald in Konflikt mit den Liberalen. Forderungen nach einer Zollunion mit Deutschland wurden erhoben. Sehr bald wurde aber auch eine klare antisemitische Tendenz seiner politischen Vorstellungen deutlich, und allmählich entwickelte er sich überhaupt »zum mächtigsten und konsequentesten Antisemiten, den Österreich hervorbrachte« (Schorske). Doch waren sein Lebenslauf und sein Wollen letzten Endes so wirr, daß kaum Aussicht bestand, aus seinen Anhängern eine Massenpartei zu schaffen, wie es Jahrzehnte später Adolf Hitler gelang.

Karl Lueger war eine völlig andere, durchaus realpolitische Erscheinung. Er besaß ein starkes Empfinden für Parolen, die bei den Massen ankamen. Lueger stammte, wie man das in Wien ausdrückt, »aus kleinen Verhältnissen«. Er war der Sohn eines Beamten am Polytechnischen Institut in Wien und besuchte als Externist, wie diese Schüler zum Unterschied von Zöglingen genannt wurden, das Theresianum in Wien, das im Grunde genommen nur den Kindern der gehobenen Stände Österreichs vorbehalten war. Er studierte Jus an der Universität Wien, folgte mit Begeisterung demokratischen Idealen, bekannte sich als preußenfreundlich und Gegner einer kleindeutschen Lösung, das heißt einer Einigung Deutschlands unter Ausschluß Österreichs. Lueger zog in seinen Äußerungen gegen Möglichkeiten der Korruption zu Felde und suchte seine Erfolge bei der Kommunalpolitik. Im Reichsrat, dem er schließlich angehörte, bezeichnete er sich als Demokrat. Als er sich schließlich einer radikaleren Haltung näherte, wechselte er von seinen Angriffen auf die Korruption zu Angriffen gegen den Kapitalismus, als dessen Vertreter er in erster Linie das Judentum bezeichnete, und ging dann zum absoluten Antisemitismus über, der ihm die größte Anhängerschaft sicherte, weil die Ablehnung der Juden in Wien immer populär war. Trotz all seinem Radikalismus blieb Karl Lueger hingegen der Habsburgermonarchie gegenüber immer loyal. Der politische Hauptgegner, dem er

43 Franz Alt, Neues Rathaus; 1882. Aquarell, 24,9 x 37,7 cm. Historisches Museum der Stadt Wien
Das Wiener Rathaus, ein Werk des Architekten Friedrich von Schmidt, wurde 1883 eröffnet. Als im neugotischen Stil entworfenes Prunkbauwerk der Ringstraße stellt es ein Symbol des in seinem Selbstwertgefühl gesteigerten Bürgertums dar.

44 Friedrich von Schmidt, Innenansicht des Gemeinderatssitzungssaales im Wiener Rathaus. Feder und Pinsel, aquarelliert, 39,9 x 47,9 cm. Historisches Museum der Stadt Wien
Der Wiener Gemeinderatssitzungssaal wurde nach dem Willen der Erbauer des Wiener Rathauses mit zahlreichen Wandmalereien ausgestattet, die sich mit der Geschichte der Stadt als einer Geschichte der österreichischen Herrscher befaßten. Wie im Parlament kam es auch im Wiener Gemeinderat zu erbitterten Redeschlachten, bei denen oftmals nationale Leidenschaften spürbar wurden.

45 Georg Ritter von Schönerer. Foto. Historisches Museum der Stadt Wien
Georg Ritter von Schönerer, Mitglied des österreichischen Abgeordnetenhauses, schloß sich 1879 den Deutschnationalen an und nahm mit ihnen einen scharf antisemitischen Kurs. Infolge eines mutwilligen Überfalls auf die Redaktion des *Neuen Wiener Tagblattes* verlor er Mandat und Adelstitel.

sich entgegenstellte, war der Liberalismus. Ein Bindeglied aller antiliberalen Kräfte bildete der Katholizismus, dem sich Lueger als einem deutlichen Unterscheidungsmerkmal ebenfalls verschrieb.

Fast zur gleichen Zeit, 1889, als die Sozialdemokratische Partei gegründet worden war, hatte sich auch die neue Christlichsoziale Partei formiert. Demokratie, Sozialreformen und Antisemitismus waren ihre Hauptmerkmale. Lueger war derjenige, der alle katholischen, demokratischen und sozialen Bestrebungen zu einer engen Bewegung zusammenschloß. Er konzentrierte dann sein Wirken fast ausschließlich auf den Wiener Gemeinderat und damit auf das Streben, dort die Führungsrolle einzunehmen. Bis zu seiner Bestellung zum Bürgermeister hatte es freilich noch Zeit und bedurfte der Überwindung einiger Hindernisse, die vor allem von seiten des Kaisers und seiner Berater aufgerichtet wurden. Der Erfolg der Christlichsozialen war in hohem Maß der Erfolg Luegers, der es als echter Volkstribun verstand, seinen Wählern gegenüber den richtigen Ton anzuschlagen. Er zeigte zumeist ein zurückhaltendes, kühles Auftreten, so daß er den für eine Führerpersönlichkeit entsprechenden Respekt abnötigte. Im richtigen Moment jedoch und zu den entsprechenden Leuten sprach er im Wiener Dialekt. Nicht zuletzt durch ein solches kluges politisches Auftreten sicherte er sich die Wählerschaft, deren Kreis sich ständig vergrößerte. Allmählich zeichnete sich ab, daß Lueger die erforderliche Mehrheit für das Amt des Bürgermeisters wohl im Gemeinderat erhalten würde, hingegen aber nicht die Bestätigung durch den Kaiser. Als Hauptgegner einer Berufung Luegers galt Graf Badeni. Einer der Gründe, warum er gegen Lueger war, bestand in dessen vehementen Ausfällen gegen die Juden, die staatlichen Autoritäten, gegen Ungarn und die Regierung. Das Großbürgertum drohte, es würde im Falle der Wahl Luegers zum Bürgermeister Wien verlassen, und die Ungarn ließen erkennen, sie würden wegen der ständigen Angriffe Luegers seine Wahl zum Bürgermeister als feindlichen Akt auffassen. Am 29. Oktober 1895 erhielt Lueger 93 von 137 abgegebenen Stimmen bei der Bürgermeisterwahl. Darauf sprach er beim niederösterreichischen Statthalter, Graf Kielmannsegg, vor. Thronfolger Franz Ferdinand trat für eine Bestätigung Luegers ein; Ministerpräsident Badeni, der für seine Politik fürchtete, empfahl hingegen weiterhin die Verweigerung der Bestätigung Luegers als Bürgermeister durch den Kaiser.

In der Folge kam es zu einem Zusammentreffen zwischen Badeni und Lueger, in dessen Verlauf dieser sich verpflichtete, für den Fall, daß er Bürgermeister würde, der Regierung keine ernsthafte Opposition entgegenzusetzen. Als ein weiterer Wahlgang für Lueger abermals eine überwältigende Mehrheit im Gemeinderat brachte, einigte man sich darauf, zunächst Dr. Josef Strobach zum Bürgermeister und Lueger zum Vizebürgermeister zu machen. Diese Wahl bedurfte keiner kaiserlichen Bestätigung. Als Lueger und seine Christlichsozialen 1897 schließlich erneut einen großen Wahlsieg errangen, erfolgte am 4. April 1897 endgültig die Wahl Luegers, die bereits wenige Tage danach doch die kaiserliche Bestätigung erhielt.

46 A. Mayerhofer, Bürgermeister Dr. Karl Lueger; 1902. Öl auf Leinwand, 90 x 75,2 cm. Historisches Museum der Stadt Wien
Bürgermeister Dr. Karl Lueger, der Führer der Christlichsozialen Partei, war einer der besten Kommunalpolitiker seiner Zeit. Große Beliebtheit bei seinen Wählern sicherte seiner Bewegung den politischen Erfolg. Vor allem das Wiener Kleinbürgertum identifizierte sich mit seiner Politik, die der Stadt Wien viele Neuerungen auf sozialem Gebiet brachte.

Seinen großen Erfolg sicherte sich Karl Lueger vorwiegend beim Kleinbürger durch Antisemitismus, Klerikalismus und die deutlich geäußerte Tendenz zu einem nichtmarxistischen Sozialismus. Lueger bediente sich in seiner Sprache einer Vergröberung der Begriffe, um bei der breiten Masse besser und leichter verstanden zu werden. Es wurde von der »Rettung des in seiner Existenz bedrohten Kleingewerbes«, vom »jüdischen Großkapital« und von der »Wiederfüllung der Kirchen« gesprochen. Der Antisemitismus Luegers machte auf weite Kreise Eindruck, so nicht zuletzt auf den jungen Adolf Hitler, dessen politische Anschauungen speziell in seinen Wiener Jahren geprägt wurden. Hitler bezeichnete deshalb auch in seinem Buch *Mein Kampf* Lueger als »den gewaltigsten Bürgermeister aller Zeiten«, dessen Unglück nur darin bestand, in »diesem unmöglichen Staat« zu wirken.

Lueger war ein gewandter Taktiker, der es auch verstand, jede Blöße seiner Gegner auszunützen und einzuhaken, wo es ihm für seine Absichten wichtig erschien, und er war ein Volkstribun. Dem kam noch entgegen, daß er ein gut aussehender Mann war; man nannte ihn den »Schönen Karl«. In mancher Beziehung überstrahlte seine Popularität die des alten Kaisers, der vielleicht nicht zuletzt deshalb seine Vorbehalte gegen Lueger hatte.

Die Jahre, in denen Lueger Bürgermeister von Wien war, brachten der Stadt allerdings viel Gutes. Seine Politik war fortschrittlich und entsprach den Erfordernissen. Mit seinem Sieg wurde die Lösung einer ganzen Reihe von wirtschaftlichen Problemen der Stadt in Angriff genommen. Bis zu dieser Zeit lagen beispielsweise die Versorgung der Stadt mit Gas, mit Licht- und Kraftstrom sowie der Betrieb der öffentlichen Verkehrsmittel in den Händen privater Unternehmer. Ihnen war es überlassen, die Preise zu diktieren, was natürlich nicht dem Interesse der Konsumenten entsprach. Einer der Hauptpunkte im Programm Luegers und seiner Christlichsozialen bestand darin, hier Abhilfe zu schaffen. Zunächst blieb die Gasversorgung noch in den Händen der Continental-Gas-Assoziation. Der Vertrag mit ihr war bis zum 31. Oktober 1899 verlängert worden. Es kam immer wieder zu Verhandlungen, die sich allerdings in die Länge zogen und zu keinem greifbaren Ergebnis führten. Projekte zur Errichtung einer gemeindeeigenen Gasversorgungsanlage gab es schon seit 1872. Da letzten Endes die Verhandlungen mit der privaten Gesellschaft nicht zum Ziel führten, entschloß sich die Gemeinde Wien zum Bau eines Gaswerkes in Simmering, das am 31. Oktober 1899 in Betrieb genommen wurde. Es war eine Anlage zur Erzeugung von Steinkohlengas, die mit zunehmendem Bedarf sehr bald vergrößert werden mußte. Das Gas diente zur Beheizung, zunächst aber vor allem zur Beleuchtung. Allerdings war das Gaswerk in Sim-

47 Gaswerk Simmering. Foto. Historisches Museum der Stadt Wien
Lange Zeit war die Stadt Wien von privaten Firmen mit Gas versorgt worden. Die geltenden Verträge mit diesen Firmen liefen jedoch Ende des Jahrhunderts aus. Da es zu keiner neuen Einigung kam, faßte die Gemeinde Wien den Beschluß, in Simmering ein eigenes Gaswerk zu errichten, das als eines der ersten Großprojekte der Ära des Bürgermeisters Karl Lueger am 31. Oktober 1899 eröffnet wurde.

mering nicht in der Lage, den gesamten Bedarf der Stadt zu decken, deshalb wurde wenige Jahre später in Wien ein zweites Gaswerk errichtet. Unmittelbar nach dem Bau des Simmeringer Gaswerkes wurde dann auch mit der Errichtung eines Elektrizitätswerkes in dessen unmittelbarer Nachbarschaft in Simmering begonnen.

Der Plan zur Errichtung dieses Werkes hing mit der Elektrifizierung der öffentlichen Verkehrsmittel, der Straßenbahnen, in Wien zusammen. Hier hatte es bei Übernahme der Regierungsgeschäfte durch Dr. Karl Lueger zwei private Unternehmungen gegeben, die »Wiener Tramway-Gesellschaft« und die »Neue Wiener Tramway-Gesellschaft«. Beide besaßen Verträge mit der Stadt, die ihnen für viele Jahre alle Rechte sicherten. Die von der Gemeinde Wien geplanten Elektrizitätswerke sollten aber nicht nur für die Lieferung von Energie zum Betrieb der öffentlichen Verkehrsmittel, sondern auch für die Lieferung von Licht- und Kraftstrom errichtet werden. Allerdings stellte sich am Beginn des Jahrhunderts die Gasbeleuchtung immer noch wesentlich billiger, so daß man erst allmählich daranging, elektrische Beleuchtung einzuführen. Anfangs hatte es auch nicht so ausgesehen, als würde eine Übernahme der städtischen Verkehrsmittel in das Gemeindeeigentum so bald gelingen, und es bedurfte einer ganzen Reihe politischer Schachzüge, um schließlich zum Erfolg zu gelangen. Binnen weniger Jahre besaß Wien allerdings dann das ausgedehnteste elektrisch betriebene Straßenbahnnetz der Welt.

Die Politik und die Vorstellungen, die Lueger für Wien hatte, waren fortschrittlich. Mit einem gewissen Weitblick erkannte er die Wichtigkeit eines Grüngürtels um die Stadt, was in der Schaffung des »Wald- und-Wiesengürtels« und vieler weiterer Grünzonen, die für die Gesundheit der Bewohner Wiens von Bedeutung waren, Ausdruck fand. Im Zusammenhang damit ist auch die Anlage einer Zweiten Wiener Hochquellenleitung zu sehen, mit der kostbares Trinkwasser aus der Hochschwabgegend nach Wien geschafft wurde, um die bereits bestehende Erste Hochquellenleitung zu entlasten.

Alle diese wirtschaftlichen Unternehmungen, die einander sehr rasch folgten, konnten allerdings nicht ohne die Aufnahme großer finanzieller Anleihen bewerkstelligt werden, die die Stadt freilich auch sehr belasteten. Als nach dem Ersten Weltkrieg die Sozialdemokraten in Wien die Regierung übernahmen, argumentierten sie also gewissermaßen zu Recht, daß sie die Nachfolge einer Gemeindeverwaltung antraten, die finanziell vollkommen zusammengebrochen war.

Auch der Jugendfürsorge und der Jugenderziehung wurde Aufmerksamkeit geschenkt. Mit einer Reihe karitativer Maßnahmen wurde überdies versucht, das Problem der Armen und Bedürftigen zu lösen. Nicht zuletzt entstanden in dieser Zeit in Wien Spitäler und Altersheime, die der Allgemeinheit dienten und in vieler Beziehung richtunggebende Beispiele für die moderne Verwaltung einer Großstadt waren. Schließlich ist auch noch auf das Dienst- und Arbeitsrecht der Angestellten und Arbeiter der Gemeinde Wien zu verweisen, die in ihrem Bereich geradezu beispielhafte Arbeitsbedingungen erhielten.

Viele der sozialen Maßnahmen wurden im Hinblick auf den Umstand ergriffen, daß es eines Tages zu einem Kräftemessen der Christlichsozialen mit den Sozialdemokraten kommen mußte. Zunächst war es freilich der Christlichsozialen Partei möglich, ihre Stellung immer noch auszubauen, so daß sie zum mächtigsten politischen Faktor in Österreich wurde. Freilich lag letzten Endes dann aber doch, bewirkt durch die faszinierende Persönlichkeit des Wiener Bürgermeisters, das Hauptgewicht auf der Kommunalpolitik, die von Lueger souverän beherrscht wurde.

Das waren Maßnahmen, die von weiten Kreisen der Bevölkerung anerkannt und gutgeheißen wurden. Die Arbeiterschaft bemerkte allerdings bald, daß die von ihr geforderten Rechte von den marxistisch orientierten Sozialdemokraten besser vertreten wurden als von den Christlichsozialen, die sich letzten Endes doch als mittelständisch-kleinbürgerliche politische Vertretung erwiesen und im Verständnis der geforderten Rechte der Arbeiter deutlich an die Grenzen

48 Bau der zweiten Hochquellenwasserleitung. Foto. Historisches Museum der Stadt Wien
Um sanitär befriedigende Zustände herstellen zu können, hatte man in Wien schon mit der Errichtung der ersten Hochquellenleitung gutes Gebirgswasser aus dem Schneeberggebiet herangeführt. Da der Bedarf jedoch ständig stieg, entschloß man sich unter Bürgermeister Karl Lueger, auch eine zweite Hochquellenleitung anzulegen, mit der Wasser aus der Hochschwabgegend nach Wien gebracht wurde.

ihrer Möglichkeiten gelangten. Sowohl den Christlichsozialen als auch der Regierung konnte die Entwicklung, die sich hier anbahnte, nicht verborgen bleiben, doch taten beide nichts, um den Gegebenheiten Rechnung zu tragen. Die Christlichsozialen mußten deshalb zur Kenntnis nehmen, daß alsbald Einbrüche in ihren Reihen zugunsten der Sozialdemokraten erfolgten.

Antisemitismus

In die Zeit der großen Erfolge der Christlichsozialen unter Karl Lueger fiel 1909–1911 der Aufenthalt Adolf Hitlers in Wien, der als rund Zwanzigjähriger in die Stadt gekommen war und als Bauhilfsarbeiter und Zeichner, dessen Bewerbung um Aufnahme in die Akademie erfolglos geblieben war, hier sein Leben fristete. Aus den Erfahrungen seiner Wiener Jahre bezog er seine politische Zielrichtung auf den Mittelstand, vor allem aber beeindruckte ihn der Antisemitismus in dieser Stadt. Allerdings war er mit dem Antisemitismus der Christlichsozialen Partei nicht einverstanden, weil er religiös und nicht »rassisch« verstanden wurde, und bezeichnete ihn als »Scheinantisemitismus«, weil dabei »im schlimmsten Fall ein Guß Taufwasser Geschäft und Judentum zugleich rettete«. Für Hitler war der Antisemitismus immer ein Rassenproblem, die Unterscheidungsmerkmale lagen für ihn im Blut, für ihn blieb auch der zum

49 Ernst Graner, Greisler in der Innenstadt; 1906. Aquarell, 47 x 45 cm. Historisches Museum der Stadt Wien
Das Hauptgewicht der Lebensmittelversorgung lag in Wien in den Händen der »Gemischtwarenhändler« oder »Greisler«, wie sie genannt wurden. Sie boten mit Ausnahme von Fleisch alle Arten von Lebensmitteln und Haushaltsartikeln an.

50 »Kaisertage in Galizien«; 1880. Zeitungsholzstich, nach einer Skizze von Rejchan Anläßlich eines Besuches in Galizien wurde Kaiser Franz Joseph von Juden mit Thora und Himmel begrüßt.

Christentum Konvertierte nach wie vor Jude. Gegen diese radikale Haltung hatte der Antisemitismus Luegers immer noch geradezu humane Züge.

Der Antisemitismus rief, gleichsam als Reaktion, das Werden des Zionismus des Theodor Herzl hervor. In der Propaganda hatte man den allmählich an Bedeutung verlierenden Liberalismus in mancher Beziehung mit dem emanzipierten Judentum gleichgesetzt, was in mancher Hinsicht auch stimmt. Die Ideen Herzls vom Judenstaat basierten in vieler Beziehung auf seiner Verteidigung des Liberalismus, was auch seiner persönlichen Herkunft entsprach. Als aufgeklärter Jude stand er in guter Beziehung zum österreichischen Staatsvolk. Herzl hatte in Budapest die Realschule besucht, war aber bereits dort in unmittelbare Berührung mit den Auswirkungen des Antisemitismus gekommen. Später in Wien, wo er sich eigentlich beheimatet fühlte, erkannte er, daß die Bildung, die viele Juden ihren Söhnen angedeihen ließen, eine klare Trennung zu den ungebildeten breiten jüdischen Bevölkerungsschichten bewirkte. Den Juden haftete der Makel an, sie seien ein Händlervolk; um diesem Ruf entgegenzutreten, schickten die liberalen Juden ihre Söhne auf höhere Schulen und ließen sie vorwiegend zu Ärzten und Rechtsanwälten ausbilden. Bemerkenswert ist beispielsweise das große Interesse der jungen Juden an der deutschen Literatur; wie überhaupt gesagt werden muß, daß aus dieser Gruppe der assimilierten Juden jene geistige Potenz kam, die Wien so groß machte. Wesentlich an der Mentalität von Männern wie Victor Adler, Sigmund Freud, Arthur Schnitzler, Arnold Schönberg oder Ludwig Wittgenstein war ihre kosmopolitische Einstellung, ihr Bekenntnis zur Überregionalität, denn keiner von ihnen kann als nur »lokale Größe« bezeichnet werden. Es war zu einem großen Teil ihr Verdienst, wenn Wien in dieser Zeit so hohe Bedeutung im Wissenschaftlich-Kulturellen erlangte. Sie unterschieden sich wesentlich von der bis dahin geübten biedermeierlichen Enge, aus der sich selbst viele der beachtenswertesten Persönlichkeiten, die hier gewirkt hatten, nicht zu befreien vermochten. Natürlich sahen viele im assimilierten jüdischen Großbürgertum eine scharfe Konkurrenz, die Widerstand herausforderte. Andererseits mißbilligten die assimilierten Juden, die interessiert und kultiviert waren und ein großes Haus führten, die Gettojuden, die Orthodoxie. Das ging so weit, daß sich die liberale jüdische Bürgerschicht selbst antisemitisch benahm und die Juden, natürlich vor allem jene, die immer wieder aus dem Osten zuwanderten, als durch den Aufenthalt im Getto körperlich und geistig mißgebildet ansahen. Man sagte von ihnen, sie betrieben durch ihr Verhalten Inzucht und wären deshalb gar nicht imstande, sich in irgendeiner Weise fortzuentwickeln. Diese Ansicht hat allerdings nicht irgendein Verächter des Judentums geäußert, sondern zu einem gewissen Zeitpunkt niemand anderer als Theodor Herzl. Deshalb vertrat auch er zunächst den Standpunkt der Assimilation, natürlich ohne Erfolg, weil gerade das Gegenteil von dem eintraf, was angestrebt wurde: Der wachsende Antisemitismus stieß die jungen Juden aus allen Verbindungen aus und verhinderte auf solche Weise, daß das Ziel erreicht werden konnte. Entwicklungen und Tatsachen dieser Art bestimmten schließlich Theodor Herzl dazu, sich zum entschiedenen Kämpfer für die Sache der Juden zu entwickeln und vor allem für den Judenstaat zu werben. Es war also in keinem Fall so, daß Herzl von Anfang an zielbewußt die Schaffung des Judenstaates angestrebt hätte. Er kam nur eines Tages zur Einsicht, daß man in Angelegenheit des Antisemitismus mit den Argumenten der Vernunft nicht agieren konnte. So war beispielsweise von österreichischen Intellektuellen ein Verein zur Abwehr des Antisemitismus gegründet worden, dessen Wirksamkeit Theodor Herzl allerdings von Anfang an in Zweifel stellte. Er hatte andere Ideen. Beispielsweise schlug er vor, namhafte, in der Politik wirkende Antisemiten zum Duell zu fordern. Er dachte auch an einen kollektiven Übertritt aller Wiener Juden zum Katholizismus.

Letzten Endes aber, nach mehreren Stadien der Entwicklung, die Herzl durchmachte, und einigen daraus folgenden schmerzlichen Erkenntnissen, nicht zuletzt jener, die er aus der Dreyfussaffäre in Frankreich zog, kam ihm der Gedanke zur Gründung des Judenstaates. Daß dies im Zusammenhang mit dem Besuch einer Tannhäuseraufführung geschah, die ihn zur Auswanderung inspirierte, verweist auf eine gewisse Ironie der Situation, und vor allem ist es bemerkenswert, daß gerade eine romantische Oper ihm den Gedanken eingab. Doch auch Herzls Idee einer Massenauswanderung der Juden in einen neuen Staat ist eine romantische Idee.

Presse

Sehr bald trat Theodor Herzl mit seiner ersten Kampfschrift für den Zionismus, dem Buch *Der Judenstaat* hervor, das 1896 in Wien erschien. Das war durchaus logisch, denn die Publizistik spielte vor der Jahrhundertwende in Wien eine große Rolle; sie hatte wahrhaft großstädtischen Zuschnitt. Die Wiener Presse war angesehen, und eine Reihe hervorragender Publizisten sowie einige Zeitungen standen besonders im Vordergrund, vor allem die *Neue Freie Presse*, die das Sprachrohr der Literatur war, und die *Wiener Zeitung*, die allerdings als amtliches Organ zu politischen Themen nur vorsichtig Stellung beziehen konnte. Es gab natürlich eine Pressezensur, die zum Teil sehr streng, zum Teil recht lässig gehandhabt wurde. Prinzipiell mußte jedes Presseerzeugnis dem Zensor vorgelegt werden, der dann entschied, ob veröffentlicht werden durfte oder nicht. Manchmal wurden Zeitungen beschlagnahmt, manchmal erschienen die Zeitungen mit weißen Spalten. Bei gewissen Angelegenheiten wurde den Herausgebern von vornherein bedeutet, daß über sie nicht geschrieben werden durfte. Der Verkauf von Zeitungen war an

51 Friedrich Uhl. Foto. Historisches Museum der Stadt Wien
Wien hatte um die Jahrhundertwende eine Zeitungskultur, die in jeder Beziehung internationales Niveau hatte. Die *Wiener Zeitung* verfügte unter ihrem Chefredakteur Friedrich Uhl vor allem über einen sehr informativen literarischen Beitragsteil, der sich hohen Ansehens erfreute.

DER

JUDENSTAAT.

VERSUCH

EINER

MODERNEN LÖSUNG DER JUDENFRAGE

VON

THEODOR HERZL

DOCTOR DER RECHTE.

LEIPZIG und WIEN 1896.

M. BREITENSTEIN'S VERLAGS-BUCHHANDLUNG

WIEN, IX., WÄHRINGERSTRASSE 5.

52 Theodor Herzl, *Der Judenstaat*, 1896
Nachdem sich Theodor Herzl zur Erkenntnis durchgerungen hatte, daß eine Assimilation nicht zur Lösung der Judenfrage führen könnte, verfaßte er seine Schrift *Der Judenstaat*, mit der er die Gründung eines Staates Israel propagierte.

53 Theodor Herzl. Foto. Wien, Österreichische Nationalbibliothek, Theatersammlung

eine Lizenz gebunden, die vom Zensor vergeben wurde.

Die *Neue Freie Presse* übte auf ihren Leserkreis, einen gewissen Bildungsstand voraussetzend, großen Einfluß. Sie besaß in ihrer Redaktion erstklassige Fachkräfte, die zu Politik, Wirtschaft und Kultur Stellung nahmen. Hier erwies sich vor allem das Wirken des Chefredakteurs Moriz Benedikt als segensreich, der es verstanden hatte, diese Kräfte heranzuziehen. Seit 1881 war er Mitherausgeber und seit 1908 sogar Alleininhaber der *Neuen Freien Presse*, die immer mehr auch an internationalem Ansehen gewann. Hugo Wittmann, selbst ein bekannter Verfasser von Opernlibretti, war ein kluger Beobachter der Wiener Theaterszene und schrieb hier Kritiken. Ludwig Speidel war ein weit über Wien hinaus bekannter Feuilletonist. Schließlich wirkte in Wien Eduard Hanslick, der gefürchtete Musikkritiker der *Neuen Freien Presse*, ein begeisterter Verehrer Brahms' und entschlossener Gegner Wagners, Bruckners, Mahlers und Wolfs. Im Rahmen der *Neuen Freien Presse* wirkte Daniel Spitzer, der bereits 1893 starb. Seine »Wiener Spaziergänge« waren ungemein witzig und lebendig zu lesen; er ist zu den ganz großen Satirikern des kulturellen Lebens Wiens zu zählen. Unter ihrem Chefredakteur Friedrich Uhl erhielt schließlich der Kulturteil der *Wiener Zeitung* große Bedeutung und konkurrenzierte die *Neue Freie Presse*.

Mit der allmählichen Veränderung der innenpolitischen Situation wandelte sich natürlich auch die Zeitungslandschaft. Denn schließlich entwerfen die Zeitungen ja immer auch ein Bild der sich wandelnden Gesellschaft.

Eine der wichtigsten Zeitungsgründungen dieser Zeit war 1894 die *Reichspost*, die sich vorwiegend an den christlichsozialen Leserkreis wandte. In dieser Zeit erschienen überhaupt die ersten Parteiblätter, so auch die ersten sozialdemokratischen Zeitungen, wie *Volksstimme*, *Volkswille*, *Gleichheit* und schließlich die *Arbeiter-Zeitung*. Diese oppositionellen Blätter hatten natürlich sehr mit Beschlagnahmen zu kämpfen.

Die Zeitungen wurden an Kiosken verkauft, viele gelangten aber auch auf dem Postweg an die Leser. Als wahre Zentren der Zeitungslektüre erwiesen sich die Kaffeehäuser. Und es entwickelte sich eine wahre Kultur des Zeitungslesens, was natürlich nicht ohne Einfluß auf die Qualität der Presse blieb. Man nahm sich Zeit zur Lektüre und genoß einigermaßen gescheite Formulierungen und tiefgründig kritische Untersuchungen.

54 Kaiser Franz Joseph und Thronfolger Erzherzog Franz Ferdinand. Foto. Historisches Museum der Stadt Wien
Obwohl bekannt war, daß zwischen dem Kaiser und seinem Thronfolger nicht das beste Einvernehmen bestand und, vergröbert ausgedrückt, im Belvedere, dem Wohnsitz Franz Ferdinands, eine Art »Schattenregierung« bestand, wurde in der Öffentlichkeit dieser Gegensatz nicht sichtbar. Der Thronfolger wußte wohl, wie er sich, entsprechend der geltenden monarchischen Ordnung, seinem obersten Kriegsherrn gegenüber zu verhalten hatte und was seine unabdingbare Pflicht war.

Der Kaiser

Man wird die Situation Österreichs in vieler Beziehung nur verstehen können, wenn man bedenkt, daß an seiner Spitze ein an Jahren alter Monarch stand, der anfangs nicht unangefochten war, viele Feinde hatte und erst allmählich zur geachteten, weit außerhalb aller Diskussion stehenden Persönlichkeit geworden war. Kaiser Franz Joseph regierte über viele Schwierigkeiten hinweg, die zum Teil starke Veränderungen in Österreich gebracht hatten, seit den Revolutionstagen des Jahres 1848 und trat 1890 in sein siebentes Lebensjahrzehnt. Es war keine Frage: Er war angetreten, um das Prinzip des Absolutismus in Österreich, der zu seiner Zeit politisch gefragt gewesen war, zu verteidigen oder wenigstens weitgehend wieder zu festigen und einzuführen. Entschieden war es sein Ziel, gegen die Form der konstitutionellen Monarchie zu wirken, wenngleich die Konstitution eine Forderung des Tages war. Niemals war in Österreich ernsthaft der Ruf nach Abschaffung der Monarchie erhoben worden. Vor allzuviel Revolution fürchtete man sich immer. Kaiser Franz Joseph hatte, zumindest in der ersten Zeit seiner Herrschaft, mit den Ideen der Revolution von 1848 zu tun gehabt, zunächst also mit einer liberalen Opposition sowie mit der Gegnerschaft der Ungarn, die nationaler Natur war; Ungarn strebte nach weitgehender Unabhängigkeit und Selbständigkeit. Man hat oft davon gesprochen, daß in diesem alten Österreich immer nur das Allernotwendigste geschah und vieles beim Provisorium blieb. Einen großen Anteil an dieser Mentalität hatte Kaiser Franz Joseph selbst, der keinerlei Sympathie für Reformen zeigte und ein tiefes Mißtrauen gegen alle Neuerungen hegte. Daß sich in seinem Alter diese Mentalität noch verstärkte, liegt freilich in der Natur der Sache selbst. Zu seiner ihm angeborenen Starrheit kam dann noch der Eigensinn des Alters hinzu. War er in seiner Jugendzeit als der Unterdrücker der Revolution, als der

55 Kaiserin Elisabeth. Foto. Historisches Museum der Stadt Wien
Kaiserin Elisabeth kümmerte sich nicht um die Regierungsgeschäfte ihres Mannes. Obwohl Kaiser Franz Joseph seine Frau liebte und verehrte, blieb sie ihm gegenüber kalt und abweisend. Den größten Teil ihres Lebens verbrachte sie auf Reisen. Auf einer von ihnen ereilte sie auch das Schicksal: In Genf wurde sie von dem Anarchisten Luccheni, der sich mit diesem Mord offenbar an der Gesellschaft rächen wollte, erdolcht.

56 Thronfolger Erzherzog Franz Ferdinand von Österreich. Foto. Historisches Museum der Stadt Wien
Erzherzog Franz Ferdinand, der für den Fall, daß er nach Kaiser Franz Joseph die Regentschaft in Österreich-Ungarn übernehmen würde, konkrete Pläne für die Neugestaltung des Staates entwickelte, konnte diese jedoch nie verwirklichen; er und seine Frau, die Herzogin von Hohenberg, wurden am 28. Juni 1914 Opfer eines Attentats serbischer Nationalisten, was einen der Anlässe für den Ersten Weltkrieg bildete.

Knechter der Nationen, vor allem der ungarischen, bezeichnet und vor allem gehaßt worden, so wurde er im Alter gleichsam zum wahren Sinnbild seines Reiches. Solange er lebte, bestand keine Gefahr, daß das Reich zerfallen würde. Zuviel Ansehen, zuviel aristokratische Würde besaß er noch. Doch auf diese aristokratische Würde hatte er sein ganzes Leben ausgerichtet. Er war seinerzeit auf sein hohes Amt gut vorbereitet worden. In ihm hatte sich das Kaiserhaus, vor allem seine ehrgeizige Mutter Erzherzogin Sophie, jenen Staatenlenker erzogen, der das Reich im konservativen Sinn, im Sinne des »Prinzips«, behaupten würde. Franz Joseph stand dann achtundsechzig Jahre lang an der Spitze seines Reiches. Unter anderem war es charakteristisch, daß er alle seine Feinde überlebte. Längst schon waren die meisten seiner Widersacher aus der Revolutionszeit gestorben, doch er lebte immer noch. Freilich hatte auch er, dem Zwang der Umstände folgend, im Laufe der Jahre viel vom »Prinzip« hinter sich lassen müssen. Und die Ungarn, die eigentlichen Verlierer der Revolution 1848, hatten ihren eigenen Staat bekommen, der in erster Linie durch die Person des Kaiser-Königs mit Österreich verbunden war.

Es ist selbstverständlich, daß sich die Völker und Menschen des Reiches nach dem Vorbild des Herrschers orientierten. So wie Kaiser Franz Joseph das Vorbild für Redlichkeit, Korrektheit und Würde bildete, boten die Hocharistokratie und das Leben am Hof eine gewisse Orientierung für die weniger hochgestellten gesellschaftlichen Schichten. Obwohl die Zeitungsnachrichten, die man darüber zur Kenntnis nehmen konnte, sehr karg und reichlich gefiltert, eben »Hofnachrichten« der Bezeichnung nach waren, machte man sich selbstverständlich ein Bild, wenn auch nicht immer das richtige.

Geheimnisvoll erschien die schöne Kaiserin, eine unglückliche und menschenscheue Frau. Entschieden langweilte sie sich in ihrem Leben, auch neben einem Mann, dem sie recht fremd gegenüberstand. Lektüre, das Sammeln von Gegenständen, die ihr Spaß machten, das Verfassen von Gedichten, in denen sie sich in erster Linie mit ihrer eigenen Person befaßte, das machte ihr Leben aus. Die Rolle als Kaiserin, als Frau des Herrschers, vernachlässigte sie weitgehend, sogar in dem Maße, daß sie bei Empfängen bei Hof nicht mehr anwesend war oder sich nach wenigen Minuten wieder zurückzog. Ein solches Verhalten war natürlich in keiner Weise, auch nicht staatspolitisch, nützlich. Deshalb kann ihr der Vorwurf nicht erspart bleiben, ihre Einstellung, eine Kaiserin »wider Willen« zu sein, sei nichts anderes als eine Vernachlässigung selbstverständlicher Pflichten gewesen. Doch in anderer Beziehung war ihre Haltung von besonderer Bedeutung: Es gab Persönlichkeiten, die man als Idole ansah, verehrte und unter deren Wandel man sich etwas Besonderes vorstellte. Nach dem Tod der Kaiserin schrieb beispielsweise Gabriele d'Annunzio ein Gedicht, mit dem er ihr geradezu als Halbgöttin huldigte. Letzten Endes war Elisabeth durch ihre Weltscheu ein Symbol für etwas geworden, das sich auch in den Zielen der Jugendstilkünstler ausdrückte: Eine gewisse Exaltation ihrer Haltung rückte sie in die Ferne, sie schwebte gleichsam in einer anderen Welt, die mit dem Diesseits wenig zu tun hatte.

Am 10. September 1898 ermordete der sechsundzwanzigjährige Bauarbeiter und »individuelle Anarchist« Luigi Luccheni auf dem Kai in Genf die einundsechzigjährige Kaiserin gerade in jenem Moment, als sie an Bord des Schiffes gehen wollte, das sie über den Genfer See bringen sollte. Wie nicht selten in der Geschichte von Attentaten, ist auch in diesem Fall niemals eindeutig zu klären gewesen, was Luccheni zu dieser Tat getrieben hatte. Er war Anarchist und sicher ein Wirrkopf, der zu berichten wußte, daß seiner Ansicht nach das Leben sinnlos war. Diese Haltung mag auch dazu geführt haben, daß er sich nach seiner Verurteilung zu lebenslänglicher Haft das Leben nahm.

Immer gibt es im Leben der Völker neben Zeiten der Höhe auch Zeiten der Schwäche. Wien zur Jahrhundertwende: Das war einer der Höhepunkte im kulturellen Leben dieser Stadt. Freilich hatte alle Kunst, von der hier gesprochen wird, etwas gemeinsam, nämlich die Inspiration aus zweiter Hand: Literatur, Musik, Malerei, Plastik und Kunstgewerbe waren nicht denkbar ohne den hohen Bildungsstand, auf dem man sich befand; entscheidend für die kreativen Kräfte dieser Zeit war die Kenntnis der Kunst der Vergangenheit. In dieser Beziehung hatte auch die Kunst der Jahrhundertwende durchaus Ähnlichkeit mit der Kunst des Historismus oder des Eklektizismus. Allerdings war die Welt größer geworden. Man hatte mehr Kenntnis von der Kunst fremder Länder, als dies bis dahin der Fall gewesen war. Neue Einflüsse drangen in großer Menge auf die Gestalter ein; sie lernten neue Materialien und künstlerische Techniken kennen, die sie sich nun auch gerne aneigneten. Doch war, wie gesagt, das Bestreben zunächst auf Verfeinerung gerichtet, bis allmählich auch auf diesem Gebiet da und dort eine Gegenbewegung Raum gewann.

Politische Veränderungen

Der Ton in der Politik wurde immer härter, und auch in den Presseorganen befaßte man sich mitunter sehr rauh mit den Problemen. Kein anderer als Robert Musil faßte die Situation in einem kurzen Essay *(Politik in Österreich 1913)* zusammen: »Es gibt wenig Länder, die so leidenschaftlich Politik treiben und keines, wo Politik bei ähnlicher Leidenschaft so gleichgültig bleibt wie in diesem; Leidenschaft als Vorwand. Nach außen ist alles so sehr parlamentarisch, daß mehr Leute totgeschossen werden als anderswo und es stehen alle Räder, alle Augenblicke wegen der nächstbesten Parteidrehung still; hohe Beamte, Generäle, Ratgeber der Krone dürfen beschimpft werden, man kann Vorgesetzten mit einer Drohung vor dem Parlament Bange machen, verdient Geld mit Hilfe der Politik, ohrfeigt einander. Alles ist halt wie eine Konvention, ein Spiel nach Übereinkommen.«

Leider ging dieses Spiel letzten Endes dann auch nicht nach Übereinkommen aus. Das traf in der Monarchie vielleicht da und dort zu, beispielsweise auf die gerade zur Gewohnheit gewordenen Sonntagvormittagsdemonstrationen auf dem Prager Wenzels-

57 Wilhelm Gause, Kundgebung für das allgemeine Wahlrecht vor dem Parlament in Wien 1907; 1908. Kreidezeichnung, 36 x 53 cm. Historisches Museum der Stadt Wien
Am 26. Jänner 1907 sanktionierte Kaiser Franz Joseph das Gesetz über die Einführung des allgemeinen, gleichen, geheimen und direkten Wahlrechts für Männer in Österreich.

platz, bei denen deutsche und tschechische Studenten einander kleinere Gefechte lieferten, sich aber am Nachmittag, etwa beim Eislaufen, durchaus freundschaftlich begegnen konnten.

Doch nicht überall verliefen die Dinge unblutig und relativ harmlos. Und andernteils wußten jene, die die Situation durchaus erkannt hatten, daß die Sache der Politik zu einer Entscheidung drängte und über kurz oder lang die Monarchie der nationalen Zerreißprobe ausgeliefert sein würde. Solange Dr. Karl Lueger lebte und seiner Partei das Gesicht gab, war diese offenbar in ihrer Stellung nicht zu erschüttern. Natürlich schuf die unangefochtene Haltung, in der sie sich befand, auch Probleme, indem sie sich zunehmend etablierte und damit erstarrte. Freilich erfolgte damit eine gewisse Annäherung der Partei an Adel und Hof. Die Gewinnung klerikaler Kreise brachte ihr dann auch wachsende Sympathien des Kaisers, vor allem aber des Thronfolgers Franz Ferdinand. Da die Popularität der Partei stieg, gelang es gleichfalls, die Zahl ihrer Anhänger zu vergrößern. Allerdings gelten diese Aussagen nur für die Zeit, in der Lueger an der Spitze der Partei stand. Der Tod des Bürgermeisters 1910 war nicht nur für die Stadt Wien, sondern vor allem auch für die Christlichsoziale Partei ein großer Verlust, der ihr allmählich auch Einbußen ihrer Popularität brachte. Die Partei Luegers befand sich etwa um 1907, zur Zeit der Einführung des allgemeinen Wahlrechts, auf dem Höhepunkt ihrer Popularität und ihrer Wirkung. Von da an gewann die Sozialdemokratie zunehmend an Boden und erhielt von Wahl zu Wahl mehr Stimmen. Im Kampf um die Popularität in Wien zog vor allem Schuhmeier

58 Felician Frh. von Myrbach, Rückkehr der Arbeiter von einer Demonstration am 1. Mai 1899. Bleistiftzeichnung, 37 x 26 cm. Historisches Museum der Stadt Wien
In zunehmendem Maß kam es in Wien zu turbulenten, aber auch zu friedlich verlaufenden Demonstrationen.

die breiteren Massen an sich. Grundlage dieses Erfolges war die Gewerkschaftsbewegung. 1911, bald nach dem Tod Luegers, erlitt dann die Christlichsoziale Partei bei den Wahlen zum Reichsrat ihre erste schwere Niederlage. Die Sozialdemokraten hatten hingegen die Arbeiterschaft fast vollständig hinter sich.

Dem Verlust der dominierenden Persönlichkeit Dr. Karl Luegers folgte, wie wohl zu erwarten gewesen war, auch ein Kampf der Diadochen. Bürgermeister wurde der bisherige erste Vizebürgermeister Dr. Josef Neumayer, dem 1912 Dr. Richard Weißkirchner folgte. Mit dem Tode Luegers war der Christlichsozialen Partei auch der Schwung genommen worden. Es war vorbei mit den großen kommunalen Projekten, man schien sich auf den Erfolgen des Vorgängers ausruhen zu wollen, was die Wähler selbstverständlich mit dem Entzug ihrer Gunst beantworteten. Als neues Moment trat innerhalb der Christlichsozialen Partei allmählich auch eine gewisse nationale Komponente auf, durch die sie eine neue Facette dazugewann. Der Kampf der Sozialdemokratie um die Rechte der Arbeiter nahm immer deutlichere Formen an und wurde nur durch den Ausbruch des Ersten Weltkrieges unterbrochen.

Der Weltkrieg

Die Nachricht von der Ermordung des Thronfolgers Erzherzog Franz Ferdinand und seiner Gemahlin, der Herzogin Sophie von Hohenberg, in Sarajewo am 28. Juni 1914 schlug wie eine Bombe ein. Von da an bis zum Ausbruch des Ersten Weltkrieges, also Ende Juli des Jahres 1914, verbrachte man die Zeit in größter Spannung. Als das von der Wiener Regierung gestellte Ultimatum an Serbien ablief, wußte man, daß es zum Krieg kommen würde. Noch in der Nacht zum 26. Juli 1914 erschienen Extrablätter, die über den neuesten Stand der politischen Lage berichteten. Am Morgen danach wurden die ersten Einberufungen ausgeschickt, schließlich erfuhr man von der förmlichen Kriegserklärung Österreich-Ungarns an Serbien. Dann brach der Weltkrieg an allen anderen Fronten aus, vor allem begann der Krieg zwischen Deutschland und Rußland. Am Sonntag, dem 2. August, war die Sonntagsruhe aufgehoben. Die Wiener Straßen waren voller Menschen; bei den Behörden herrschte gewaltiger Ansturm. Viele, die nun einrücken mußten, waren begeistert, andererseits steigerten sich bei einer Minderheit, die realistischer einschätzen konnte, was der Ausbruch eines Krieges für Folgen hatte, die Sorgen.

Wer sich von der Stimmung in Wien und allen Vorkommnissen des Krieges ein Bild machen will, sollte sich Karl Kraus' großartige Werk-Collage »Die letzten Tage der Menschheit« vornehmen, die vielleicht am einprägsamsten die Kriegsstimmung in Wien deutlich macht. Die Menschen wurden offenbar geradezu von einem Kriegs- und Siegestaumel erfaßt. Zunächst war die Begeisterung so stark, daß selbst die Führer der Sozialdemokratischen Partei sich zu zustimmenden Stellungnahmen entschlossen, entschieden wider besseres Wissen und nicht ungeteilt in der Abgabe ihrer Meinung. Freilich hielt die Begeisterung für den Krieg nicht lange an, und es dauerte nur we-

59 Verlautbarung der Kriegserklärung Österreich-Ungarns an Serbien. Extra-Ausgabe der *Wiener Zeitung* vom 28. Juli 1914
Regierung und öffentliche Meinung glaubten an einen Krieg, der binnen weniger Monate beendet sein würde. Man meinte, mit Strafsanktionen gegen das kleine Serbien würden rasch alle Probleme aus der Welt zu schaffen sein.

60 Kriegsbegeisterung in Wien. Foto. Historisches Museum der Stadt Wien
Als nach der Ermordung Erzherzog Franz Ferdinands durch serbische Nationalisten der Ausbruch eines Krieges unvermeidlich schien, erfaßte das Volk unerhörte Begeisterung. Die Soldaten waren der Meinung, spätestens zu Weihnachten 1914 würden sie wieder zu Hause sein.

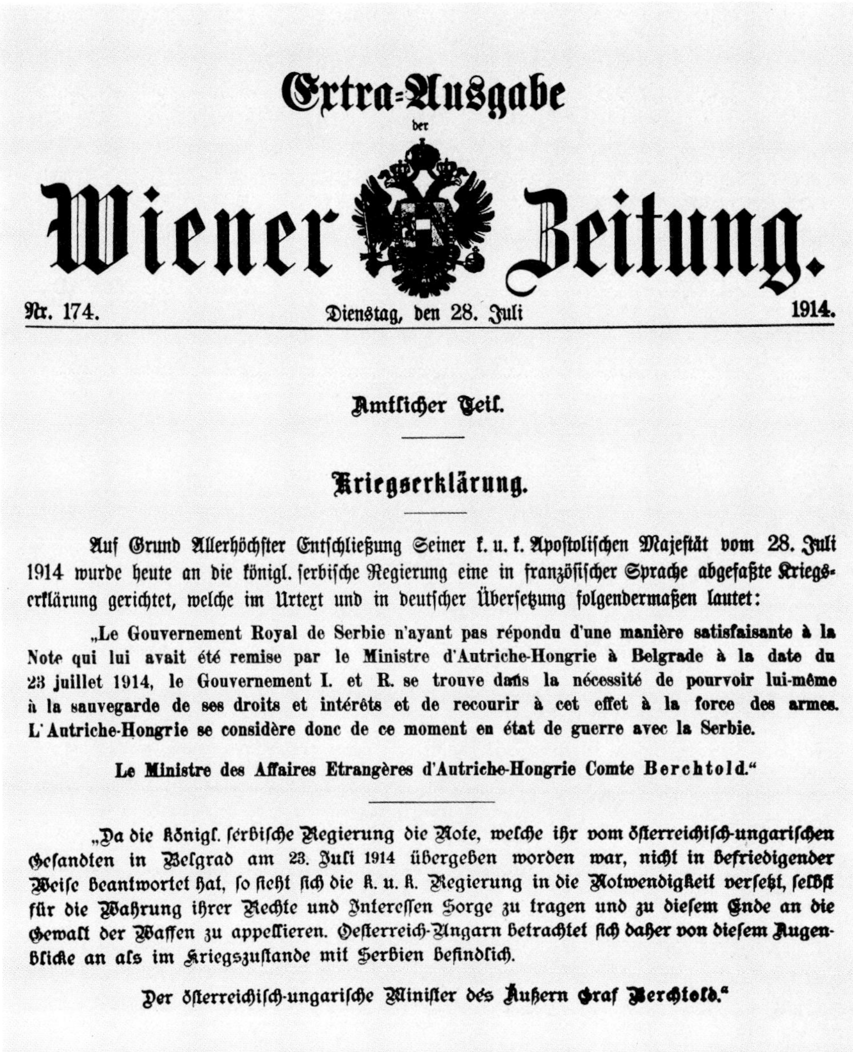

Extra-Ausgabe
der
Wiener Zeitung.

Nr. 174. Dienstag, den 28. Juli 1914.

Amtlicher Teil.

Kriegserklärung.

Auf Grund Allerhöchster Entschließung Seiner k. u. k. Apostolischen Majestät vom 28. Juli 1914 wurde heute an die königl. serbische Regierung eine in französischer Sprache abgefaßte Kriegserklärung gerichtet, welche im Urtext und in deutscher Übersetzung folgendermaßen lautet:

„Le Gouvernement Royal de Serbie n'ayant pas répondu d'une manière satisfaisante à la Note qui lui avait été remise par le Ministre d'Autriche-Hongrie à Belgrade à la date du 23 juillet 1914, le Gouvernement I. et R. se trouve dans la nécessité de pourvoir lui-même à la sauvegarde de ses droits et intérêts et de recourir à cet effet à la force des armes. L'Autriche-Hongrie se considère donc de ce moment en état de guerre avec la Serbie.

Le Ministre des Affaires Etrangères d'Autriche-Hongrie Comte Berchtold."

„Da die königl. serbische Regierung die Note, welche ihr vom österreichisch-ungarischen Gesandten in Belgrad am 23. Juli 1914 übergeben worden war, nicht in befriedigender Weise beantwortet hat, so sieht sich die k. u. k. Regierung in die Notwendigkeit versetzt, selbst für die Wahrung ihrer Rechte und Interessen Sorge zu tragen und zu diesem Ende an die Gewalt der Waffen zu appellieren. Oesterreich-Ungarn betrachtet sich daher von diesem Augenblicke an als im Kriegszustande mit Serbien befindlich.

Der österreichisch-ungarische Minister des Äußern Graf Berchtold."

nige Wochen, bis die Ernüchterung folgte. Entgegen den Erwartungen gestaltete sich der Krieg nicht als eine Abfolge von Siegen, sondern sehr bald hörte man, wenn auch verschlüsselt, von Niederlagen, und die Meldungen über Gefallene häuften sich. Anfangs war die Armee in Russisch-Polen vorgedrungen, doch bald erlitt sie große Verluste, so daß die Front zurückgenommen werden mußte. Kräftige Gegenstöße der Russen folgten nach. Das geschah so überraschend, daß man ein Vordringen des Feindes bis Wien befürchtete und deshalb mit der Errichtung von Schanzen um die Stadt an der Ostbahn und im Wienerwald begann. Man legte Drahtverhaue und betonierte Artilleriestellungen an. Die Marchfeldorte Süßenbrunn, Straßhof, Markgrafneusiedl, Raasdorf und Großenzersdorf wurden unter Ausnützung von schon 1866 gegen die Preußen errichteten Verschanzungen befestigt. Allerdings erwiesen sich diese Maßnahmen glücklicherweise dann doch als unnötig, weil der Vormarsch der Russen aufgehalten werden konnte.

Im Zuge dieser Entwicklung nahmen die kritischen Stimmen gegen den Krieg zu. Vor allem meldeten sich die Sozialdemokraten zu Wort, die sich auf ihre pazifistische Gesinnung besannen, auf die »Internationale«, die zunächst überall kläglich versagt hatte. In Österreich wurde das Problem besonders offenbar, weil hier die Verfassung außer Kraft gesetzt worden war und man mit dem berüchtigten »Notverordnungsparagraphen« regierte, wodurch sich die Regierung jede Opposition im Reichsrat ersparte, weil dieser nicht einberufen wurde.

Besonders aktiv meldete sich Friedrich Adler, der Sohn des Führers der Sozialdemokraten, als Kriegsgegner zu Wort, kritisch vor allem gegen die Tatsache des immer noch bestehenden »Völkerkerkers« und die Ausschaltung des Parlaments. Als seine Rede nicht zur Kenntnis genommen wurde, beging er, um das Unrecht deutlich zu machen, am 16. Oktober 1916 einen politischen Mord, indem er Ministerpräsident Karl Graf Stürgkh erschoß. Natürlich erregte das ungeheures Aufsehen, wenngleich die Tat auf das politische Geschehen unmittelbar keinen Einfluß ausübte.

61 Ministerpräsident Karl Graf Stürgkh. Foto. Historisches Museum der Stadt Wien
Graf Stürgkh ließ im März 1914 den österreichischen Reichsrat vertagen und widersetzte sich von da an immer wieder einer Einberufung der Volksvertretung. Aus Protest gegen dieses Verhalten wurde er von dem Sozialdemokraten Friedrich Adler beim Verlassen eines Wiener Restaurants am 21. Oktober 1916 erschossen.

Erst im Mai 1917, nach dem Tode Kaiser Franz Josephs, wurde der Reichsrat erstmals wieder einberufen. Allerdings begann der Zerfall der Monarchie zu diesem Zeitpunkt immer deutlicher zu werden. Der Nachfolger, Kaiser Karl, der durchaus friedenswillig war und auf dem Standpunkt stand, daß es nicht sein Krieg sei, der da begonnen worden war, erwies sich aber als zu schwach, um von sich aus etwas zur Beendigung der Kampfhandlungen zu unternehmen. Er war von dem guten Willen zur Versöhnung der Völker der Monarchie untereinander beseelt, doch ihm fehlte die Kraft, um hier etwas zu erreichen. Außerdem waren die nationalen Leidenschaften bereits so hoch gesteigert, daß es nicht mehr möglich war, Erfolge zu erzielen.

Während sich die Sozialdemokraten anfangs immerhin zu einer stillschweigenden Unterstützung der Regierung in Sachen des Krieges bereitgefunden hatten, vertraten sie 1917 eindeutig die Meinung, daß um jeden Preis der Welt Friede geschlossen werden müßte. Die Führer der Partei besannen sich allmählich auf ihre pazifistische Einstellung und gaben immer mehr ihrer Hoffnung auf einen baldigen Friedensschluß Ausdruck. Hinter solchen Bemühungen stand der Druck durch die Masse des Volkes, bedingt durch die Verschlechterung der allgemeinen Lage und vor allem durch die katastrophale Lebensmittelknappheit. Obwohl man offenbar lange mit dem Gedanken vertraut gewesen war, daß es einmal zum Krieg kommen würde, gab man sich der verhängnisvollen Annahme hin, daß weder hinsichtlich der Rüstung, noch der Versorgung der Zivilbevölkerung mit Lebensmitteln und der Sicherstellung von Rohstoffen besonders vorausschauende Maßnahmen notwendig seien.

Der größte Fehler lag darin, daß man glaubte, ein Krieg würde nur wenige Wochen dauern und größere Vorsorge wäre deshalb nicht nötig. Mit Schlagwörtern wie »Serbien muß sterbien« und »Jeder Schuß ein Ruß« zog man in den Krieg. Als sich dann herausstellte, daß man große Verluste hatte und immer mehr Soldaten und Kriegsmaterial brauchte, was eine große Umorganisierung des ganzen Lebens erforderte, ergriff man, allerdings zu spät, Rationierungsmaßnahmen.

Natürlich war die städtische Bevölkerung Wiens von der Lebensmittelnot besonders

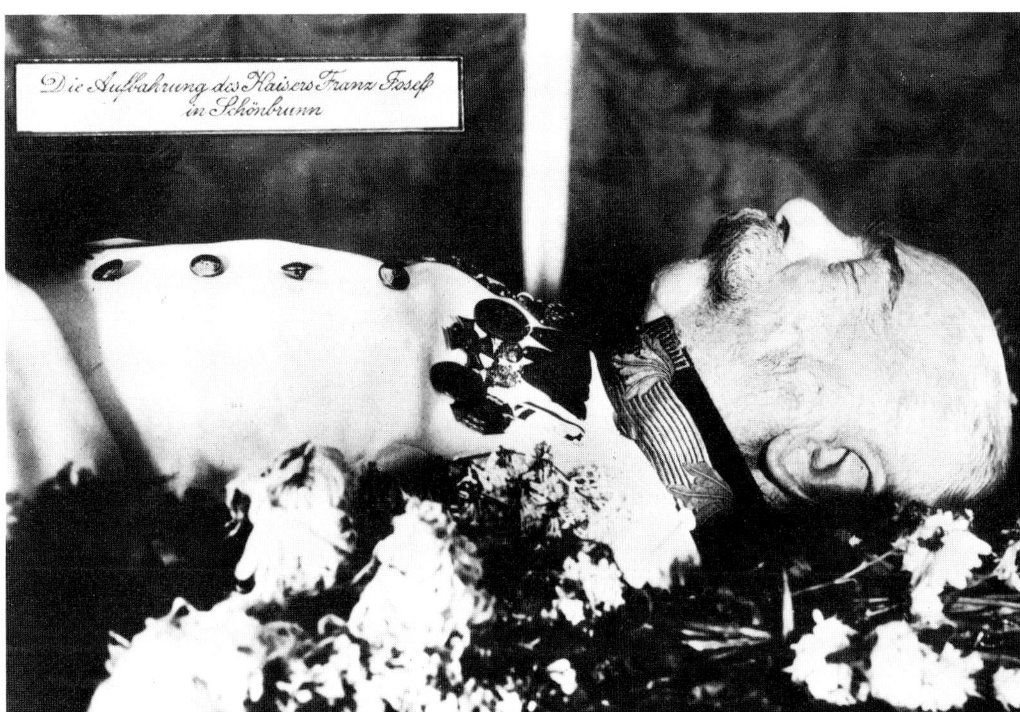

62 Die Aufbahrung des Kaisers Franz Joseph in Schönbrunn. Foto. Historisches Museum der Stadt Wien
Solange der alte Kaiser lebte, sah man keine Gefahr, daß sein Reich Österreich-Ungarn auseinanderfallen würde. Mitten im Ersten Weltkrieg starb Franz Joseph jedoch, und nicht von ungefähr empfand man das als endgültiges Zeichen für den beginnenden Untergang.

63 Auf nach Serbien! Foto. Historisches Museum der Stadt Wien
Serbien und die dortigen nationalistischen Verschwörer, die den Tod des österreichischen Thronfolgers auf dem Gewissen hatten, erkannte man als das eigentlich auslösende Element des Krieges. In einer Strafexpedition gegen dieses Land erblickte man den Sinn der beginnenden militärischen Aktionen, deren Ausbreitung zu einem Weltbrand man wohl nicht vorausgesehen hatte, aber auch nicht verhindern konnte.

stark betroffen. Die Ernteerträgnisse gingen zurück, es setzte eine gewaltige Teuerung ein. Man ergriff dann zwar verschiedene Maßnahmen, schuf beispielsweise Gemeinschaftsküchen, doch half das im Grunde genommen nichts; die Lebensmittel wurden immer weniger und die Hungersnot immer größer.

Zunächst waren amtliche Höchstpreise festgelegt worden, um die Situation einigermaßen zu steuern. Als Folge dieser Maßnahme setzte ein schwunghafter Schleichhandel ein. Ende Mai 1915 wurden Brot- und Mehlkarten eingeführt, Mehlmischungen mit Gerste, Mais und Kartoffelmehl zugelassen, die Herstellung von Weißgebäck hingegen verboten. Die Ernteerträgnisse des Jahres 1915 blieben weit hinter denen des Jahres 1914 zurück. 1916 wurden Milch, Kaffee, Zucker, Fett, Kartoffeln, Kleider, Schuhe und Rauchwaren bewirtschaftet.

Der Mangel an Rohstoffen machte sich vor allem in der Rüstungsindustrie bemerkbar. Deshalb sollten alle Gegenstände aus Kupfer, Messing, Zinn und Bronze abgeliefert werden. Kirchenglocken wurden abmontiert, Leuchter, Tassen, Orgelpfeifen mußten für die Herstellung von Kriegsmaterial abgeliefert werden. Das Metallgeld wurde eingezogen und durch Eisenmünzen und Papiergeld ersetzt. Die Kinder waren schwer unterernährt, auf den Straßen brachen Menschen vor Hunger zusammen. Verständlicherweise blieben die Reaktionen auf diese Zustände nicht aus. Bereits im Mai 1917 kam es zu den ersten Streiks in den Munitionsfabriken in Wien, die jedoch rasch beigelegt werden konnten. Im Jänner 1918 mußte eine Kürzung der Brot- und Mehlrationen bekanntgegeben werden. In Brest-Litowsk tagte die Friedenskonferenz mit Rußland, wo die Bolschewiki die Macht hatten. Diese Konferenz appellierte an die Kriegführenden, das Morden einzustellen. Der Präsident der USA, Woodrow Wilson, antwortete darauf mit der Verkündung der 14 Punkte als Weltfriedensprogramm. Damit wurde auch die Autonomie der Völker Österreich-Ungarns gefordert.

Am gleichen Tag, an dem die Kürzung der Brot- und Mehlrationen bekanntgegeben wurde, las man in der Zeitung auch, daß die

64 Unsere Armee braucht Metalle! Plakat von Rudolf Geyer; 1915. 126 x 95 cm. Wiener Stadt- und Landesbibliothek
Österreich-Ungarn war auf die Führung des Krieges nicht gut vorbereitet, deshalb machte sich bereits 1915 ein empfindlicher Mangel an Rohstoffen bemerkbar. 1916 begannen die Behörden mit der Beschlagnahme von Metallgegenständen, um den Bedarf an bestimmten Rohmaterialien auf diese Weise zu decken.

65 Gegen die Einheitsfront des Kapitalismus. Plakat von Michael Biró; 1920. 122 x 95 cm. Wiener Stadt- und Landesbibliothek
Die Sozialdemokraten, die den Parlamentarismus als wichtige Einrichtung zur Erreichung ihrer politischen Ziele erachteten, sahen ihren Weg in die Volksvertretung durch Christlichsoziale und Großdeutsche behindert. So warben sie bei den Wahlen 1920 um die Stimmen ihrer Wähler betont kämpferisch gegen Großgrundbesitzer, Unternehmer, Geistliche und Militärs.

Friedensverhandlungen von Brest-Litowsk gefährdet wären, weil das Deutsche Reich allzu große Gebietsforderungen gegenüber Rußland erhob. Nicht zuletzt deshalb kam es in den Daimlerwerken in Wiener Neustadt zum Ausbruch eines Streiks, der sich rasch ausbreitete und auch auf Wien, vor allem auf die Betriebe in Floridsdorf und im Arsenal, übergriff. Die sozialdemokratische Führung, die am Ausbruch dieser Unruhen nicht beteiligt gewesen war, konnte dazu beitragen, den Streik beizulegen, indem sie Zusagen der Regierung erlangte, daß der Friede von Brest-Litowsk an Gebietsforderungen nicht scheitern würde, daß aus Ungarn größere Lebensmittellieferungen kommen würden, daß das Gemeindewahlrecht reformiert und die Militarisierung der Kriegsbetriebe aufhören würde.

Im April 1918 brach die Brotversorgung abermals zusammen. Das brachte die staatliche Verwaltung auf den Gedanken, einige Ladungen Mais, die auf Donauschleppern aus Rumänien kamen und für das Deutsche Reich bestimmt waren, zu beschlagnahmen. Auch die Energieversorgung funktionierte nicht mehr. Die Gas- und Stromzufuhr wurde gedrosselt, und die Auslieferung von Brennstoffen war so mangelhaft, daß die Stadtbevölkerung nicht nur hungern, sondern auch frieren mußte. Wien, die einstmals von Lebensfreude sprühende Stadt, versank immer mehr in einen Zustand der Öde und Traurigkeit. Auf Grund der Sparmaßnahmen war der Verkehr fast lahmgelegt, und die Stadt lag im Dunkeln, weil auch die Straßenbeleuchtung abgeschaltet wurde.

Nur mehr wenige Monate konnte Österreich-Ungarn unter solchen Belastungen den Krieg durchhalten. Der schließliche Zusammenbruch hatte weniger in militärischen Niederlagen seine Ursache als im Zusammenbruch des Hinterlandes, wo der Mangel an den notwendigsten Versorgungsgütern immer katastrophaler wurde. Mit dem Abschluß von Waffenstillständen, vor allem mit Italien – das seine Grenzen bei dieser Gelegenheit bis zum Brenner ausweitete –, war das Ende des Krieges wie der Monarchie gekommen. Kaiser Karl verzichtete auf seinen weiteren Anteil an den Regierungsgeschäften, am 12. November 1918 wurde die Republik Deutsch-Österreich ausgerufen. Die Monarchie löste sich in sechs Nationalstaaten auf. Das restliche Österreich verfügte nur mehr über sieben Millionen Einwohner, wobei Wien selbst nicht weniger als zwei Millionen Einwohner hatte.

Die ersten Nachkriegsjahre

Die ersten Nachkriegsjahre brachten der Wiener Bevölkerung unsagbares Elend, die Folgen des Krieges waren so schnell nicht zu überwinden. Der katastrophale Mangel sowohl an Lebensmitteln als auch an allen anderen lebenswichtigen Gütern hielt weiter an. Die Widerstandskraft der Bevölkerung gegen Erkrankungen war so vermindert, daß eine Grippewelle, die zu Ende des Krieges ausbrach, vor allem unter den jungen Menschen viele Opfer forderte.

Man kam auf die sonderbarsten Einfälle, um das Elend zu überwinden, und wollte beispielsweise Kunstbesitz aus dem Kaiserhaus ins Ausland verkaufen, um dafür Lebensmittel zu beschaffen. Das war aber nur eine sichtbare und bekannt gewordene Auswirkung der Not. Weniger sichtbar war, daß die Menschen oftmals ihre persönliche Habe, ihren Schmuck und ihren Kunstbesitz veräußerten, um einigermaßen zu Lebensmitteln zu kommen, die zu weit überhöhten Preisen gehandelt wurden.

Anfangs war die politische Lage durchaus so, daß die beiden großen Lager, die Sozialdemokraten und die Christlichsozialen, aufeinander Rücksicht nahmen, doch sehr bald polarisierten sich die Gegensätze. Während die Christlichsozialen das Land beherrschten, hatten die Sozialdemokraten in Wien die Mehrheit. 1921 wurde Wien selbständiges Bundesland, womit vermieden war, daß die Sozialdemokraten die bäuerliche Bevölkerung in Niederösterreich majorisieren konnten.

Zu den Hauptzielen der Wiener Stadtverwaltung, die schließlich überwiegend von Sozialdemokraten dominiert war, gehörten die Bekämpfung der Wohnungsnot und vor allem die Schaffung komfortabler und menschengerechter Wohnungen. Voraussetzung für die Verwirklichung eines solchen Programms war die Schaffung finanzieller Grundlagen. Durch die »Breitnersteuern«, nach dem sozialdemokratischen Wiener Stadtrat für Finanzen so genannt, wurden die notwendigen Voraussetzungen geschaffen. Es gelang, im Laufe der nächsten Jahre rund 75 000 Wohnungen zu bauen.

Der im Weltkrieg eingeführte »Mieterschutz«, der die Mieter vor Kündigungen und Anhebung der Mietzinse auf ein unerträgliches Maß schützte, wurde weiterhin aufrechterhalten. Eine wirtschaftliche Überlegung spielte dabei eine grundlegende Rolle: Wären die Zinse besonders erhöht

66 Holzsammeln im Wienerwald. Foto. Historisches Museum der Stadt Wien
Die ersten Monate nach dem verlorenen Krieg waren für die Bevölkerung Wiens besonders schwierig, da es an allem Lebensnotwendigen mangelte. Vor allem gab es kein Heizmaterial, so daß die Menschen gezwungen waren, im Wienerwald Holz zu sammeln, der auf diese Weise ebenfalls schwere Schäden erlitt.

67 Ausrufung der Republik am 12. November 1918. Foto. Historisches Museum der Stadt Wien
Nach dem Verzicht Kaiser Karls auf jeden Anteil an den Regierungsgeschäften, zu dem ihm noch der greise Führer der Sozialdemokraten, Victor Adler, geraten hatte, wurde die Republik Deutschösterreich – als letzter Rest der Donaumonarchie – ausgerufen.

68 Hugo Breitner. Foto. Historisches Museum der Stadt Wien
Die sozialdemokratische Stadtverwaltung Wiens unternahm den Versuch einer in jeder Beziehung fortschrittlichen und die Not und Armut breiter Schichten bekämpfenden Politik, die insofern auch erfolgreich war, als der Begriff des »Roten Wien« weit über die Grenzen des Landes Eindruck machte. Hugo Breitners Programm war es, durch eine weitestgehende Besteuerung des Luxus Gelder für die Durchführung sozialer Maßnahmen zu gewinnen.

69 Julius Tandler. Foto. Historisches Museum der Stadt Wien
Stadtrat Universitätsprofessor Dr. Julius Tandler bemühte sich um eine fortschrittliche Sozialpolitik der Gemeinde Wien, so vor allem um die Bekämpfung der Tuberkulose, die in Wien als wahre Volksseuche wütete und der viele junge Menschen zum Opfer fielen.

worden, hätte man auch die Löhne der Arbeiter beträchtlich erhöhen müssen. Das hätte die Produktionskosten in die Höhe getrieben und die Wettbewerbsfähigkeit österreichischer Waren im Ausland vermindert. Allmählich erholte sich die Stadt von den Auswirkungen des Ersten Weltkriegs, wenn auch in bescheidenem Maß. Der Umgang mit der demokratischen Staatsform war durchaus noch nicht selbstverständlich, was fortgesetzt Komplikationen schuf, und die bald einsetzende Wirtschaftskrise Ende der zwanziger Jahre hatte neue Schwierigkeiten zur Folge. Der Zusammenbruch der alten gesellschaftlichen Ordnung der Zeit vor 1914 hatte natürlich auch weitreichende kulturelle Auswirkungen. Der Wandel Wiens von der Hauptstadt eines großen Reiches zum mehr oder weniger ungeliebten Mittelpunkt eines kleinen Staates unterband auch den Zuzug Intellektueller aus den Nachbarländern, was zur Verarmung der

70 Anton Hanak, Bürgermeister Karl Seitz. Gips, bronziert, H. 70 cm, B. 48 cm. Historisches Museum der Stadt Wien
An der Spitze der Stadtverwaltung stand in den zwanziger Jahren Bürgermeister Karl Seitz, der maßvoll, aber konsequent das soziale Reformprogramm in Wien leitete.

Stadt beitrug. Die labile wirtschaftliche Lage schuf zusätzliche Schwierigkeiten. Durch die Politik der unter Bürgermeister Karl Seitz agierenden, sozialdemokratisch orientierten Stadtverwaltung machte sich Wien in dieser Zeit seinen Namen als Stadt sozialen Fortschritts und sozialer Gesinnung.

AUSGEWÄHLTE LITERATUR

Anatols Jahre, Beispiele aus der Zeit der Jahrhundertwende, Katalog der 71. Sonderausstellung des Historischen Museums der Stadt Wien, Wien, 11. April 1981 bis 14. März 1982

Czeike, Felix, Das große Groner-Wien-Lexikon, Wien, München u. Zürich 1974

Johnston, William M., Österreichische Kultur- und Geistesgeschichte, Gesellschaft und Ideen im Donauraum 1848 bis 1938, Wien, Köln u. Graz 1972

Kaufmann, Fritz, Sozialdemokratie in Österreich – Idee und Geschichte einer Partei, Von 1889 bis zur Gegenwart, Wien 1978

Kralik, Richard, Geschichte der Stadt Wien und ihre Kultur, 2. Aufl., Wien 1926

Mikoletzky, Hans Leo, Österreich – das entscheidende 19. Jahrhundert, Geschichte, Kultur, Wirtschaft, Wien 1972

Schorske, Carl E., Wien, Geist und Gesellschaft im Fin de siècle, Frankfurt am Main 1982 (ursprünglich: Fin-de-siècle Vienna, London 1979, New York 1980)

Walter, Friedrich, Wien, Geschichte einer deutschen Großstadt an der Grenze, Bd. 3: Die neueste Zeit, Wien 1944

»ICH BIN EIN KIND DER STADT« – DIE WIENER GESELLSCHAFT ZWISCHEN KLISCHEE UND WIRKLICHKEIT

Reingard Witzmann

Im Bannkreis der Großstadt

Mit einem Monsterorchester von rund 500 Musikern führte 1891 Johann Strauß in Wien seinen neuesten Walzer »Groß-Wien« auf. In welch anderen Dimensionen hatte sich da noch sein Vater bewegt, als er im Biedermeier begonnen hatte, in Gaststätten und Kaffeehäusern im Quartett aufzuspielen. Entscheidende Änderungen hatten sich seither nicht nur in der Musizierpraxis, sondern auch im Publikum – den Wienern – vollzogen.

Mit der Demolierung der alten Stadtbefestigung zu Beginn der zweiten Jahrhunderthälfte vollzog sich der erste Schritt zur Großstadt. Kinderreichtum und der Zuzug aus allen Teilen der Monarchie ließen die Einwohnerzahl von »Neu-Wien« sprunghaft ansteigen. Zugleich festigte sich in Wien die Stellung der neuen hochindustriellen Gesellschaft, und ihr hierarchischer Aufbau nahm deutliche Konturen an. Da fast alle wesentlichen Ereignisse von Wien in Walzertiteln ihren Niederschlag fanden, komponierte Strauß anläßlich der Ankündigung der Eingemeindung der Vororte zur Devise »Groß-Wien« den Walzer op. 440 für Männerchor und Orchester. Der Donauwalzerdichter Franz von Gerneth lieferte den Text mit dem Beginn »Laß besingen dich, du künftig Wien«.

Solche mit enthusiastischen, fortschrittsgläubigen Worten unterlegte musikalische Glanzlichter umgaben das Fin de siècle mit silbernem Schein. Dieses kühle Selbstbewußtsein strahlen bis heute noch bräunlich verblichene Photos aus, auf denen sich Damen und Herren jener Zeit im Atelier prächtig gekleidet – fast möchte man von Theaterkostümen sprechen – im Visit- und Kabinettformat abbilden ließen. Das großstädtische Getriebe übte die erste Faszination aus, die Natur wurde rigoros zurückgedrängt: Man verbaute die Wiesen der Vorstädte, und von dem großflächigen Glacis vor der alten Stadtmauer blieben als »Reststücke« nur noch einige eingezäunte Parkanlagen bestehen.

Die hin und wieder geäußerte Wehmut, die etwa Ferdinand von Saar oder Alfons Petzold in ihren Dichtungen zum Ausdruck brachten, hatte nur rückschauenden Charakter: Man nahm die Änderungen zur Kenntnis. Gleichzeitig begann die Suche nach einer neuen Identität. »Ich bin ein Kind der Stadt ...«, dichtete der 1881 in Wien geborene Anton Wildgans und legte damit ein Bekenntnis zu dem neuen Lebens- und Heimatgefühl in der Großstadt ab: »Und bin der flutend-namenlosen Menge, / Die deine Straßen anfüllt mit Gedränge, / Ein Pünktchen nur, um welches du nicht weißt.« In diesem Umschichtungs- und Veränderungsprozeß kam der Suche nach neuer Selbstfindung große Bedeutung zu. Man bekannte sich zur äußeren Form des Städtischen. Das Bild vom neuen Stadtmenschen provozierte aber auch als Gegenpol den nostalgischen Rückblick in die »gute alte Zeit«, befürchteten doch viele Lokalpatrioten, daß der »Wiener« und seine Mentalität in der Bevöl-

71 Wilhelm Gause, Ball der Stadt Wien; 1904. Aquarell und Öl auf Leinwand, 62 x 88 cm. Historisches Museum der Stadt Wien
Als Gegenstück zum kaiserlichen Hofball in der Hofburg fanden ab 1890 im neuerbauten Rathaus die Bälle der Stadt Wien statt, bei denen Bürgermeister Karl Lueger als Gastgeber fungierte. Er ist auf der linken Seite der mittleren Gruppe dargestellt, neben ihm steht Vizebürgermeister Josef Strobach.

72 Anton Romako, Herr und Dame in einem Salon; 1887. Öl auf Holz, 48,5 x 62,5 cm. Historisches Museum der Stadt Wien
In die Überladenheit eines Makartsalons fügte der Künstler wie zwei Marionetten ein Paar der höheren Gesellschaft in typischer Pose ein: Der Mann genießt den Wein, die Frau hält einen Brief in der Hand. Eine gewisse ironische Kritik an dem genießerischen, exzentrischen Lebensstil jener Schicht läßt diese Darstellung zu einem allgemeinen Sinnbild des ausgehenden 19. Jahrhunderts werden.

kerungsexplosion untergehen würden. Ein forciertes Wienertum mit vielen Schlagworten wie »Wiener Luft«, »Wiener Humor«, »Wiener Blut« oder »Wiener Typen« wurde heraufbeschworen. Besonders die Volkssänger nahmen sich dieser Thematik an.

Jene Zeit war voll krasser Gegensätze, wie es sie vorher und nachher nicht mehr gegeben hat. Während die Ringstraße als glänzende städtebauliche Leistung entstand, drängten sich Obdachlose in den Wärmestuben; während die Aristokratie durch neue Adelsernennungen Zuwachs und Aufschwung erfuhr, herrschte knapp daneben bitterste Armut; dem strengen bürgerlichen Moralkodex stand eine steigende Zahl unehelicher Geburten gegenüber.

Die verwirrende und unüberblickbare Fülle einer in Nationen und Stände mit zahlreichen Rangabstufungen unterteilten städtischen Bevölkerung bedeutete auch grundlegende Änderungen im Wienerischen Mikrokosmos. Der zeitgenössische Journalist und Feuilletonist Friedrich Schlögl faßte diese Entwicklung in seinen Schilderungen des »Wiener Volkslebens« im Sammelband *Die österreichisch-ungarische Monarchie in Wort und Bild* zusammen: »Denn Wien hat sich thatsächlich ›gewaltig‹ und nach allen Richtungen verändert. Und nicht nur in baulicher Hinsicht ist die Stadt nach langem Stillstande und steinerner Erstarrung in wenigen Decennien eine andere geworden; es hat auch das Leben und Treiben und haben die Sitten und Gebräuche, Bedürfnisse und Gewohnheiten der riesig angewachsenen und durch die ungeahntesten Ereignisse durcheinander geschüttelten Bevölkerung eine andere, völlig fremdartige Physiognomie angenommen.«

Zuwanderung und Gesellschaftsstruktur

Die tiefgreifenden Veränderungen der Gesellschaftsstruktur sind im wesentlichen durch die Industrialisierung geprägt. Zwar vollzog Wien nicht den Wandel zur typischen Industriestadt – bis in das 20. Jahrhundert überwogen Mittel- und Kleinbetriebe –, doch entwickelte sich die Stadt aufgrund der Bautätigkeit knapp vor der Jahrhundertwende dank innovatorischer Branchen, die sich mit Hilfe ausländischen Kapitals in Wien niederließen, dynamischer als andere

73 Franz von Persoglia, Volkssänger im Wiener Prater; um 1890. Aquarell auf Bleistift, 19,3 x 27,5 cm. Historisches Museum der Stadt Wien
Das Wiener Lied stand noch ganz in der Tradition des biedermeierlichen Couplетgesanges. Die »Natursänger«, meist als Wäschermädchen und Fiaker verkleidet, vertraten ein forciertes Wienertum mit der Grundstimmung »Der Weaner geht net unter«.

74 Außenseiter im Wurstelprater; um 1908. Postkarte, Foto von Emil Mayer. Historisches Museum der Stadt Wien
»Hier steht vor den Lattenzäunen eine begierige, anspruchslose Zuschauermenge. Schuljungen, Lehrbuben, Schulmädchen, allerlei Halbwuchs, unbemerkt und müßiggängerisch. Freilich: zahlen kann dieses Publikum nicht. Will es auch nicht. Aber Verehrung bringt es mit, Respekt und Eifer. Wie die Jugend in der Stadt für ihre großen Schauspieler schwärmt, so schwärmt diese Jugend im Wurstelprater hier für ihre Akrobaten, Schlangenmenschen, Clowns und Athleten.«
(Felix Salten, *Wurstelprater*)

75 Wiener Straßenbilder; um 1880–1890. Fotos von Emanuel Wähner. Historisches Museum der Stadt Wien
Dem Amateurfotografen Emanuel Wähner gelangen die ersten wirklichkeitsnahen Aufnahmen von Menschen auf der Straße. Sie sind weit von der damals üblichen sentimentalen Stilisierung der Unterschichten entfernt.

Wirtschaftsregionen. Die Residenzstadt bildete daher einen ständigen Anziehungspunkt für die Bewohner der Monarchie.

Die Masse der Zuwanderer stammte in der zweiten Hälfte des 19. Jahrhunderts aus den übervölkerten Agrargebieten von Südböhmen und Mähren. Jüngere Bauernsöhne und Handwerker, die keine Aussicht auf Besitznachfolge hatten, Knechte und Mägde erhofften sich von der Stadt mehr Freiheit, billigere Vergnügen und saisonunabhängige Arbeitsmöglichkeiten.

Die bereits seit den vierziger Jahren des 19. Jahrhunderts kontinuierliche Zuwanderung der Tschechen ließ ihren Anteil innerhalb der Wiener Bevölkerung besonders ansteigen. Die statistischen Untersuchungen jener Zeit geben in trockenen Zahlen die Dynamik der Zuwanderung wieder: 1890 ergab die Zählung der Bevölkerung nach der Umgangssprache, daß 94,5 Prozent deutschsprechende Einwohner, 5,44 Prozent Tschechen und Slowaken und 0,06 Prozent Angehörige anderer Nationalitäten in Wien lebten. 1900 war der Prozentsatz der slawisch sprechenden Bevölkerung auf 7,1 Prozent, der übrigen Ausländer auf 0,1 Prozent gestiegen. Diese Zahlen umfassen weder das aktive Militär noch die nach Ungarn und Bosnien zuständigen Personen. Den Zahlen aus den Statistischen Jahrbüchern der Stadt Wien zufolge betrug 1890 der Anteil der Zuwanderer etwas mehr als die Hälfte der Gesamteinwohnerzahl: 55,29 Prozent.

Auch die jüdische Zuwanderung aus den Sudetenländern, Ungarn und Ostgalizien prägte die Stadt. Im wirtschaftlichen und besonders im kulturellen Bereich hatten die Juden um die Jahrhundertwende entscheidende Bedeutung gewonnen. Gab es am Anfang des 19. Jahrhunderts 0,3 Prozent Juden in Wien, so war bis zur Jahrhundertmitte die Anzahl auf 3 Prozent und Ende des 19. Jahrhunderts auf 10 Prozent angewachsen.

Diese große Mobilität breiter Bevölkerungsschichten führte in der zweiten Hälfte des 19. Jahrhunderts zur Citybildung. Der Großteil der Zuwanderer kam aus einer traditionsbestimmten, agrarischen oder kleinstädtischen Umwelt und mußte sich in der Welt der Industrie und Dynamik einem gänzlich andersartigen gesellschaftlichen Leben anpassen. Auf der Suche nach Arbeit und Unterkunft war man gezwungen, jedes Angebot anzunehmen.

Die ungewöhnliche Zusammenballung von Menschen wird aus den Einwohnerzahlen ersichtlich: Hatte der Polizeirayon samt Vororten 1870 noch 650000 Einwohner umfaßt, so zählte man bei der Eingemeindung der Vororte im Jahre 1890 eine Zivilbevölkerung von 1341897 Einwohnern; zehn Jahre später war die Zahl bereits auf 1702079 gewachsen, dazu kamen 26622 Militärpersonen. Damit hatte sich die Einwohnerzahl in knapp einem halben Jahrhundert mehr als verdreifacht. Zu Beginn des 20. Jahrhunderts war die Zweimillionengrenze bereits überschritten.

Die gesellschaftliche Struktur folgte strengen Normen, obwohl die übliche Einteilung in Ober-, Mittel- und Unterschicht in bezug auf die Wiener Verhältnisse genauer zu differenzieren ist. Nach dem Rang abgestuft, läßt sich folgendes Gesellschaftsbild entwerfen:

Vollkommen abgehoben von sämtlichen anderen Gesellschaftsschichten war das Kaiserhaus. Von der Hofburg selbst, der Residenz des Kaisers, gingen keine gesellschaftlichen Impulse aus, denn der Hof war unter Franz Joseph zur Außenwelt hin nicht offen; der Kaiser lebte hinter einer Mauer der Unnahbarkeit. Mit beharrlicher Verständnislosigkeit begegnete Franz Joseph zum Beispiel den Mitgliedern des Kaiserhauses, die eine nicht standesgemäße Ehe eingingen. Drei Erzherzöge verzichteten knapp hintereinander auf die Vorrechte der Geburt, um mit ihren Erwählten als einfache Orth, Burg und Wölfling unterzutauchen. Der Großneffe des Kaisers, Leopold Wölfling, früherer Erzherzog Leopold Ferdinand von Habsburg-Toskana, schrieb in seinen Memoiren zynisch über die Allgewalt des Kaisers: »Kein Spatz durfte ohne sein Wissen von den Dächern der Hofburg fallen.«

Die Wiener Hofgesellschaft war eine der wenigen in Europa, in der in erster Linie das Privileg der Geburt ausschlaggebend war. Die alte Geburtsaristokratie – der Hochadel – umfaßte ungefähr 300 Namen. Im wachsenden Industrialisierungsprozeß stellte sie nur wenige Vertreter in führenden Positionen. Der Verkehr der hoffähigen Aristokratie mit dem Kaiserhaus blieb auf einige Hoffeste oder andere öffentliche Repräsentationsanlässe beschränkt. Der russische Diplomat Paul Graf Vasili berichtete 1885: »Es existiert keine Vermischung zwischen dem Kaiserhaus und der Aristokratie. Die letztere ist zu gewissen Stunden berufen, an den Hoffesten ihren Platz einzunehmen, ihren Rang zu behaupten, in den vertraulichen Kreis der kaiserlichen Familie wird sie jedoch nicht aufgenommen.«

1905 brachte Felix Salten über den *Wiener Adel* eine Schrift heraus, in der er geistreich verpackt seine Kritik formulierte. Er vermerkte auch, daß sich der Adel bereits weitgehend zurückgezogen habe und selbstherrliche Ausschweifungen in der Öffentlichkeit vermied. »Heutzutage sind solche Junkerstreiche nur mehr auf dem verschwiegenen Kasernenhof möglich. Nicht nur die Bürgerlichen, weit mehr noch das couragierte, socialdemokratisch organisierte Proletariat würde scharfe Selbstjustiz üben.«

Die neue Oberschicht der Residenzstadt war wenig differenziert und bildete nur eine schmale Spitze der Bevölkerungspyramide. Sie setzte sich teilweise aus den nobilitierten Vertretern maßgeblicher Finanzkreise, aber vor allem aus den Repräsentanten des industriellen Großbürgertums und leitenden Verwaltungsbeamten zusammen. Diese Kreise hatten seit den achtziger Jahren des 19. Jahrhunderts den Adel als Bauherrn überspielt; der »Geldadel« hatte den Hochadel überrundet.

76 Leo Burger, Auf der Straße in einem Vorort; 1885. Aquarell, 90 x 120 cm. Wien, Hermesvilla
Der Künstler stellte die Straße als Ort der Kommunikation dar. An der Peripherie der Stadt wohnte die ärmste Bevölkerung. 1890 war die Hälfte der Wohnungen in den Vorortsgemeinden bereits überbelegt.

77 Alois Schönn, Obstmarkt am Schanzel; 1895. Öl auf Leinwand, 143 x 240 cm. Historisches Museum der Stadt Wien
»Am Schanzel« hieß ein Teilstück des Donaukanalufers, auf dem sich bis Ende des 19. Jahrhunderts der bedeutendste Obstmarkt Wiens befand. Das mit den Donauschiffen anlangende Obst wurde an Ort und Stelle verkauft.

Gschwandner
täglich
Concert-Capelle
Jungmayer
Liedertafel
Olmützer

78 Fritz Schönpflug, Karikatur auf das Militär; 1918. Postkarte. Historisches Museum der Stadt Wien

Eine gesellschaftliche Zwischenposition nahmen die bürgerlichen Hausbesitzer ein. Sie lebten ausschließlich vom Ertrag ihrer Miethäuser. Ihr unwahrscheinliches Selbstbewußtsein überdauerte sie über ihren Tod hinaus: Noch heute stehen auf vielen Wiener Friedhöfen im Blickfeld der vordersten Reihe die monumentalen Grabsteine der »Bürgerlichen Haus- und Realitätenbesitzer«.

Der sogenannte Mittelstand umfaßte einerseits die Stände mit höherer Schulbildung, wie leitende Angestellte, Angehörige freier Berufe oder öffentlich Bedienstete, so-

79 Karl Feiertag, Auf der Ringstraße; um 1900. Aquarell, 29,1 x 18, 3 cm. Historisches Museum der Stadt Wien
Die Stadtseite der neuen Ringstraße zählte zu den am meisten begangenen Strecken. Elegante Kaffeehäuser reihten sich aneinander. Der Teil zwischen Kärntnerstraße und Schwarzenbergplatz war der »Nobelring«, der »Wiener Boulevard«.

wie die selbständigen Gewerbetreibenden. Obwohl sich die Situation der Gewerbetreibenden finanziell nicht sehr günstig entwickelte, blieb ihr Anteil von 12 bis 14 Prozent der Bevölkerung erstaunlich konstant. Der Grund dafür dürfte sein, daß die Reichshauptstadt aus den zahlreichen Provinzstädten ständig gewerblichen Nachwuchs anzog. Solche Zuwanderer benötigten zum Überleben neben robuster Gesundheit auch ein kleines Anfangskapital. Zwar liegen über diese Gruppen noch wenig wissenschaftliche Daten vor, doch haben ihnen Lokaldichter jener Zeit wie Friedrich Schlögl oder Vinzenz Chiavacci zahlreiche Feuilletons gewidmet und damit das romantische Klischee des gutbürgerlichen Wieners und seines angeblich gemütlichen Lebensstils geprägt.

Die Vertreter des Offizierkorps waren nicht in das soziale Gefüge der Stadt integriert, ihre Wohnungen lagen meist in den Kasernen. Ihre Präsenz im Straßenbild und auf Vergnügungsstätten sowie ihr strenger Ehrenkodex gaben Anlaß für viele Geschichten.

Dem vierten Stand gehörten die gelernten und ungelernten Hilfskräfte beziehungsweise die Gelegenheitsarbeiter an, ebenso das fest in der patriarchalischen Haushaltsstruktur verankerte Hauspersonal. Die Zuwanderer, die ohne finanzielle Mittel ihre Heimat verlassen hatten und in der Hauptstadt ihr Glück zu machen versuchten, waren meist in dieser Gruppe zu finden.

Von den Menschen, die 1890 in Wien lebten, wohnten 5 Prozent in der Altstadt, 50,4 Prozent in den Vorstädten und 44,6 Prozent in den Vororten. Die Stadt war in sozialräumlicher Hinsicht hierarchisch gegliedert, wobei in der Regel der Rang der Stadtbezirke mit der Entfernung vom Stadtkern abnahm. Doch sogar die Ringstraße besaß sozial differenzierte Viertel.

Die Ringstraße und die »entern Gründ«

Das in der Gründerzeit geprägte sozialräumliche Strukturmuster Wiens hat sich bis zum Ersten Weltkrieg nicht mehr entscheidend verändert. Auf der Ringstraße – der »Herzader Groß-Wiens« (Ludwig Hevesi) – hatten besonders der Adel, der ein Drittel aller Hausbesitzer stellte, die Industriellen, Bankiers und Privatiers, das heißt von Kapitalrenten lebende Personen, ihre Nobelmiethäuser errichten lassen. Das vornehmste Teilstück befand sich zwischen der Kärntnerstraße und dem Schwarzenbergplatz: Zwischen dem eingesessenen Adelsviertel in der Altstadt und dem einstigen Sommerschloß des Prinzen Eugen, dem Belvedere, hatte sich nun die Oberschicht niedergelassen. Vereinzelte Gewerbetreibende – vor allem aus der Bekleidungsbranche – sorgten im Nahbereich für die ständigen Konsumansprüche des Adels.

Dieses Stück »Nobelring« war während der Jahrhundertwende der »Wiener Boule-

80 Theo Zasche, Beim Demel; um 1900. Tuschfeder, 21,8 x 30,5 cm. Historisches Museum der Stadt Wien
In der Hofzuckerbäckerei Demel am Kohlmarkt traf sich die elegante Welt, um höfisch-höfliche Konversation zu pflegen.

vard«. Abends traf sich hier alles, was Geld und Namen hatte. Ironisch bemerkt dazu 1895 der Kritiker Ludwig Hevesi: »Es sieht wie eine im Dunkeln schleichende Verschwörung aus, wenn auf der kurzen Strecke zwischen Kärntnerthor und Schwarzenbergplatz, aber nur auf der Stadtseite, jeden Abend ein unheilvolles Gedränge stattfindet, ein cityhaftes Menschengewühl, das sich auf seine eigenen Füße tritt und Arm in Arm mit sich selber auf und nieder wogt... Ganze Prozessionen von zweibeinigen Bibern und Zobeln drücken sich aneinander vorbei. An der bekannten Straßenecke, wo alles wie auf ein Commando kehrt macht, stauen sich die Gruppen von Rittern des Chic, der Monokel-Adel, die Bügelfaltokratie.«

Nur einmal in der Woche, am Sonntagnachmittag, kam nach Hevesi eine »demokratische Stunde« für den Kärtnerring: »In eine schwere Staubwolke gehüllt, liegt die breite Straße da, und eine schwärzliche Raupenprozession, eine Art menschlicher ›Heerwurm‹ wälzt sich langsam den geschlossenen Läden entlang... Die goldene Jugend von mehr oder weniger ›enteren‹ Gründen sucht mit Doppelsohlen... in Fußstapfen zu treten, welche von zierlichen, auch an den Sohlen geschwärzten Schnabelschuhen des ersten Bezirkes herrühren. Eines aber hat dieses Sonntagspublikum, was die Eleganten der siebentägigen Sonntagsruhe nicht haben: Courage!«

Im Gegensatz zu diesem aristokratischen Viertel am Kärntnerring entwickelte sich die Gegend um das 1883 fertiggestellte Rathaus zu einer besonderen Wohnlage für die großbürgerliche Oberschicht. Die Vertreter der Finanzwelt, des Großhandels und der industriellen Produktion, aber auch der Wissenschaft scharten sich um dieses neugotische Symbol.

Eine Sonderstellung entlang der Ringstraße nahm das sogenannte Postsparkassenviertel ein. Von 1904 bis 1906 war auf dem Areal der ehemaligen Franz-Josephs-Kaserne das von Otto Wagner entworfene Bankgebäude entstanden. In diesem Viertel ließen sich – zu einer Zeit, da die Struktur der

81 Maximilian Lenz, Die Sirk-Ecke auf der Ringstraße; 1900. Öl auf Leinwand, 71 x 159 cm. Historisches Museum der Stadt Wien
Die »Sirk-Ecke« befand sich gegenüber des Wiener Operngebäudes, in dem Gebäudekomplex an der Kreuzung der Kärntnerstraße mit der Ringstraße, und sie bildete für Generationen einen beliebten Rendezvousplatz der Gesellschaft. In dem während des Ersten Weltkrieges geschaffenen Drama »Die letzten Tage der Menschheit« von Karl Kraus bildet die Sirk-Ecke einen »kosmischen Punkt«, an dem der Schriftsteller jeden Akt beginnen läßt.

82 Ferdinand Kruis, Neuer Markt am Abend; 1914. Öl auf Leinwand, 66 x 79 cm. Historisches Museum der Stadt Wien

anderen Ringstraßenviertel schon ausgeformt war – Privatiers und Angehörige der freien Berufe nieder, Rechtsanwälte, Ärzte und Kaufleute, die hier ihre repräsentativen Wohnungen und Büros einrichteten. Bei den Privatiers dominierten Frauen, die vermutlich zusätzlich von der Untervermietung der großen Wohnungen lebten oder über andere undurchsichtige Finanzierungsquellen verfügten. Die Ringstraße besaß also auch ihre Schattenseiten.

Die im Gegensatz zur vornehmen Ringstraßenkultur stehenden Wohngegenden werden mit dem Wiener Dialektwort »entern«, das so viel wie »jenseits« heißt, bezeichnet. Ursprünglich waren damit die Vorstädte jenseits des Alserbaches gemeint, doch entwickelte sich dieser Ausdruck zum Synonym für die billigen, außerhalb des alten Stadtkerns liegenden Wohnviertel. Auch nach dem Bau der Ringstraße bestand zwischen der Altstadt und den ehemaligen Vorstädten eine soziale Trennungslinie, die im Grunde einschneidender war als jene zwischen Vorstädten und Vororten.

Von besonders bedrückender Schwere war das unwahrscheinliche Wohnungselend in den Außenbezirken. Die innerhalb des Gürtels – des ehemaligen Linienwalls – liegenden Wohnviertel waren dabei noch etwas besser gestellt als die Wohngebiete in den Randbezirken. Auf die bisher unverbauten Flächen wurde ein neuer Haustyp gesetzt: das Zinshaus, in dem sich oft mehrere hundert Menschen drängten.

Die Regelung der wichtigen Lebensfrage »Wohnen« war schon im Liberalismus dem freien Spiel der Wirtschaftskräfte überlassen worden. Die Wohnung war zur Ware, der Mieter zum Objekt der Ausbeutung durch den Hauseigentümer geworden. Die allgemeine Wohnkultur blieb deshalb in den Vorkriegsjahren auf einer für eine Großstadt unwürdigen Stufe stehen.

Die hektische Bautätigkeit veränderte binnen einer Generation das Bild der Außenbezirke. »Die schrecklichen Zinskasernen mit ihren quadratförmigen, lichtlosen Höfen, mit ihrer empörenden Kinderfeindlichkeit waren noch in der Minderzahl«, erinnert sich noch Alfons Petzold an seine Kindheit. Geschäft und Spekulation ließen jedoch am Ende des 19. Jahrhunderts diesen Haustyp zum charakteristischen Wohnhaus der Unterschichten werden. An den langen Gängen mit den Gemeinschaftstoiletten und Gemeinschaftswasserleitungen (Bassenas, daher wird auch von »Bassenawohnungen« gesprochen) waren die Zimmer-Küche-Wohnungen aneinandergereiht. Die Küchen waren meist mit einem vergitterten Fenster dem Gang zugewendet und daher ziemlich dunkel.

Während die Fassaden mit dem Schein der ästhetischen Dekoration des Historismus geschmückt waren, ergab der Blick dahinter oft ein trostloses Bild: zusammengepferchte Menschen, die auf engstem Raum zusammenlebten. Die hohen Mieten waren nicht für alle erschwinglich, so daß auch noch »Untermieter« und »Bettgeher« in den übervölkerten Wohnungen Platz finden mußten. 1890 waren in den vornehmlich von Arbeitern bewohnten Außenbezirken ungefähr 10 Prozent der Wohnbevölkerung »Bettgeher«, innerhalb der Ringstraße nur 1,66 Prozent. Um die Jahrhundertwende schildert der Journalist Max Winter zahlreiche extreme Beispiele aus solchen Zinsburgen: »Es schlafen in diesem Zimmer also außer der fünfköpfigen Familie des slowakischen Maurers noch drei Männer und ein erwachsenes Mädchen, zusammen sechs Erwachsene und drei Kinder. Der Raum hat eine Bodenfläche von 20 Quadratmetern und einen Luftraum von ungefähr 70 Kubikmetern.«

Der Bearbeiter der Volkszählung von 1890, Heinrich Rauchberg, meint zusammenfassend: »Die Wohnverhältnisse breiter städtischer Bevölkerungskreise stehen also tief unter dem Niveau der ländlichen...« Rauchberg macht dafür den »rein kapitalistischen Charakter der Stadtwirtschaft« verantwortlich. Denn »die sich selbst überlassene Bautätigkeit war nicht so auf die Befriedigung der breiten Schichten von geringster und häufig intermittierender Solvenz, als wie vielmehr der höchst zahlungsfähigen Nachfrage des rasch emporwachsenden Mittelstandes gerichtet«.

Der Ausspruch, den sich Max Winter notierte, »Die Weanastadt ist groß, aber's Elend is aa groß. I hab'm'r's verbessern

83 Karl Feiertag, Burgmusik am Michaelerplatz; um 1900. Aquarell, 18 x 29 cm. Historisches Museum der Stadt Wien
Die Ablösung der Hofburgwache bildete eine Art Volksfest: »Schon draußen, in der ›Vorstadt‹, wo die Hauptwache in irgend einer Kaserne zusammen gestellt wird, sammelt sich ein Schwarm neugieriger Zuschauer... Mit klingendem Spiele marschiert die Wache gegen die Stadt. Wie eine Lawine wächst auch das begleitende Volk... Vielmehr findet sich da zusammen, erstlich alles, was freiwillig ›vaziert‹ – brotlose Kellner, entlassene Commis, überzählige Handwerksgehilfen – dann aber, und zwar in überwiegender Zahl, ›Strotter‹, ›Strizzi‹ und ›Pülcher‹, der echte ›Wiener Piz‹« *(Wienerstadt)*. Dieser Zug wälzte sich bis zur kaiserlichen Hofburg, während der Ablösung gab die Kapelle noch ein Blaskonzert.

84 Wilhelm Gause, Hernalser Kalvarienberg; 1913. Grisaille, 50 x 74 cm. Historisches Museum der Stadt Wien
Das Volksfest vor Ostern war die Restform einer ursprünglichen Bußprozession, die von der Stephanskirche ausging und bei der letzten Station in der Hernalser Pfarrkirche (heute 17. Gemeindebezirk) ihren Abschluß fand. Die umliegenden Buschenschenken und Volkssänger sowie der bunte Markt gaben der religiösen Feier jedoch einen anderen Charakter.

Giger Hütter
5 Deka

woll'n und hab'm'r's verschlechtert«, war wohl das Schicksal vieler Zuwanderer jener Zeit.

Die Kommunalverwaltung war den Wohnungsproblemen in keiner Weise gewachsen. Zwar lagen nach der Volkszählung von 1890 genaue Statistiken vor, aus denen die Überbelegung von mehr als der Hälfte der Wohnungen in den ehemaligen Vorortsgemeinden eindeutig hervorging, doch konnte man das Mißverhältnis zwischen dem Mietpreis und dem Einkommen breiter Bevölkerungsschichten nicht verringern. Trotz gesteigerter Bautätigkeit nahm das Wohnungselend weiter zu. Mit den geringen Arbeiterlöhnen konnten die geforderten Zinse gerade noch bezahlt werden, ein Lohnausfall infolge Arbeitslosigkeit oder Krankheit brachte aber meist den Verlust der Wohnung. Die Zahl der Kündigungen stieg kurz vor der Jahrhundertwende besonders rasch an.

Noch bevor die größten und prächtigsten Ringstraßenbauten vollendet wurden, war die Not der Obdachlosen und Armen bereits so auffallend geworden, daß sich in Wien die ersten Wohltätigkeitsvereine konstituierten.

Die städtische Armenpflege wurde durch die Ordnungen der Jahre 1879 und 1881 näher geregelt. Als Organe dienten der Armenrat und ehrenamtliche Armenväter. In dem neu sich bildenden Vereinswesen ergriff auch das Wiener Bürgertum einige Initiativen. 1870 wurde der »Verein zur Begründung von Asylen für Obdachlose« gegründet, 1872 der »Erste Wiener Volksküchenverein«, der billige warme Mahlzeiten verteilte, 1875 der »Verein zur Errichtung und Erhaltung der I. Wiener Suppen- und Theeanstalt«.

Die Rolle, die früher der Familie zugekommen war, übernahm nun die Gesellschaft. Doch all diese Wohltätigkeitsvereine brachten keine Besserstellung der Betroffenen, sondern lediglich Hilfe im Sinne des »Almosengebens«, wie der Name des 1885 gegründeten Vereins »Mitleid« deutlich zeigt.

Die Obdachlosenasyle boten also nur einem geringen Teil der Verelendeten eine Unterkunft. (Den Abstieg zum Obdachlosen erzählt Alfons Petzold in seiner Selbstbiographie.) Die Spenden – auch der Musiker und Komponist Karl Millöcker gab zum Beispiel ein Legat zur Aufstockung eines solchen Heimes – reichten nicht aus, wurde doch das Problem damit nicht an der Wurzel angepackt.

Im Jahre 1908 erschien von Emil Klaeger das bestürzend offen geschriebene Buch *Durch die Wiener Quartiere des Elends und des Verbrechens*, in dem er die Resignation dieser Ausgestoßenen in der Großstadt schildert. Sie lebten in einer neuen großstädtischen Einrichtung: in dem warmen unterirdischen Kanalisationssystem, das zum regulierten Wienfluß führte. Verfolgt von der Obrigkeit, entwickelten sie eine eigene Überlebenstechnik: »Ihre Liebe ist das Brot. Ihr Ehrgeiz ein Lager für die Nacht, ihr Haß aber die satte Gesellschaft...«

Alltag in »Groß-Wien«

Die Welt des Alltags hatte in der Großstadt das Gleichgewicht verloren, zu groß war die Kluft zwischen Armen und Vermögenden, zu unmenschlich waren die Lebensbedingungen für einen Teil der Menschen geworden.

Die Fin-de-siècle-Stimmung beruhte nicht nur auf dem Ahnen um den Untergang der Monarchie, der von vielen zeitgenössischen Literaten bereits vorher heraufbeschworen worden war. Auch in den Unterschichten der Bevölkerung verbreitete sich durch Not und fehlende soziale Bindungen eine Todessehnsucht. »Sterben zu können, war mein sehnlichster Wunsch. Ich mußte aber Arbeit suchen«, schrieb in ihrer Selbstbiographie Adelheid Popp, geb. Dworschak, die Tocher eines böhmischen Webers, die von den neunziger Jahren an in der sozialdemokratischen Arbeiterbewegung eine Rolle spielte. Ihre Schilderungen in *Jugend einer Arbeiterin* stehen für das Schicksal vieler junger Frauen in Wien.

Im Jahre 1890 waren 85 Prozent aller erwerbstätigen Frauen in Österreich Arbeiterinnen, ein höherer Prozentsatz als in anderen europäischen Ländern. Man war diesem Problem von politischer Seite in keiner Wei-

85 Felician Frh. von Myrbach, In der Blumenfabrik; 1892. Tuschfeder, 19,9 x 24,9 cm. Vorlage zur Buchillustration in *Wienerstadt – Lebensbilder aus der Gegenwart*, Wien 1895. Historisches Museum der Stadt Wien
Die Kunstblumen erlangten als »Wiener Spezialität« in jener Zeit Weltruf, doch die Arbeitsbedingungen und die Bezahlung der Arbeiterinnen waren so schlecht, daß sich in diesen Fabriken besonders schnell das neue Gedankengut der Arbeiterbewegung durchsetzte.

86 Josef Gisela (eigentlich Reznicek), Näherinnen; um 1890. Öl auf Holz, 17 x 18,5 cm. Historisches Museum der Stadt Wien
Die gefällige Genreszene zeigt mehr das Klischee als die Realität der Näherinnen jener Zeit. Das »süße Mädel mit den zerstochenen Fingern« übte einen Beruf aus, zu dem die meisten Frauen drängten, und die anwachsende Konkurrenz drückte die Löhne. Es gab die Werkstattarbeiterin in den »Schwitzhöhlen«, die Heimarbeiterin, die für die Konfektion und Putzgeschäfte arbeitete, die Schneiderin und die Putzmacherin, die nur von der Privatkundschaft lebten, die Näherin und die Ausbesserin, die bei den Kunden selbst nähten.

se gewachsen, es gab nicht einmal genaue Unterlagen darüber. In der »Österreichischen Wohlfahrts-Ausstellung«, die 1898 im Rahmen der Jubiläumsfeierlichkeiten für Kaiser Franz Joseph in Wien stattfand, kam die Frauenarbeit nicht vor. Im Katalog erschien nur der knappe Hinweis: »Die Abtheilung ›Frauenerwerb‹ konnte…, nachdem es nicht gelang, das nothwendige Urmaterial zu beschaffen, ihre Aufgabe nicht durchführen.«

Die meisten arbeitenden Frauen lebten in schlechten Wohnverhältnissen und waren kränklich. Bluthusten, Kopfschmerzen und Herzklopfen zählt Arthur Schnitzler in seiner Selbstbiographie als Krankheiten seiner früheren Geliebten, einer Kunststickerin, auf. Ihre Gestalt floß in jenes »Urbild« ein, das Schnitzler in seinen Dramen als »süßes Mädel mit den zerstochenen Fingern« dichterisch verarbeitet hat und das in seiner zarten Lebendigkeit bis heute berührt.

Dieses süße Mädel in Wien übte einen Beruf aus, zu dem sich die meisten Frauen drängten. Die Frauenrechtlerin Lily Braun zählte 1901 die gebräuchlichsten Frauenberufe auf: Konfektion, Näherei, Putzmacherei sowie Blumen-, Federn- und Spitzenfabrikation. Mit ihrem Lohn konnte eine Frau gerade auskommen, vorausgesetzt sie wurde nicht krank; sie vermochte damit jedoch kein weiteres Familienmitglied zu unterstützen.

Die sozialen Probleme betrafen freilich nicht nur Frauen und machten auch vor neuen Berufen nicht halt. Ein Beispiel sind die Pferdekutscher der Straßenbahn, die ab 1867 kontinuierlich ausgebaut worden war. 1889 wies Victor Adler auf die unhaltbaren Zustände der »weißen Sklaven der Wiener Tramway-Gesellschaft« hin. Die tägliche Arbeitszeit betrug bis zu 19 Stunden, der Urlaub war unbezahlt, für auftretende Schäden an den altersschwachen Wagen wurden

87 Am Naschmarkt; um 1910. Foto. Historisches Museum der Stadt Wien
Seine Berühmtheit verdankte der große Obst- und Gemüsemarkt zum Teil auch den »Damen vom Stand«, die für ihre scharfe Zunge bekannt waren. Die »harbe God'l« wurde zum Typ »Frau Sopherl« vom Naschmarkt erhoben. Ursprünglich befand sich der Markt vor dem Freihaus gegenüber dem Resselpark, doch wurde er später zur Wienzeile verlegt.

88 Felician Frh. von Myrbach, Die Büglerinnen; 1892. Tuschpinsel, 29,4 x 20 cm. Vorlage zur Buchillustration in *Wienerstadt – Lebensbilder aus der Gegenwart*, Wien 1895. Historisches Museum der Stadt Wien
Neben den vielen Frauen, die sich als Taglöhnerinnen in den Häusern zum Waschen verdingten, gab es auch Wäschereien. Immer

größere Reinigungsfirmen verdrängten die ursprünglichen Familienbetriebe, das gewerbetreibende »Wäschermädel« wurde zur Lohnarbeiterin.

89 Bau der Wiener Gasleitung; 1897. Foto aus dem Atelier Nedomansky. Historisches Museum der Stadt Wien
Seit der Eingemeindung der Vororte im Jahre 1892 beschäftigte sich die Gemeinde Wien mit der Errichtung eines eigenen Gaswerkes. 1896 wurde mit dem Bau des Gaswerkes Simmering begonnen. Vorher hatte für die Gasversorgung der Stadt vor allem die englische Gesellschaft Imperial Continental Gas Association gearbeitet.

die Tramway-Kutscher verantwortlich gemacht. Am 4. April 1889 kam es zu einem Streik, und die Tramway-Gesellschaft mußte unter dem Druck der öffentlichen Meinung zumindest die Arbeitszeit auf 12 Stunden pro Tag verkürzen.

Karl Lueger, seit 1897 Bürgermeister, sah die Übernahme der Verkehrsmittel sowie der Gas- und Elektrizitätsversorgung durch die Stadt als Erfolg im Kampf gegen das Privatkapital an. Doch mußte er in seinem Rechenschaftsbericht zugeben, daß für die »bei den Wiener Verkehrsanlagen beschäftigten Arbeiter... die Bestrebungen..., so durch Errichtung von Baracken, ärztliche Beaufsichtigung der Arbeiter, radikale Abhilfe zu schaffen«, erfolglos geblieben sind. Nur die Verköstigung konnte verbessert werden. Auch gegenüber der christlichsozialen Stadtverwaltung mußte sich das Personal seine Rechte erkämpfen. Allerdings wuchs der Personalstand bei der Straßenbahn rasch; von 1903 bis 1917 erhöhte sich die Beschäftigtenzahl von 6300 auf rund 19700 Bedienstete.

Eine solche Arbeiterzahl gab es in Wien nur in wenigen Bereichen. Bei der Betriebszählung von 1902 hatten nur acht Betriebe mehr als 1000 Beschäftigte, während in fast 86 Prozent aller Unternehmen höchstens fünf Personen angestellt waren. Die zum Kleingewerbe gehörigen Personen mit ihren Familien wurden – bei einer Gesamtbevölkerung von 1718000 Menschen – auf 803000 geschätzt. Sie bildeten eine amorphe Masse, die sich kaum organisierte und der Politik des Bürgermeisters Lueger vertraute. Ihr Freizeitglück fanden diese Leute beim abendlichen Heurigen, bei Musik und Wein. In einem Wienerlied, das Johann Schrammel vertonte, stellt sich ein typischer Heurigenbesucher vor: »I bin net arm, i bin net reich, i kumm von Wean aus Österreich.« Bis zum Ersten Weltkrieg konnten die Klein- und Mittelbetriebe im wesentlichen ihre Position halten, die alte Struktur Wiens als eine Stadt des Luxusgewerbes und der Konsumgüter blieb also bestehen.

Die Fluktuation der Berufstätigen war enorm. Dabei gab es mehrere Gründe für das ständige Wechseln zwischen den Branchen: Man verließ den Betrieb, wenn in einem anderen geringfügig mehr bezahlt wurde; mit einer Krankheit war zumeist auch die Kündigung verbunden; zahlreiche Klein- und Mittelbetriebe setzten in Zeiten geringeren Absatzes einen Teil ihrer Belegschaft frei, andere gingen zugrunde.

Über die Möglichkeiten ungelernter Arbeitskräfte berichten Alfons Petzold und Adelheid Popp in ihren Selbstbiographien. Petzold arbeitete vom 14. bis zum 22. Lebensjahr in mehr als zwanzig Berufen. »Wieder lief ich jeden Morgen zu den Aushängetafeln der Tageszeitungen«, schreibt er, »um die Rubrik Offene Stellen eifrigst zu studieren. Dann ging's von Fabrik zu Fabrik, von einem Neubau zum anderen, mit der ewigen Frage: › Bitt schön, brauchens kein' Hilfsarbeiter? ‹ Und dann wieder dieses enttäuschte Heimkehren voll Hunger und in Furcht vor dem fragenden Sorgengesicht der Mutter.«

Adelheid Popp begann mit 11 Jahren zu arbeiten. »Ein Jahr blieb ich Schafwollhäklerin und lernte eine ganze Anzahl Werkstätten kennen, denn wenn wir hörten, anderswo werde auch nur um einen Kreuzer für das Tuch mehr bezahlt, so mußte ich dorthin gehen.« Erst mit fast 15 Jahren erhielt sie nach zahlreichen Stationen eine längerfristige Anstellung in einer Fabrik.

Von der Mitte der neunziger Jahre an zeichnete sich ein kräftiger Industrialisierungsschub ab. Hauptträgerin der industriellen Ausweitung war die Elektrotechnik. Nach der Jahrhundertwende wuchsen die elektrotechnischen Betriebe in Wien zu großen Werken heran. Die Arbeit wurde durch immer einfachere kurztaktige und maschinengeleitete Tätigkeitsmuster ausgefüllt, so daß man die männlichen Facharbeiter zunehmend durch an- beziehungsweise ungelernte und vielfach weibliche Kräfte ersetzte. Akkordsystem und Steigerung des Maschinentempos bestimmten den Weg der weiteren Entwicklung.

90 Das erste Dienstboten-Asylhaus in Wien; 1891. Zeitungsholzschnitt aus dem *Neuigkeits-Welt-Blatt* vom 9. Oktober 1891. Historisches Museum der Stadt Wien
Da die Dienstmädchen bis 1920 in hausrechtlicher Abhängigkeit standen und daher bei Arbeitslosigkeit ohne Unterkunft waren, kam es ab 1891 zu Gründungen von Heimen für stellenlose Mädchen. Die Asyle wurden durch die Tätigkeit meist bürgerlicher Vereine finanziert.

Im Jahre 1893 kam es zum ersten Frauenstreik Wiens. In einer Textilfabrik hatte die junge Arbeiterin Amalie Seidel zum Streik aufgerufen, die Sozialdemokratin Adelheid Popp unterstützte sie. An dem erfolgreichen Ausstand beteiligten sich schließlich über 700 Wiener Arbeiterinnen. Sie forderten eine Verkürzung der Arbeitszeit von zwölf auf zehn Stunden pro Tag und die Verbesserung ihrer Arbeitsbedingungen.

Mit ähnlichen Problemen kämpften in den »gutbürgerlichen« Bezirken Wiens die vielen Dienstboten, die »weißen Sklavinnen«, wie sie auch von Zeitgenossen genannt wurden. Ihr Anteil an der Gesamtbevölkerung war ziemlich hoch, 1890 betrug er 6,7 Prozent. Die Mädchen kamen vor allem aus ländlichen Gebieten und mußten sich oft zweifelhaften Dienstvermittlungsstellen anvertrauen, denn nur so hatten sie eine Chance auf Anstellung. Häufig ohne sichere Unterkunft, vollkommen fremd und allein, waren sie den Gefahren der Großstadt ausgesetzt und gerieten oft rasch auf den Weg der Prostitution. »Von den

Lockungen eines arbeitslosen, unordentlichen Lebens angezogen, waren diese armen Mädchen der Spielball eines ungewissen Schicksals« (*Neuigkeits-Welt-Blatt*, 9. Oktober 1891).

Das erste Dienstboten-Asylhaus wurde 1891 im sechsten Wiener Gemeindebezirk gegründet. Hier konnten 60 stellenlose Dienstmädchen Unterkunft finden. Hatten sie jedoch Arbeit erhalten, so waren sie rechtlich vollkommen unterprivilegiert. 1893 fand in Wien die erste Dienstbotenversammlung statt, die allerdings von anwesenden Regierungsvertretern aufgelöst wurde. Die untersten Schichten begannen sich jedoch, meist unter Führung sozialdemokratischer Agitatoren, zu formieren.

Freizeit und Unterhaltung – Wiener Mentalität

Der öffentliche Festkalender besaß in seinem jahreszeitlichen Ablauf gesellschaftliche Fixpunkte. Hugo von Hofmannsthal zählte sie in seinem späteren Tagebuch »Ad me ipsum« stichwortartig auf: Praterfahrt, Fronleichnam, kaiserliche Begräbnisse.

Im biedermeierlichen Wien hatte es im Spektrum der gesellschaftlichen Ereignisse noch den Brigittenauer Kirtag, Weinlesefeste und das Neujahrsfest gegeben. Nun blieben lediglich jene spektakulären Feste, bei denen das Volk die Staffage bildete.

Anziehungspunkt für alle Schichten der Bevölkerung war der Wiener Prater. Als Veranstaltungen der höheren Gesellschaft gab es die Praterauffahrten am Ostermontag und am 1. Mai, als Feste der Selbstdarstellung jener Schicht. Friedrich Uhl hielt die Eindrücke 1888 fest: »Alles nahm daran Theil... Das Volk stellte sich zu Seiten der Hauptallee auf und harrte. Es kamen die großen Herren und schönen Damen in hoch auf Federn schwebenden, geschlossenen, wappengeschmückten Carossen. Das Volk bewunderte...« Beim ersten Maiaufmarsch der Arbeiter im Prater 1890 war das »Volk« nicht mehr Hintergrund, sondern trat selbst in Aktion.

91 Fronleichnamsprozession am Graben; 1909. Foto von R. Lechner. Historisches Museum der Stadt Wien
Die Prozession gehörte zu den wenigen Festen, an denen der Kaiser alljährlich öffentlich mit dem gesamten Hof teilnahm. Auf einer eigenen Tribüne verfolgte die Gesellschaft dieses Schauspiel, und ein »Graben-Fenster« stieg in diesen Stunden an Wert. Der Kaiser folgte unmittelbar dem Himmel; die nächste Gruppe führte der Thronfolger Erzherzog Franz Ferdinand an.

In der Tradition der gesellschaftlichen Praterauffahrten standen auch die legendären Frühlingsfeste, die Pauline Fürstin Metternich alljährlich Ende Mai inszenierte. Die luxuriöse Pracht des Zurschaustellens wurde dabei mit einem wohltätigen Zweck verbunden: Der Reingewinn floß den Armen und öffentlichen Wohlfahrtsinstitutionen zu. Mehr als ein Viertel der Wiener Bevölkerung soll den Blumenkorso, der am 29. und 30. Mai 1886 zum ersten Mal stattfand, besucht haben.

Der Prater besaß viele Gesichter: Nobelprater, Wurstelprater mit billigen Vergnügungen und die berühmte Aulandschaft als kostenloses Naturreservoir. Die mondäne Gesellschaft fand sich bei den vielen Strauß-Konzerten, deren Reingewinn manchmal wohltätigen Zwecken zufloß, oder – ebenfalls bei Musik – in den drei berühmten Praterkaffeehäusern ein. Etwas abseits der Kaffeehaustische drängte sich das interessierte Publikum, das kein Geld zum Besuch dieser ständig wechselnden Konzerte besaß. Unter solchen Zaungästen befand sich auch, wie sich David Josef Bach erinnert, Arnold Schönberg: »Wir standen damals alle, Siebzehn- und Achtzehnjährige, vor dem Zaun, um gratis Musik zu hören. Ein Junger Militärkapellmeister – wenn ich nicht irre, Großmann mit Namen – spielte Bruchstücke aus Wagner, einmal sogar mit den ›Meistersingern‹ im Jahre 1891 oder 1892... Für die allermeisten unter uns war es die einzige Möglichkeit, ein bißchen Musik zu hören.«

Neben anderen vornehmen Etablissements lockte vor allem der Vergnügungspark »Venedig in Wien« das Großbürgertum und vermögende Kreise in den Prater. Dieses Lokal wurde an der Stelle des früheren Kaisergartens angelegt. 1897 entstand

92 Felician Frh. von Myrbach, Wiener Damenkapelle im Prater; 1895. Sepia, 20,5 x 15,2 cm. Historisches Museum der Stadt Wien
»Meist jung, zuweilen hübsch, in gleiche Uniform, weiß mit bunter Schärpe gekleidet, sind die Mädchen gut geschult und vor allem taktisch im Spiel, nicht selten von wirklicher musikalischer Begabung. Durch Elternmangel oder traurige häusliche Verhältnisse gezwungen, frühzeitig für sich selbst einzustehen..., nehmen die meisten ihren Beruf ernst, durchaus nicht als Freibrief für ungebundenen Lebenswandel und schämen sich seiner nicht. Mag auch der Volkswitz ›die von der Damencapell'n‹ mit harmlosen Spottliedern bedenken...« (*Wienerstadt*)

93 Theo Zasche, Hutschenschleuderer im Wurstelprater. Sepia, 22,2 x 25,5 cm. Historisches Museum der Stadt Wien

Neben dem Ringelspiel gehörte die Schaukel zu den ältesten Vergnügen des Volkspraters. Ferenc Molnár erhob in seinem tragischkomischen Schauspiel »Liliom« (1909) einen Hutschenschleuderer zur Hauptfigur.

94 Theo Zasche, Beim Wurstel im Prater. Sepia, 18,7 x 18,5 cm. Historisches Museum der Stadt Wien
Zur besonderen Attraktion des Praters gehörte das Puppentheater, bei dem der Kasperl oder Wurstel die Hauptrolle spielte. »In keinem andern Theater findet ihr solch ein Horchen und hingegebenes Lauschen auf allen Mienen, solch ein Staunen in all den Augen; solch eine unermüdliche Lust am Schauen und Spielen.« (Felix Salten, *Wurstelprater*)

hier auch das Riesenrad. Zwischen den Kulissen venezianischer Scheinpalazzi ruderte plaudernd die Gesellschaft auf künstlichen Kanälen. Auch die Erzherzöge fanden sich hier ein.

Der gesellschaftlichen Abstufung entsprechend gab es im Prater neben den wenigen Luxuseinrichtungen eine große Anzahl von Gasthäusern, in denen Volkssänger, meist als »Wiener Wäschermädel« und als »Wiener Fiaker« kostümiert, auftraten. Die Sängerinnen und Sänger, die in den Modulationen von charmant bis herb ihre Lieder vortrugen, verbreiteten die in Worten nicht faßliche Wiener Mentalität und den Wiener Humor. Sie traten nicht nur im Prater, sondern auch in den Gaststätten und Weinschenken der äußeren Bezirke auf. In ihnen sah man »Naturkinder« oder »Natursänger«, auch die »Urwiener«, die ihre Lebensauffassung ohne oberflächliche Phrasen, mit Herz und Mund am rechten Fleck, zum besten gaben. Den beliebten Volkssänger und Fiaker Bratfisch hatte sich sogar Kronprinz Rudolf als Leibkutscher engagiert.

Alfons Petzold beschreibt das Publikum eines Volkssängerabends, an dem auch sein eigenes Stück »Heimkehr eines Zuchthäuslers« aufgeführt wurde: »Es war ein Samstagabend, und der Saal war bis auf das letzte Plätzchen gefüllt. Es waren meist bessere Arbeiter mit ihren Mädchen, aber auch kleine Beamten- und Handwerkerfamilien.« Petzold selbst ging, wenn er es sich gerade leisten konnte, mit seiner Mutter zumindest am Allerheiligentag, nach dem Friedhofsbesuch, zu den Volkssängern. Vom Sterben und vom besseren Leben im Himmel kommt ja in den meisten Wiener Liedern etwas vor.

»So tragt's mi nach Grinzing / Am Friedhof hinaus / Da schlaf i den ewigen Rausch mir dann aus...«, dichtete der beliebte Zeitgenosse Josef Hornig. Der Tod wird weder verdrängt noch als beängstigend empfunden. Mit hintergründigem Humor gehen die Wiener über die Realität des Lebens hinweg und wenden sich, in seliger Weinstimmung genüßlich spekulierend, dem Jenseits zu: »Verkaufts mei G'wand, i ziag in' Himmel.«

Vor dem Ersten Weltkrieg verlagerte sich die Wiener Volksmusik mehr und mehr in die vornehmen Salons. Der Komponist Eduard Kremser vermutete 1911: »Das mag wohl darin seinen Grund haben, daß der kleine Mann, mit der Not des Tages ringend, nicht mehr die Mittel hat, sich beim Volkssänger und beim Heurigen zu zerstreuen und zu ergötzen.« In jener Zeit hatte sich die materielle Situation der kleinen Gewerbetreibenden extrem verschlechtert.

Während in den vornehmen Kaffeehäusern der »federleichte Witz« – wie es Joseph Roth im *Radetzkymarsch* formuliert – zwischen den Damen und Herren kursierte, war der Humor des Wiener Liedes in den vielen Gaststätten immer von Schwermut getragen. Unglaubliche Lebensgier und Existenzsorgen sowie andererseits Todesahnung und Verachtung des materiellen Erfolges bestimmten widersprüchlich das Wiener Lied. Sentimental wurde es eigentlich nur, wenn das »Wienertum«, das in dem

95 Hans Larwin, Beim Heurigen in Neustift; 1908. Öl auf Leinwand, 120,5 x 150,5 cm. Historisches Museum der Stadt Wien
In den Weinschenken in und um Wien wurde der junge Wein – der Heurige – ausgeschenkt. Es war durchaus üblich, daß sich die Gäste das Essen selbst mitnahmen und der Besuch daher nicht kostspielig ausfiel. In diesen »Revieren des Gerebelten und Schmecketen« ging es nicht ohne Musik: Geigen, Gitarre und das »picksüße Hölzl« (Klarinette).

neuen Völkergemisch der Residenzstadt hätte untergehen können, heraufbeschworen wurde.

Die Musik bedeutete für den Wiener etwas Elementares, und es gab in der Volksmusik die verschiedensten Ausdrucksformen. So wurde zum Beispiel beim Heurigen »gedudelt«; diese Gesangstechnik war eine spezielle Wiener Form des Jodelns, und beim »Anstrudeln« wurde fortwährend angesungen. »A Winserl (Geige), a Klampfen (Gitarre), mehr brauch ma net, beim Dudeln und Strudeln vergeß' ma's Gfrett (die Sorgen)«, heißt es in einem Johann-Schrammel-Lied.

Wien war auch die Stadt der Tanzkultur. Zwar fegte am Beginn des 20. Jahrhunderts der Tango als neuer Gesellschaftstanz durch die europäischen Hauptstädte, doch in Wien feierte der Walzer ungebrochen seit über 100 Jahren seine Triumphe.

In der ersten Hälfte des 19. Jahrhunderts hatte die städtische Ballkultur in Wien noch eine gewisse Einheitlichkeit aufgewiesen, doch gegen die Jahrhundertwende wurde auch dieser Bereich immer mehr von der ständisch bestimmten Gesellschaftsordnung geprägt.

Alljährlich traf sich die hoffähige Aristokratie in der Hofburg zu der exklusiven Veranstaltung »Ball bei Hof«. Für einen erweiterten Personenkreis aus dem Adel gab Kaiser Franz Joseph außerdem den »Hofball«, bei dem bis zu 3000 Personen eingeladen waren. Diese Repräsentationsfeste liefen mit der Präzision komplizierter Maschinen inmitten unzähliger tropischer Blumen und kostbarer Gobelins ab. Als Hofmusikdirektor dirigierte Eduard Strauß, und die Hofballzuckerln mit dem Bildnis des Kaisers waren ein beliebtes Mitbringsel für Nichtgeladene. Der letzte Hofballmusikdirektor, der Komponist Carl Michael Ziehrer, überlebte die Monarchie nur um einige Jahre.

1890 gab es zum erstenmal eine Art städtisches Gegenstück zum Hofball: Der Ball der Stadt Wien fand mit großbürgerlichem Glanz im Rathaus statt. Zu diesem Anlaß komponierte Johann Strauß seine »Rat-

96 Josef Engelhart, Gesellschaft im Sophiensaal; 1903. Öl auf Leinwand, 100,5 x 65,5 cm. Historisches Museum der Stadt Wien
Das Vergnügungsetablissement war aus dem Sophienbad entstanden, das im Sommer eine riesige Schwimmhalle besaß und im Winter zum Tanzsaal umgewandelt wurde. Besonders die gutbürgerlichen Kreise bevorzugten diese Räumlichkeiten für ihre Bälle. 1909 wurde das Bad geschlossen, der Saal besteht heute noch.

97 F. Witt, Venedig in Wien; um 1895. Aquarell auf Bleistift, 23,8 x 32,6 cm. Vorlage für eine Postkarte. Historisches Museum der Stadt Wien
Der Vergnügungspark »Venedig in Wien« im Prater war eine der beliebten Anlaufstellen für die Oberschicht.

98 Wilhelm Gause, Der Hofball; 1906. Aquarell, 49,8 x 69,3 cm. Historisches Museum der Stadt Wien
Der Ball gehörte zu den wenigen Repräsentationsfesten, die Kaiser Franz Joseph gab. Der Kaiser ist hier gerade im Gespräch mit mehreren Damen, unter denen sich die Gräfin Harrach, die Komtesse Sophie Baworowska, Marie Prinzessin Liechtenstein-Apponyi und Komtesse Marie Kinsky befinden.

99 Felician Frh. von Myrbach, »Süßes Mädel« und Soldat beim Heurigen; 1896. Aquarell, 30,2 x 44 cm. Historisches Museum der Stadt Wien
»Die Liebe wird gepflückt wie Heckenrosen«, schrieb 1895 Ludwig Speidel in der *Neuen Freien Presse* über Arthur Schnitzlers Stück »Liebelei«. Die Lebenssehnsucht vieler junger Mädchen, die das »bißl Leben« genießen wollten, wurde literarisch wie bildlich von den Künstlern aufgegriffen.

100 Josef Engelhart, Ein Ball auf der Hängstatt; 1896. Öl auf Leinwand, 100,5 x 150,5 cm. Historisches Museum der Stadt Wien
Seit dem Biedermeier, vor allem seit dem Revolutionsjahr 1848, gilt das Wiener Wäschermädchen als Inbegriff von Schlagfertigkeit, Natürlichkeit und Lebenslust. Die Szene der zu den Klängen eines Leierkastens tanzenden Mädchen wurde in Feuilletons jener Zeit immer wieder aufgegriffen.

101 Wilhelm Gause, Der Wäschermädelball; 1893. Öl auf Karton, 45 x 63 cm. Historisches Museum der Stadt Wien
Die populären Genossenschaftsbälle der Fiaker und der Wäscherinnen fanden bald Nachahmer, denn für die vornehme Gesellschaft war es ein Vergnügen, sich als »Naturkind« zu verkleiden.

Myrbach 896

102 Café Dobner; um 1905. Foto. Historisches Museum der Stadt Wien
Das Café Dobner, das in unmittelbarer Nähe des Theaters an der Wien lag, war ein beliebter Treffpunkt für Künstler. In der Mitte des Billardzimmers kann man den Volksschauspieler Alexander Girardi erkennen.

103 Wilhelm Gause, Am Graben; 1888. Grisaille, 32,6 x 49,7 cm. Historisches Museum der Stadt Wien
Am Graben, dem alten Treffpunkt der Gesellschaft, hatte das Café Schrangl zusätzlich zu seinem Lokal noch ein eigenes Kaffeezelt errichtet. Der Künstler versuchte, alles »typisch Wienerische« auf diesem Straßenbild zu erzählen: Ein Wasserer versorgt die Pferde des Fiakers, ein Hundeverkäufer versucht, ins Geschäft zu kommen, ein Wäschermädel liefert Wäsche ab, ein Bosniak verkauft Weckerln, und ein Schusterbub treibt sich herum.

104 Felician Frh. von Myrbach, Tarockpartie in der »Schwemm«; 1892. Tuschfeder, 23 x 24,5 cm. Vorlage zur Buchillustration in *Wienerstadt – Lebensbilder aus der Gegenwart*, Wien 1895. Historisches Museum der Stadt Wien
»Das Wirtshaus ist... ein mächtiger, wenn nicht der mächtigste Faktor im Leben des Wieners. Der Eingang in diese vielbesuchten Zufluchts- und Wallfahrtsstätten für Hungrige – und noch mehr Durstige – führt durch das ›Atrium‹ vulgo die ›Schwemme‹, jenes populäre Eldorado der nachbarlichen Hausmeister und Kleingewerbetreibenden, der Gesellen und aller Vacierenden, der Kutscher und Straßenarbeiter...« (*Wienerstadt*)

haus-Ball-Tänze« (Walzer op. 438) und Carl Michael Ziehrer den Walzer »Wiener Bürger«.

Das vornehme Bildungsbürgertum schuf sich seine eleganten »Elitebälle«. Als Kuriosität veranstaltete die bessere Gesellschaft auch die »Lumpenbälle«, für die sie sich in Fetzen hüllte. Der Reinertrag solcher Feste floß jenen zu, die im alltäglichen Kampf um ihre Existenz gescheitert waren und in der Realität in Lumpen umherliefen. Die bürgerlichen Vereine der Mittelschicht besuchten ihre eigenen Kränzchen.

Als Inkarnation des »Wienerischen« galten die »Wäschermädel- und Fiakerbälle«. Durch die Initiative des »schönen Maurer-Pepi«, der eigentlich Josef Sperl hieß und ein gelernter Steinmetz war, sich aber als Geiger und Musikdirektor durch das Leben schlug, wurde aus dem ehemaligen Ständeball eine Wiener Attraktion. Im Wiener Wäschermädel sah man das Urbild des natürlichen Wiener Mädchens, das in Schlagfertigkeit, Humor und Lebenslust brillierte – so sah das Klischee aus. In Wirklichkeit gehörten die Wäscherinnen einem der vielen aussterbenden Gewerbe an, die in dem wachsenden großstädtischen Getriebe nicht mehr konkurrenzfähig waren.

Im Prater kamen beim billigsten Tanzvergnügen, dem »Fünfkreuzertanz«, Vertreter der verschiedensten Nationen, oft noch in ihren Trachten, zusammen. Bei Ländler, Polka oder Csárdás unterhielt man sich, und Felix Salten meint in seinem Praterbuch: »Allen diesen Menschen hier ist eines gemeinsam: daß sie fremd sind in dieser riesigen Stadt, von deren Arbeitsmühlen sie verschlungen, in ihrem Wesen entfärbt, zerrieben und verbraucht werden. Da ist in ihrem Verlangen, Worte zu hören..., Muttersprache.« In dem am dichtesten von Tschechen besiedelten Bezirk, in Favoriten, wurde 1885 ein eigener kleiner Vergnügungspark gegründet, der heute noch als »Böhmischer Prater« mit einer ganz eigenen Ausstrahlung besteht.

Die Freizeitgestaltung war in jener Zeit – ganz allgemein gesehen – aus der Wohnsphäre mehr in den öffentlichen Bereich ver-

lagert worden. Ringstraßenkorso, »Lästerallee« im Stadtpark, Prater, Heuriger und Volkssängerlokale waren beliebte Anlaufstellen. Für breite Bevölkerungsschichten hatten die Wohnverhältnisse zu bedrückende Ausmaße angenommen, und in der sogenannten besseren Gesellschaft gab es, von einigen wenigen Häusern abgesehen, kaum noch eine Salonkultur.

Das Wiener Kaffeehaus, das seit der Pariser Weltausstellung 1878 als spezieller Typ auch anderen europäischen Städten als Vorbild diente, übernahm eine wesentliche Rolle: Es bildete Treffpunkt und Tummelplatz für verschiedene Schichten, für Künstler, die Information, Entspannung und Kontakt suchten. Die Palette der Kaffeehäuser reichte von den Nobelcafés der Ringstraße, die dem großbürgerlichen Geschmack entsprechend aufwendig ausgestattet waren, bis zu den familiären, intimen »Tschecherln« der Außenbezirke.

105 Theo Zasche, Karikatur auf die Mode; um 1900. Aquarell auf Bleistift, 43,6 x 30,2 cm. Historisches Museum der Stadt Wien
Die Diskussion um eine moderne, zeitgemäße Kleidung führte zu vielen Karikaturen. In der Zeitschrift der Secessionisten, *Ver Sacrum*, erschien 1898 ein Aufruf: »Worin liegt die Schuld des Mangels an Eigenart und Abwechslung in den Kostümen? Nirgends anders als da, wo aller Rückschritt in künstlerischen Fragen zu suchen ist: in dem gedankenlosen ›Beharrungstrieb‹ mit seiner bedingungslosen oder gewohnheitsmäßigen Unterwerfung der Modetyrannei.«

»Große Welt« und »kleine Welt«

Die fühlbare Kluft, die in der Vorkriegszeit zwischen den einzelnen Bevölkerungsschichten bestand, wurde von verschiedenen Künstlern verarbeitet, und die zeitgenössische Literatur griff diese Thematik in verschlüsselter Form auf. Besonders Arthur Schnitzler gelang es in seinen Novellen und Theaterstücken, die Triebkräfte des Lebens in der ebenso komplizierten wie empfindlichen gesellschaftlichen Maschinerie transparent zu machen.

In seinem 1886 bis 1892 entstandenen Anatol-Zyklus stimmt das Milieu, aus dem die Frauengestalten stammen, mit dem sozialen Gefüge Wiens im Fin de siècle überein. In der Episode »Weihnachtseinkäufe« stellt Schnitzler das Mädchen der »kleinen Welt« der Dame der »großen Welt« gegenüber. Das »süße Mädel« bringt sich als Näherin mehr schlecht als recht durch; es hat keine Aussicht auf sozialen Aufstieg, ist aber voll Lebens- und Liebessehnsucht. Dagegen muß die großbürgerliche Dame im Gespräch über die Liebe bekennen, daß sie »den Mut dazu nicht hatte«; letztlich fehlt

106 Titelblatt der Monatszeitschrift *Wiener Mode*; 1890. Druck. Historisches Museum der Stadt Wien
Ab 1888 erschien in Wien die Frauenzeitschrift *Wiener Mode*, an der Kolo Moser kurzfristig mitarbeitete. Auch in dieser Zeitung wurde ab 1898 die Diskussion um das neue, lose fallende Hängekleid ohne Mieder (Reformkleid) ausgetragen, doch setzten sich diese reformistischen Gedanken vorerst nur in Künstlerkreisen durch.

107 Theo Zasche, Karikatur auf die Wohnkultur der Jahrhundertwende; um 1905. Tuschfeder, 31,3 x 13,1 cm. Historisches Museum der Stadt Wien
Für die Entwicklung des modernen Wiener Interieurs in der Aufbruchstimmung um 1900 waren u. a. Adolf Loos, Josef Hoffmann und Kolo Moser von großer Bedeutung. Sachlich klar gebaute Möbel von harmonischen Proportionen wurden mit sparsamen geometrischen Ornamenten versehen. Die propagierte sachliche, klare Formgebung fand allerdings keine ungeteilte Zustimmung.

ihr der Mut nicht nur zur Liebe, sondern auch zu einem erfüllten Leben.

Zwischen den isolierten, voneinander abgeschlossenen sozialen Schichten gibt es keine Verständigungsmöglichkeiten. In Schnitzlers Drama »Vermächtnis« (1898) führte der spannungsgeladene Zusammenprall der klein- und großbürgerlichen Welt zu Tragödie und Tod. Nicht menschliches Glück, sondern die Rangordnung innerhalb der Gesellschaft stand bei den handelnden Personen im Vordergrund.

108 Hilda Jesser, Weihnachtseinkäufe auf dem Christkindlmarkt; 1914–1915. Kolorierter Holzschnitt, 29,6 x 20 cm. Aus *Mode Wien*, Heft 12. Historisches Museum der Stadt Wien
Seit dem Biedermeier bis zur Zwischenkriegszeit fand jährlich der Christkindlmarkt auf dem Platz »Am Hof« statt. Die Modeentwerferin der Wiener Werkstätte benützte diese Kulisse für ihre Vorstellung des neuesten Winterkostüms.

109 Hilda Jesser, »Gnädige« mit Kindermädchen; 1914–1915. Kolorierter Holzschnitt, 29,6 x 20 cm. Aus *Mode Wien*, Heft 12. Historisches Museum der Stadt Wien
Der Tradition folgend, behielten die zugewanderten Mädchen, die in Wien ihren Dienst antraten, die Tracht ihrer Heimat bei. Die Kleidung der Hannakin aus Mähren entwickelte sich zu einer Art »großstädtischer Ammenuniform«. Der Standesunterschied war somit deutlich erkennbar.

110 Besuchskleid; Ende 19. Jahrhundert. Steingrüne Seide, Dekor: grüne Glassteine. Historisches Museum der Stadt Wien – Modesammlungen

111 Brautkleid; um 1902. Cremefarbener Satin, Gaze, Dekor: Posamenterie. Historisches Museum der Stadt Wien – Modesammlungen

112 Radsport in Wien; um 1900. Postkarte von Charles Scolik. Historisches Museum der Stadt Wien
Radfahren wurde in der zweiten Hälfte der neunziger Jahre zum gesellschaftlich-geselligen Sport, ja zur Mode. Für die Frauen schuf dieser neue Sport eine Möglichkeit, sich ungezwungener zu bewegen. Die Frauenrechtlerin Rosa Mayreder meinte sogar, das Radfahren habe mehr für die Emanzipation der Frau geleistet als alle Frauenbewegungen zusammen.

113 Ablieferung von Gummireifen für Kriegszwecke im Rathaus; 1916. Foto von Moriz Nähr. Historisches Museum der Stadt Wien
Ab 1915 kam es durch die Blockade der Alliierten gegen die Mittelmächte zu einem verschärften Mangel an Rohstoffen. Umfangreiche Ablieferungen, zu denen die Bevölkerung aufgerufen wurde, sollten Abhilfe schaffen.

114 Kinderausspeisung; um 1918. Foto. Historisches Museum der Stadt Wien
Die Lebensmittelrationen waren in den späteren Kriegsjahren so knapp bemessen, daß viele Kinder hungerten. Auch in großbürgerlichen Haushalten setzte sich der Speisezettel aus Saatkartoffeln, Polenta, Fleischersatz aus pulverisierter Birkenrinde und Pilzen zusammen.

115 Rote-Nelken-Verkäuferinnen vor dem Wiener Rathaus; 1919. Foto. Historisches Museum der Stadt Wien
Eine neue Wahlordnung hatte in Wien das Kurienwahlrecht abgeschafft und das allgemeine und gleiche Wahlrecht für Männer und Frauen eingeführt. Es gab keine bevorrechtete Gesellschaftsschicht mehr. Im Mai 1919 erhielt bei den Wahlen zum Wiener Gemeinderat die sozialdemokratische Partei die Mehrheit.

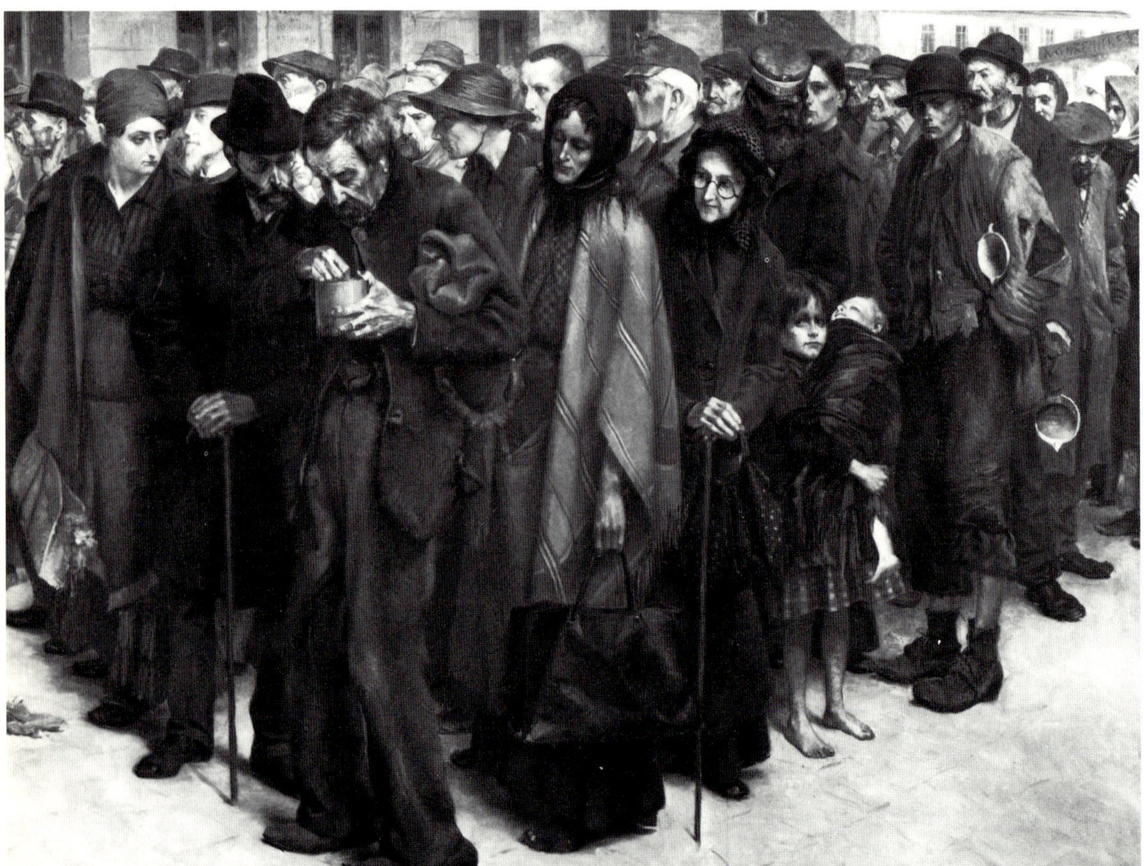

116 Josef Engelhart, Arme vor einer Volksküche angestellt; 1918. Öl auf Leinwand, 148 x 191 cm. Historisches Museum der Stadt Wien
In seiner Selbstbiographie berichtet Engelhart von dem Maler Ludwig Rösch, der ins Ausland geflüchtet war, um dem Militärdienst zu entgehen. Als Rösch in die Stadt zurückkam, zog er einen Lebensmüden aus dem Donaukanal. »Solche Erlebnisse hatte er mehrere, denn in jenen Jahren des Elends 1919 und 1920 gab es viele, die ihrem Leben ein Ende machen wollten.« (Josef Engelhart, *Ein Wiener Maler erzählt...*, Wien 1943)

Am 31. Juli 1914 fand die Generalmobilmachung Österreichs statt. Viele glaubten an einen kurzen Krieg, doch die Hoffnungen wurden blutig enttäuscht. Zur Rettung der Kriegswirtschaft lieferte man selbst die goldenen Eheringe ab, dafür gab es Eisenringe mit der Aufschrift »Gold gab ich für Eisen«. An die Stelle der zum Kriegsdienst eingezogenen Arbeiter hatten nun zunehmend Frauen zu treten.

Den wirtschaftlichen Zusammenbruch begleitete der Niedergang der vormals herrschenden, nach dem Zerfall der Monarchie desorientierten und politisch geschwächten Schicht. Als am 12. November 1918 die provisorische Nationalversammlung die Republik Deutschösterreich proklamierte, hatte sich das innere Gefüge der Habsburgermonarchie schon längst aufgelöst. Der Adelstitel wurde abgeschafft. Die soziale Umschichtung zeigte sich in der Verarmung der alten feudalen Oberschicht, der früheren wirtschaftlichen Elite und auch breiterer Schichten des Bürgertums. Die Inflation – die Krone vom November 1918 war im April 1919 nur noch 16 Heller wert – trug ebenfalls dazu bei. Nach dem Krieg gab es weder funktionierende soziale Einrichtungen noch genügend Wohnungen und Lebensmittel. Die psychisch durch das Kriegsgeschehen demoralisierten Massen der Heimkehrer ließen das Heer der Arbeitslosen anschwellen. Am Beginn der jungen Republik stand der Zusammenbruch der alten Gesellschaftsform, und aus der ehemaligen Metropole eines 50 Millionen Einwohner umfassenden Reiches war die Hauptstadt eines Kleinstaates geworden.

Adler, Viktor, Aus seinen Reden und Schriften, ausgewählt von Anton Tesarek, Wien 1947

Banik-Schweitzer, Renate u. Gerhard Meißl, Industriestadt Wien, Wien 1983 (Forschungen und Beiträge zur Wiener Stadtgeschichte, Bd. 11)

Bobek, Hans u. Elisabeth Lichtenberger, Wien, Bauliche Gestalt und Entwicklung seit der Mitte des 19. Jahrhunderts, Wien [2]1978

Braun, Lily, Die Frauenfrage, Ihre geschichtliche Entwicklung und ihre wirtschaftliche Seite, Berlin u. Bonn 1979 (Nachdruck der 1. Auflage 1901)

Breicha, Otto u. Gerhard Fritsch, Finale und Auftakt, Wien 1898–1914, Salzburg 1964

Chiavacci, Vinzenz, Wiener Typen, Stuttgart 1894

Chiavacci, Vinzenz, Aus Alt- und Neu-Wien, Skizzen aus dem Wiener Volksleben, Wien 1910

Feldbauer, Peter, Stadtwachstum und Wohnungsnot, Determinanten unzureichender Wohnungsversorgung in Wien 1848 bis 1914, München 1977 (Sozial- und Wirtschaftshistorische Studien, Bd. 9)

Fritsche, Viktor von, Bilder aus dem österreichischen Hof- und Gesellschaftsleben, Wien 1914

Grübl, Raimund, Die Gemeinde-Verwaltung der k.k. Reichshaupt- und Residenzstadt Wien in den Jahren 1889–1893, Wien 1895

Klaeger, Emil, Durch die Wiener Quartiere des Elends und Verbrechens, Wien 1908

Lichtenberger, Elisabeth, Wirtschaftsfunktion und Sozialstruktur der Wiener Ringstraße, Wien, Köln u. Graz 1970 (Die Wiener Ringstraße – Bild einer Epoche, Bd. VI)

Lichtenberger, Elisabeth, Die Wiener Altstadt, Von der mittelalterlichen Bürgerstadt zur City, Wien 1977

Mahler-Werfel, Alma, Mein Leben, Hamburg 1960

Petzold, Alfons, Das rauhe Leben, Graz, Wien u. Köln 1979 (Neuauflage)

Popp, Adelheid, Jugend einer Arbeiterin, Berlin, Bonn u. Bad Godesberg 1977 (Neuauflage)

Rauchberg, Heinrich, Die Bevölkerung Österreichs auf Grund der Ergebnisse der Volkszählung vom 31. December 1890, Wien 1895

Salten, Felix, Wiener Adel, Berlin u. Leipzig o.J. (1905)

Salten, Felix, Wurstelprater, Wien, München u. Zürich 1973 (Neuauflage)

Schlögl, Friedrich, Wiener Volksleben, in: Die österreichisch-ungarische Monarchie in Wort und Bild, Wien 1886, S. 91–122

Schnitzler, Arthur, Jugend in Wien, hg. von Therese Nickl u. Heinrich Schnitzler, Wien, München u. Zürich 1981

Schorske, Carl E., Wien, Geist und Gesellschaft im Fin de siècle, Frankfurt/Main 1982 (ursprünglich: Fin-de-siècle Vienna, London 1979, New York 1980)

Vasili, Paul, Die Wiener Gesellschaft, Leipzig 1885

Wien und die Wiener, Ungeschminkte Schilderungen eines fahrenden Gesellen, Berlin 1892

Wienerstadt, Lebensbilder aus der Gegenwart, Prag, Wien u. Leipzig o.J. (1895)

Winter, Max, Das schwarze Wienerherz, hg. von Helmut Strutzmann, Wien 1982

Witzmann, Reingard, Wiener Typen, Historische Alltagsfotos aus dem 19. Jahrhundert, Dortmund 1982 (Die bibliophilen Taschenbücher, Nr. 339)

Zweig, Stefan, Die Welt von Gestern. Erinnerungen eines Europäers, Stockholm 1942

JAHRBÜCHER UND KATALOGE

Statistische Jahrbücher der Stadt Wien 1883–1914 (Verlag des Wiener Magistrats)

Alltag in Wien seit 1848, Katalog zur Sonderausstellung des Österreichischen Gesellschafts- und Wirtschaftsmuseums, Wien 1979

Das Wiener Kaffeehaus, Von den Anfängen bis zur Zwischenkriegszeit, Katalog zur 66. Sonderausstellung des Historischen Museums der Stadt Wien, Wien 1980

Kaiser Franz Joseph von Österreich oder Der Verfall eines Prinzips, Katalog zur 64. Sonderausstellung des Historischen Museums der Stadt Wien in der Hermesvilla, Wien 1981

Anatols Jahre, Beispiele aus der Zeit vor der Jahrhundertwende, Katalog zur 71. Sonderausstellung des Historischen Museums der Stadt Wien in der Hermesvilla, Wien 1982

Alfons Petzold 1882–1923, Katalog zur 197. Wechselausstellung der Wiener Stadt- und Landesbibliothek, Wien 1982–1983

WIEN UND DIE ENTSTEHUNG DER PSYCHOANALYSE

Harald Leupold-Löwenthal

Zu einer »Topographie der Wiener Seelenverfassung um 1900«, wie Egon Friedell es genannt hat,[1] gehört als nicht der mindeste ihrer markanten Punkte die Entwicklung einer neuen wissenschaftlichen Theorie zur Beschreibung seelischer Vorgänge und vor allem einer Methode zu ihrer Beobachtung, die ihr Schöpfer Sigmund Freud »Psychoanalyse« genannt hat. Es ist eine der Merkwürdigkeiten der Topographie wie der Seelenverfassung Wiens, daß der Ausdruck »Psychoanalyse« bei Freud zum erstenmal 1896 in einer französischen Publikation in der *Revue Neurologique* auftaucht.[2] In dem gleichzeitig geschriebenen Artikel »Weitere Bemerkungen über die Abwehr-Neuropsychosen«, der ein paar Wochen später im *Neurologischen Zentralblatt* erschien,[3] verweist Freud auf die 1895 gemeinsam mit Josef Breuer verfaßten *Studien über Hysterie*: »Ebendaselbst finden sich auch Angaben über die mühselige, aber vollkommen verläßliche Methode der Psychoanalyse, deren ich mich bei diesen Untersuchungen, die gleichzeitig eine Therapie darstellen, bediene.«[4]

Die Eigenartigkeit des wissenschaftlichen und kulturellen Lebens Wiens um die Jahrhundertwende ist zu oft hervorgehoben worden, als daß man sie speziell darzustellen sich bemühen müßte. Aber der Kontext der Entstehung und Entwicklung der Psychoanalyse eben in diesem Wien des ausgehenden 19. und beginnenden 20. Jahrhunderts muß näher betrachtet werden, will man dem Phänomen der Entstehung der Psychoanalyse selbst näherkommen. Freud meinte 1924: »Die Psychoanalyse ist sozusagen mit dem zwanzigsten Jahrhundert geboren..., aber sie ist... nicht aus dem Stein gesprungen oder vom Himmel gefallen, sie knüpft an Älteres an, das sie fortsetzt, sie geht aus Anregungen hervor, die sie verarbeitet.«[5] Man muß also einerseits sehr wohl das Vorliegen zeitgenössischer wissenschaftlicher, kultureller und vor allem auch

117 Sigmund Freud; 1891. Foto. Wien, Sigmund Freud-Gesellschaft
Sigmund Freud veröffentlichte 1893 gemeinsam mit dem Internisten Josef Breuer eine Arbeit über hysterische Phänomene. Von da an arbeitete er intensiv an der Erforschung seelischer Erkrankungen ohne organischen Befund.

118 Jean Martin Charcot. Foto. Wien, Sigmund Freud-Gesellschaft
Der Professor an der Klinik für Nervenkrankheiten, der Salpêtrière, in Paris wurde vor allem durch seine Untersuchung über Hysterie, Hypnotismus und Systemerkrankungen des Rückenmarks berühmt. Seine Arbeiten waren für die Forschungen Freuds von grundlegender Bedeutung.

sozialer Einflüsse auf Freud und die Gruppe der frühen Psychoanalytiker berücksichtigen, darf aber andererseits mit W. H. Auden (in seinem Freud-Poem) auch anmerken: »he *created* a whole climate of opinion«, denn ohne Zweifel ist Freuds Werk eng mit jenen Veränderungen verknüpft, die die Welt seit der Jahrhundertwende erfahren hat.

Nach 1866 hatte Wien nicht an Bedeutung verloren. Es war zwar an die Peripherie eines rein nationaldeutschsprachigen Bereiches gerückt, war aber immer schon und von jeher Residenz auch für außerdeutsche Gebiete gewesen oder mit dem polnischen Grafen in Joseph Roths *Kapuzinergruft* zu sprechen: »Das Wesen Österreichs ist nicht Zentrum, sondern Peripherie.« Das hat gewiß die Fähigkeit mit- und vorgebildet, Mittelpunkt eines so übernationalen Gefüges zu sein und als »peripheres Zentrum« auch über die rein politischen und administrativen Aufgaben hinaus zu funktionieren. Im Wesen Wiens hat immer alles mitgeklungen, was das ganze Land bewegte, das Land als Gesamtheit der vielen Völker und Nationen, die das Habsburgerreich ausmachten, und nicht nur einer nationalen, der deutschsprachigen, Gruppe.

Der Wunsch Freuds, 1910 nicht Wien, sondern Zürich zum internationalen Zentrum der Psychoanalyse zu machen, wird sehr oft seiner vorwiegend wissenschaftspolitischen Bedeutung entkleidet und mit den Bemerkungen Freuds über Wien in der »Geschichte der psychoanalytischen Bewegung«[6] dazu verwendet, der Entstehung der Psychoanalyse gerade in dieser Stadt um 1900 den Charakter des Zufälligen, bloß mit Freuds Biographie Verbundenen zu verleihen. Freud hat sich mit Pierre Janets Behauptungen auseinandergesetzt, die »Atmosphäre von Sinnlichkeit und Unsittlichkeit« in Wien habe dazu geführt, daß dort die Psychoanalyse – quasi als theoretische Projektion dieser Verhältnisse – habe entstehen müssen. Er hat diese Auslassungen zurückgewiesen, aber doch angemerkt: »Die Stadt Wien hat aber auch alles dazu getan, um ihren Anteil an der Entstehung der Psychoanalyse zu verleugnen. An keinem anderen Orte ist die feindselige Indifferenz der gelehrten und gebildeten Kreise dem Analytiker so deutlich verspürbar wie gerade in Wien.« Dieser Satz Freuds wird gerne zum Beweis gegen Wien verwendet, dessen Bedeutungslosigkeit für die Entstehung der Psychoanalyse damit als belegt gilt. Doch wird dabei übersehen, daß Freud deutlich sagt, Wien habe seinen Anteil an der Entstehung der Psychoanalyse verleugnet, nicht aber, daß es keinen Anteil daran hätte.

Gewiß stand Freud dieser Stadt mit beträchtlicher Ambivalenz gegenüber – wie fast alle ihre großen und bedeutenden Wissenschaftler, Künstler und Intellektuelle. Vieles am wienerischen Wesen war ihm fremd, ja zuwider: »... ich bin aber kaum drei Tage hier und schon hat mich der ganze Mißmut des Wienertums ergriffen«, schreibt er am 22. September 1896 dem Freunde Fließ nach Berlin, »es ist ein Elend, hier zu leben, und keine Atmosphäre, in der die Hoffnung, etwas Schweres zu Ende zu bringen, sich erhalten kann.«[7] Vierzig Jahre später kann Freud mit knapper Not aus dieser Stadt entkommen, den nationalsozialistischen Verfolgern entfliehen, die dem 83jährigen nur nach massiver internationaler Intervention die Emigration nach England gestatten. »Das Triumphgefühl der Befreiung vermengt sich zu stark mit der Trauer«, schreibt er am 6. Juni 1938 an Max Eitingen, »denn man hat das Gefängnis, aus dem man entlassen wurde, immer noch sehr geliebt.«[8]

Karl Scheffler meinte 1911 in seinem Berlin-Buch: »Man kann jedes Verhältnis zu Berlin gewinnen, nur lieben kann man diese Stadt nicht.«[9] Dem steht in Wien der »Mißmut des Wienertums« gegenüber, in einer Stadt, die man nicht achten kann, aber offenbar doch lieben (muß), stand und steht die Bevorzugung der Verleugnung der Realität in der Phantasie als kollektiver Abwehrmechanismus immer im Vordergrund. Für Freud war dieses »Liebe-Augustin-Syndrom«, auf das die Wiener auch heute noch, gar nicht im geheimen, sehr stolz sind, etwas völlig Fremdartiges und auch Wesensfremdes. Er hat solche Haltungen bei manchen seiner ersten Anhänger und Schüler erleben und sich mit ihnen auseinandersetzen müssen. Die Beobachtungs- und Behandlungstechnik der Psychoanalyse, mit ihrer Aufdeckung unbewußter Zusammenhänge, dem Bewußtmachen realitätsverzerrender Abwehrhaltungen wie etwa der Verleugnung der Wirklichkeit, war gewiß unwienerisch genug, um schon allein deshalb eine Außenseiterposition für sie und ihre Anhänger zu garantieren.

Die Stadt Wien, in der eine resignierende Autokratie ein multinationales Reich mehr zusammenzuhalten denn zu regieren versuchte, war in spezifischer Weise zum Schmelztiegel der Völker, Rassen und Klassen in Mitteleuropa bestimmt. In Österreich war der Liberalismus nur kurz an der Macht gewesen, obwohl Großbürgertum und Staat sich zumindest in der antinationalistischen Tendenz finden konnten. Doch nach relativ kurzer Zeit erlag er als politisch bedeutsamer und vor allem wirkungsvoller Faktor dem gemeinsamen Ansturm nationalistischer, klerikaler und dynastisch-restaurativer Kräfte. Dies blieb auf die Dauer viel folgenschwerer und wirksamer als der gleichzeitig einsetzende wirtschaftliche Zusammenbruch seiner bürgerlichen Träger im großen Krach vom 9. Mai 1873.

Die Mitglieder der Gruppe um Sigmund Freud, die 1902 als »Psychologische Mittwochgesellschaft« jeden Mittwoch in Freuds Wartezimmer in der Berggasse 19 zusammentrafen, um über Psychoanalyse zu diskutieren, waren bis auf wenige Ausnahmen jüdische Intellektuelle medizinischer, philosophischer oder literarischer Ausbildung. Sie standen alle in einer gewissen Opposition zu dem, was man heute als Establishment bezeichnen würde, was aber damals in eine »Erste Gesellschaft« des Hofes und der Hocharistokratie und in eine andere, von ihr durchaus sorgfältig abgeschottete »Zweite Gesellschaft« des vorwiegend jüdischen Großbürgertums der Wiener Ringstraßenpalais geteilt war. Ein ökonomisch aufsteigendes, politisch noch beengtes Kleinbürgertum strebte dazu in neuartiger Weise an die Macht, mit neuen Parolen und Zielen, deren keineswegs unwesentlichstes und unwirksamstes der Antisemitismus war. Zur gleichen Zeit war die in der Sozialdemokratie geeinte Arbeiterklasse zum neuen und gewichtigen Faktor östereichisch-ungarischer Innenpolitik geworden. Der Großdeutschen wie Christlichsozialen gemeinsame Rassenantisemitismus führte in logischer Konsequenz zur schrecklichen historischen Katastrophe der »Endlösung« der Judenfrage zwischen 1933 und 1945. Spätestens seit dem Fall des französischen Hauptmanns Dreyfus stand aber auch dem liberalen jüdischen Bürgertum der Weg der sogenannten Assimilation nicht mehr offen, denn das Heraufkommen einer neuen Bewegung, eben der eines politischen, nicht mehr »zweckfreien« Antisemitismus, war in einer modernen Form der Intoleranz schreckliche Wirklichkeit geworden.

Die Mitglieder der Wiener psychoanalytischen Gruppe haben sich zu dieser Frage sehr verschieden eingestellt. Freud war immer gegen Anpassung, blieb immer bewußt ein Jude, wenn auch nicht im religiösen Sinne. Andere wie Alfred Adler, Otto Rank oder Viktor Tausk versuchten, sich durch

119 Das Ausflugsrestaurant Bellevue am Cobenzl in Wien. Foto. Wien, Sigmund Freud-Gesellschaft Anläßlich eines Ausflugs zum »Bellevue« am 24. Juli 1895 enthüllte sich Sigmund Freud »das Geheimnis des Traumes«.

Konversion zu assimilieren, Theodor Reik hingegen wurde Mitglied der zionistischen Gruppe an der Wiener Universität.

Dem kleinbürgerlichen Mittelstand in Wien war alles Unbekannte, Neue und Fremdartige zutiefst suspekt und zuwider. Er fand im Bürgermeister von Wien, Karl Lueger, eine Traumfigur zur idealisierenden Projektion eigener Art, eigener Wesenszüge und der eigenen Enge eines Lebensgefühls, das seine Intellektfeindlichkeit durch alle Fährnisse des Josephinismus, der Aufklärung und des Liberalismus hinweg bewahrt hat. »Der Wiener braucht immer ein Beispiel. Dazu geht er ins Theater. Es ist kein Abbild des Lebens. Das Leben ist sein Nachbild«, hat Hermann Bahr das beschrieben. Nicht grundlos ist Wien immer eine Theaterstadt gewesen, in der man aber zumeist den Schauspieler und nicht das Schauspiel zu würdigen verstand. »Überall Sachlichkeit, aber in bengalischer Beleuchtung; Theater, aber mit einem sehr festen Kern von gesundem Leben.«[10]

Weder in solchen politischen Auseinandersetzungen noch im heftigen Nationalitätenstreit der Monarchie zeigten die Mitglieder der Psychoanalyse um Freud besonderes Engagement. Nationale Autonomie, Dualismus oder Trialismus scheinen für sie weniger brennende Fragen gewesen zu sein als infantile Sexualität, Neurosengenese und Triebtheorie.

Bemerkenswert im Wien der Jahrhundertwende war die ungeheure Ferne und gleichzeitige Nähe der einzelnen Gruppen, Schichten und Klassen, denen nur ein Lebensgefühl gemeinsam war, das Carl E. Schorske mit Hofmannsthals Begriff des »Gleitenden«[11] zu umschreiben versucht hat. Im *Mann ohne Eigenschaften* schildert Robert Musil diese nicht einer rationalen Durchdringung erwachsende Attitüde einer »Gefühlskultur«: Ein einflußreicher Publizist erfindet das »Österreichische Jahr«: »...ohne selbst sagen zu können, was damit gemeint war, aber in immer neuen Sätzen, so daß dieses Wort wie in einem Traum sich mit anderen Worten verband und wandelte und eine ungeheure Begeisterung auslöste... Vielleicht beflügelte eine gewisse Ungenauigkeit und Gleichnishaftigkeit, bei der man weniger an die Wirklichkeit denkt als sonst... Denn Ungenauigkeit hat eine erhebende und vergrößernde Kraft.«

In welchem Gegensatz standen solche Haltungen einer »Wiener Gefühlskultur« – der Norddeutsche Theodor Billroth, der bedeutende Chirurg der damaligen Wiener medizinischen Schule, schwelgt in ihr: Hier sei ein Kreis, »in dem ich mich hinsetzen und behaglich geistig empfangen kann«[12] – zur Einstellung eines Sigmund Freud und seiner Schüler. Sie stammten zum größten Teil aus der unteren Mittelschicht, genossen nicht die Vorteile einer reibungslosen, leichten Universitäts- oder Geschäftskarriere und zeigten auch wenig Tendenz, sich an die Mächtigen und ihre Bräuche anzupassen. Für die Söhne wenig begüterter jüdischer Familien war eine akademische Laufbahn die einzige Chance, eine Position größerer Unabhängigkeit und Sicherheit zu erreichen, die ihnen zudem noch half, das zunehmende Gefühl der Bedrohung durch wachsende antisemitische Tendenzen zu beschwichtigen.

Die Angehörigen der »Zweiten Gesellschaft«, der Geschäfts-, Industrie- und Bankelite, sowie die arrivierten Wissenschaftler versuchten, die Assimilation an und in die »Erste Gesellschaft« zu erreichen. »Die Lebensform der bevorzugten Klasse wurde natürlich das Beispiel, nach dem sich der Mittelstand richtete und das er bis in die kleinsten Besonderheiten nachzuahmen suchte. (Darin waren die reichen Juden, sobald sie sich über die Schranke ihrer Religion hinweggesetzt hatten, führend.) Das Resultat schwankte zwischen gewöhnlichem Snobismus und überspitztem Ästhetizismus« (Hanns Sachs). Der Musikwissenschaftler Max Graf, für einige Zeit Mitglied der »Psychologischen Mittwochgesellschaft«, spricht von »einer Zeit der eitlen Virtuosität, des schillernden Geistes und des phantasievollen Dilletantismus.«[13]

Aber auch die ästhetische »Gefühlskultur« jener Schichten des Wiener Bürgertums, die den Aufstieg in die »Erste Gesellschaft« nicht anstrebten, war als Lebenshaltung den Wiener Analytikern und Sigmund Freud fremd. Gerade das machte sie zu Andersartigen, zu Außenseitern, und nicht nur ihre jüdische Herkunft. »Es ist eine merkwürdige Tatsache, daß in Wien, wo der wirtschaftliche Mittelstand eine breite, kräftige Schicht bildet, ein intellektueller Mittelstand kaum existierte. Die Mehrzahl der Bevölkerung hatte wenige und begrenzte geistige Interessen ... Die Besseren ... zogen künstlerische Betätigung den ernsten geistigen Genüssen vor. Und doch, gegen diesen Hintergrund geistiger Trägheit – oder vielleicht gerade als seine Wirkung, da es in der Natur der Dinge liegt, oft ihr eigenes Gegenteil zu erzeugen – strahlte hie und da, in kleinen Gruppen oder in einzelnen Menschen, das Licht des Geistes, die Liebe zur Wissenschaft in ungeahntem Glanz ... Das Bewußtsein, eine Ausnahme zu bilden, gab diesen Einzelgängern gesteigerte Energie, und sie verfolgten ihr Ziel mit einer aus dem Innern kommenden Begeisterung, wie sie gegen das Ende des Jahrhunderts dem streng organisierten Wissenschaftsbetrieb in Deutschland oft fehlte.«[14] Mit diesen Worten beschreibt Hanns Sachs, seit 1910 Mitglied der Wiener Psychoanalytischen Vereinigung, nicht nur »Freud, Meister und Freund« – so betitelte er das 1950 erschienene Buch, dem dieser Passus entstammt –, sondern auch Lebensgefühl und Selbsteinschätzung einer Gruppe, die sich damals noch als »Psychoanalytische Bewegung« verstand und nicht nur als ein wissenschaftlicher Verein.

Das kam auch in der Diskussion der Gruppe am 6. April 1910 zum Ausdruck, als Freud vorschlug, Zürich zum Sitz der Internationalen Psychoanalytischen Vereinigung zu machen. Wittels hat das damals deutlich gemacht: »Wir waren bis jetzt so ziemlich das Gegenteil von einem Verein, und das Traurige ist, daß wir eben jetzt ein Verein werden sollen.« Und Tausk hält Freud entgegen: »Kein Boden sei so geeignet wie der Wiener für die Verbreitung der Freudschen Lehre und wahrscheinlich gerade deshalb, weil er ein kranker Boden sei. Die Psychoanalyse bloß vom medizinischen Standpunkt aus zu betrachten gehe nicht an; das gebe kein rechtes Bild davon, wie wir sie verstehen sollen.« Hitschmann meint sogar, sein Eindruck wäre, »daß die Züricher als Rasse genommen ganz andere Menschen seien als wir Wiener«.

Für Carl E. Schorske haben sich die neuen Kulturschöpfer des Wien um 1900 in Begriffen einer Art kollektiver ödipaler Revolution definiert. Dabei hätten sie aber nicht so sehr gegen ihre Väter als gegen die Autorität der paternalen Kultur revoltiert, die zugleich ihr Erbe gewesen sei.[15] »Wien ist zwischen 1900 und 1910 einer der geistigen Mittelpunkte der Welt, und Wien hat keine Ahnung davon.« So charakterisiert Otto Friedländer diese Zeit: »Zwei- oder dreitausend Menschen sprechen hier Worte und denken hier Gedanken, die die Welt der nächsten Generation erschüttern werden. Wien ist ahnungslos. Ein kleiner Kreis von Menschen: Schriftsteller, Politiker, Dozenten, Journalisten, Künstler, Beamte, Advokaten, Ärzte leben hier, die von allen Problemen dieser Zeit geschüttelt sind und die die Zukunft denken und formen. Nur wenige Jünger stehen hinter diesen Menschen – keine Scharen. Stumpf und munter vegetiert die schlummernde Stadt und läßt sich nicht träumen, was für große Dinge in ihr gedacht und geschaffen werden... Wien ist gleichzeitig die geistig bewegteste und ahnungsloseste Stadt der Welt.«[16] Es dauerte acht Jahre, bis die 1900 in einer Zahl von sechshundert Exemplaren gedruckte *Traumdeutung* Sigmund Freuds verkauft war.

Die Tatsache, daß beispielsweise die Secession schon 1900 offiziell auf der Internationalen Ausstellung in Paris vertreten war, zeigt jedenfalls deutlich, wie sehr bei allem stürmischem Drang die Verbindung zur überlieferten Tradition noch gegeben war, und diese rasche Anerkennung ist durchaus nicht alleine als Zeichen der Anpassungsfähigkeit der österreichischen Bürokratie zu deuten.

Die Lage der Psychoanalyse war jedenfalls grundsätzlich anders. Die Psychoanalytiker in Wien empfanden sich zwar als Vertreter von sehr fortschrittlichen und neuen Ideen, aber sie waren von keiner Tradition getragen, auf die oder gegen die sie sich berufen konnten. Es ging dieser Gruppe auch etwas ab, das für eine weitverbreitete Einstellung in allen Schichten und Gruppierungen im Wien der Jahrhundertwende bezeichnend war: das ständige Gefühl einer Bedrohung, ein kompliziertes Empfinden eines halbbewußten Unbehagens, der Unruhe, ja, fast ist man versucht zu sagen, des nahenden Unterganges – »Fin de siècle« wurde allgemein als drohende Endzeit erlebt. Es gibt keine Hinweise dafür, daß dies auch von den Analytikern so empfunden worden ist. Für die Anhänger der Psychoanalyse, die am Anfang einer langen Ent-

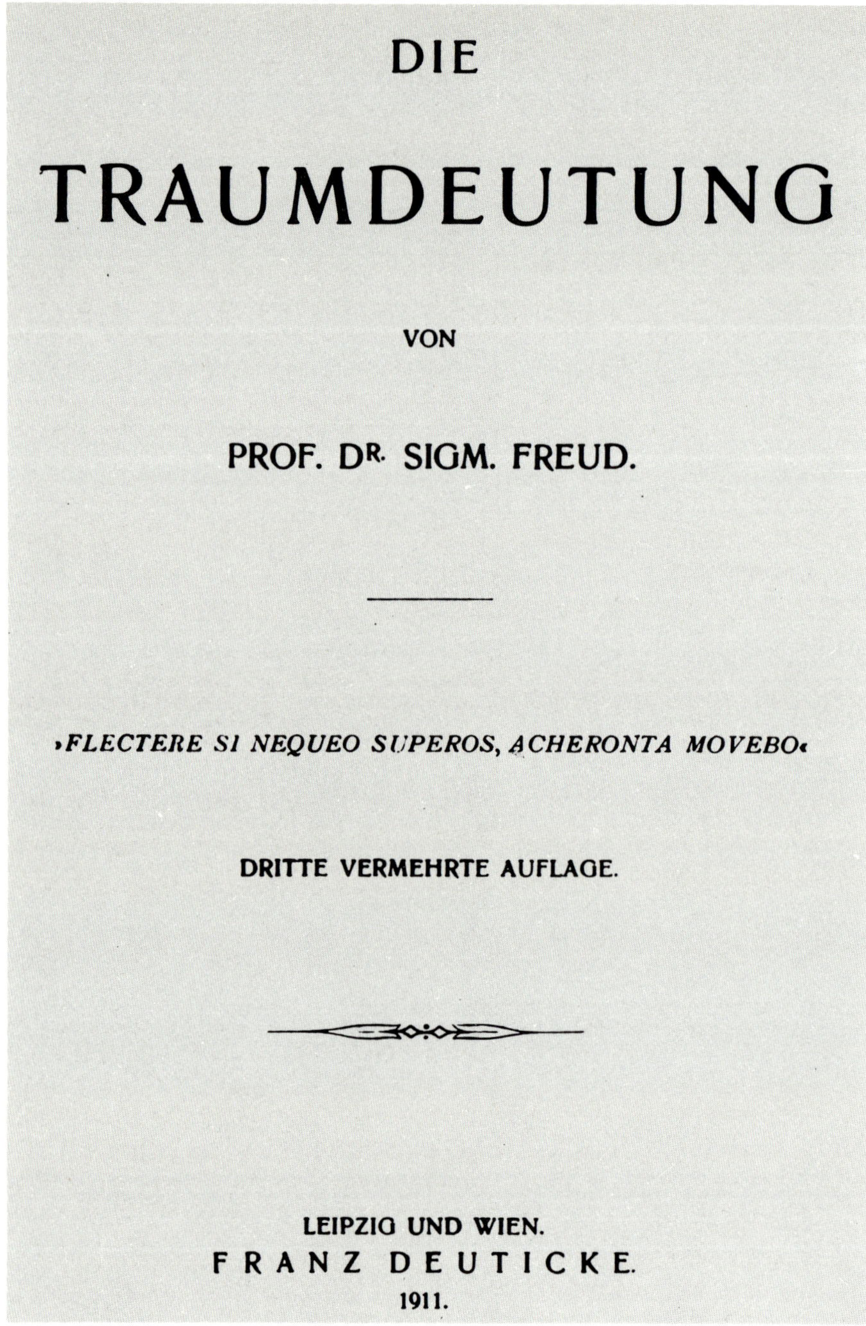
DIE

TRAUMDEUTUNG

VON

PROF. DR. SIGM. FREUD.

»FLECTERE SI NEQUEO SUPEROS, ACHERONTA MOVEBO«

DRITTE VERMEHRTE AUFLAGE.

LEIPZIG UND WIEN.
FRANZ DEUTICKE.
1911.

120 Sigmund Freud, *Die Traumdeutung*, 3. vermehrte Auflage, Leipzig und Wien 1911, Titelseite »Auf den folgenden Blättern werde ich den Nachweis erbringen, daß es eine psychologische Technik gibt, welche gestattet, Träume zu deuten, und daß bei Anwendung dieses Verfahrens jeder Traum sich als ein sinnvolles psychisches Gebilde herausstellt, welches an angehbarer Stelle in das seelische Treiben des Wachens einzureihen ist.« (Sigmund Freud)

wicklung standen, gab es weder intellektuell noch emotionell einen Grund, ein »Fin« zu erleben.

Deshalb blieb auch die Beziehung zur zeitgenössischen Literatur, zu den Dichtern und Schriftstellern des »Jung-Wien«, wie Hofmannsthal, Schnitzler, Beer-Hofmann, Andrian oder Bahr, nicht sehr eng. Wenn Freud auch Schnitzler als seinen Doppelgänger erlebte, der durch Intuition und feine Selbstwahrnehmung alles das wisse, was er in mühseliger Arbeit an anderen Menschen aufgedeckt habe, so kann man gerade an diesen beiden jüdischen Wiener Doktoren zeigen, welche grundsätzlichen Gegensätze da bestanden. Obwohl sich Freud von Arthur Schnitzlers »Haften der Gedanken ... an der Polarität von Lieben und Sterben« mit »unheimlicher Vertrautheit« berührt fühlte, stellt seine Theorie von Eros und Thanatos in *Jenseits des Lustprinzips* eine ganz andere, viel weniger unverbindliche Schlußfolgerung aus dem dar, was beide als Lebensgefühl und Lebensstil beobachten konnten und was nicht nur Thema der Literatur war: die eigenartige Verwobenheit von Lust und Tod, Unbeschwertheit und Pessimismus, Unruhe und Resignation, Ornament und Nüchternheit, die in ihrer vulgären Form sich in der Liebe der Wiener zum *pompe funèbre* ausdrückte und noch ausdrückt, und die auch heute in den Heurigengesängen als melancholisch-lustvolle Weltuntergangskoketterie zu finden ist. Schnitzler hat sich in dem ständig wechselnden Spiel um ihn herum immer als Zuschauer gefühlt, als ein empathischer Zuschauer, der seine Einsichten in die Schick-

121 Stiegenhaus im Haus Wien 9, Berggasse 19
In dem Haus Berggasse 19 wohnte Sigmund Freud von 1891 bis 1938. Hier hatte er auch seine berühmte Ordination, bis er nach dem »Anschluß« Österreich verlassen mußte.

122 Max Pollak, Sigmund Freud am Schreibtisch; 1914. 47,5 x 46,5 cm. Wien, Sigmund Freud-Gesellschaft

sale seiner Figuren dichterisch zu verarbeiten vermochte. Sein Ziel war aber nicht, Veränderungen zu bewirken, nur sie zu beschreiben. Freud und seinen Anhängern schien eine solche Lebenshaltung jedoch nicht vereinbar mit der eigenen rationalen und wissenschaftlichen Grundhaltung. Sie waren dabei aufzuspüren, was Hermann Bahr 1891 beschrieben hatte: »Die neue Psychologie wird die Grundelemente der Psychologie aufspüren, die Anfänge im Dunkel der Seele, ehe sie noch in das helle Licht getreten sind..., den chaotisch verworrenen Gefühlsprozeß, der sie schließlich als einfache Schlußfolgerung über die Bewußtseinsschwelle stößt.«[17]

In der Zeit um 1900 führte in Wien eine ganze Reihe von Entwicklungen wissenschaftlicher und künstlerischer Art zu Gruppenbildungen, die gewiß nicht nur als spezifischer, lokaler Wiener Ausdruck internationaler Bewegungen und Strömungen gedeutet werden dürfen. Diese Gruppen, die sich den althergebrachten, überlieferten Denkweisen und Formen gegenüber als »jung« und »modern« empfanden, waren völlig anders strukturiert als die psychoanalytische Gruppe, die man hier einzureihen versucht wäre. Es ging aber in der Psychoanalyse nicht um eine Bewegung der Erneuerung und des Weiterentwickelns oder vielleicht nur der Abkehr von alter Tradition, sondern um etwas völlig Neues, bisher nicht Denk- und Erfahrbares. Daran ändert auch die Rückführung mancher ihrer Denkansätze und Theorien auf irgendwelche Wurzeln oder Vorläufer in der Vergangenheit nichts.

Ein weiterer Faktor ist noch von Bedeutung. 1925 hat Freud festgehalten: »Es ist vielleicht kein Zufall, daß der erste Vertreter der Psychoanalyse ein Jude war. Um sich zu ihr zu bekennen, brauchte es ein ziemliches Maß von Bereitwilligkeit, das Schicksal der Vereinsamung in der Opposition auf sich zu nehmen, ein Schicksal, das dem Juden vertrauter ist als einem anderen.«[18]

Es ist aber nicht nur diese Fähigkeit, die Außenseiterposition besser ertragen zu können, die so viele jüdische Ärzte, Geisteswissenschaftler und Intellektuelle sich der psychoanalytischen Gruppe in Wien anschließen ließ. Die Rolle jüdischer Wissenschaftler, Schriftsteller und Musiker als Erneuerer und Pioniere mag damit zusammenhängen, daß man in anderen Bevölkerungsschichten viel zu sehr am Althergebrachten, Überlieferten und Bewährten hing, an den vertrauten Formen und Stilen, an dem, was nicht Angst machen mußte, weil es neu war. Von den geistig Regsameren wagten natürlich jene, die gar nicht oder nur wenig belastet waren, am ehesten den Schritt ins Unerprobte.

Kristallisationspunkt dieser Entwicklung einer neuen Psychologie im Wien der Jahrhundertwende war Sigmund Freud; er besaß eine Eigenschaft, die nichts mit der Herkunft aus einer Stadt, einem Lande oder einem Volk zu tun hat, die jeweils nur wenige auszeichnet. Stefan Zweig hat es am 26. September 1939 an Freuds Sarg in London ausgesprochen: »An ihm haben wir, hat die Zeit wieder einmal vorbildlich erfahren, daß es keinen herrlicheren Mut auf Erden gibt als den freien, den unabhängigen des geistigen Menschen; unvergeßlich wird uns dieser sein Mut sein, Erkenntnisse zu finden, die andere nicht entdeckten, weil sie nicht wagten, sie zu finden oder gar auszusprechen und zu bekennen. Er aber hat gewagt und gewagt, immer wieder und allein gegen alle, sich vorausgewagt in das Unbetretene bis zum letzten Tag seines Lebens; welch ein Vorbild hat er uns gegeben mit dieser seiner geistigen Tapferkeit im ewigen Erkenntniskriege der Menschheit!«[19]

ANMERKUNGEN

Benutzte Freud-Ausgabe: Gesammelte Werke, Chronologisch geordnet, Unter Mitwirkung von Marie Bonaparte hg. von Anne Freud, 18 Bde., London – Frankfurt am Main 1940–1968; hier zitiert als GW

1 Egon Friedell, Kulturgeschichte der Neuzeit, London 1947, S. 512

2 Sigmund Freud, L'Hérédité et l'Etiologie des Névroses, GW I, S. 405–422

3 Sigmund Freud, Weitere Bemerkungen über die Abwehr-Neuropsychosen, GW I, S. 377–403

4 Josef Breuer und Sigmund Freud, Studien über Hysterie, GW I, S. 73–312

5 Sigmund Freud, Kurzer Abriß der Psychoanalyse, GW XIII, S. 403–427

6 Sigmund Freud, Zur Geschichte der psychoanalytischen Bewegung, GW X, S. 43–113

7 Sigmund Freud, Aus den Anfängen der Psychoanalyse, 1887–1902, Briefe an Wilhelm Fließ, Frankfurt am Main 1962, Brief Nr. 96

8 Sigmund Freud, Briefe 1873–1939, Frankfurt am Main 1968, S. 462

9 Karl Scheffler, Berlin, ein Stadtschicksal, Berlin 1911

10 W. Handl und J. Bab, Wien und Berlin, Berlin 1918

11 Carl E. Schorske, Wien, Geist und Gesellschaft im Fin de siècle, Frankfurt am Main 1982 (ursprünglich: Fin-de-siècle Vienna, London 1979, New York 1980)

12 Theodor Billroth, zitiert nach: A. T. Leitich, Damals in Wien, Das große Jahrhundert einer Weltstadt, 1800–1900, Wien o.J., S. 203

13 Max Graf, Aus der inneren Werkstatt des Musikers, Stuttgart 1911, S. 249

14 Hanns Sachs, Freud, Meister und Freund, London 1950, S. 33

15 S. Anm. 11 dieses Kapitels

16 Otto Friedländer, Letzter Glanz der Märchenstadt, zitiert nach: F. Hennings, Solange er lebt, Wien 1968, S. 88

17 Hermann Bahr, Zur Überwindung des Naturalismus, Stuttgart 1968, S. 57

18 Sigmund Freud, Die Widerstände gegen die Psychoanalyse, GW XIV, S. 110

19 Stefan Zweig, Worte am Grabe Sigmund Freuds, Gesprochen am 26. September 1939, Im Krematorium London, Erbe und Zukunft, in: Zeitschrift für Literatur, Musik, Geschichte und Philosophie 2 (1947), S. 101–102

BILDENDE KUNST UND KUNSTHANDWERK

Hans Bisanz

Ringstraßenkunst

Das architektonische und künstlerische Programm der Wiener Ringstraße war so umfangreich, daß die Ausführung sich von 1857 an über Jahrzehnte erstreckte. Das Konzept dieses Prunkboulevards umfaßt alle visuellen Kunstgattungen bis zum Kunstgewerbe und zur Gartenkunst in einem großformatigen Gesamtkunstwerk, dessen repräsentativer Grundcharakter von den offiziellen Gebäuden auf die benachbarten, gleichzeitig entstandenen Wohn- und Bürohäuser ausstrahlt.

In Übereinstimmung mit dem neuerwachten Geschichtsbewußtsein wurden in den Bauten, Denkmälern und allegorischen Wandgemälden der Ringstraßenkunst eklektische Anleihen aus der Fülle der Stilgeschichte gemacht, um dem Beschauer die Verbindung der Gegenwart mit den großen Epochen der Vergangenheit vor Augen zu führen und um in ihm die Vorstellung von einer unverminderten Größe und Bedeutung des Kaiserhauses und der Monarchie aufrechtzuerhalten.

Die langwierige Ausführung des Ringstraßenprojekts hatte zur Folge, daß sich die Idee schließlich selbst überlebte, da außen- und innenpolitische sowie wirtschaftliche Krisen diese großangelegte Monumentalisierung des Staatsgedankens immer häufiger in Frage stellten. So gehört, was noch in den neunziger Jahren im Rahmen der Ringstraße entstand, schon zu deren Abgesang. In der Thematik der späten Denkmäler überwiegen die Künstler – begonnen hatte man bezeichnenderweise mit den Feldherrn. So wurde das Beethovendenkmal (von Kaspar Zumbusch) erst 1880 fertiggestellt, das Mozartdenkmal (von Viktor Tilgner) 1896, das Grillparzerdenkmal (von Karl Kundmann) sogar erst 1899. Ein Jahr zuvor hatte schon der bedeutendste Maler der Ringstraßenepoche, der jungverstorbene Hans Makart, sein von Tilgner entworfenes Denkmal in dem an den Ring angrenzenden Stadtpark erhalten.

Nachdem man in den Jahrzehnten der Ringstraßenausführung die großen Stile der Vergangenheit nachvollzogen hatte (Neugotik, Neorenaissance, Neubarock), war man in den neunziger Jahren vorwiegend bei der Rezeption von Rokokoformen angelangt. In der Bildhauerkunst sind die damaligen Arbeiten von Tilgner Beispiele dafür, in der Malerei etwa die Gemälde von Eduard Veith im Volkstheater. 1890 bis 1892 entstanden die Zwickelbilder im Kunsthistorischen Museum von den Brüdern Gustav und Ernst Klimt sowie von Franz von Matsch. Schon vorher hatte diese wichtige Werkstattgemeinschaft Deckenbilder für die seitlichen Stiegenhäuser des Burgtheaters gemalt. Vor allem bei Gustav Klimt kommen Einflüsse von Frederick Leighton und Lawrence Alma-Tadema hinzu, deren kühle Klassizität mit sinnlicher Salonkunst verbunden ist. Nachträge zum Parlamentsgebäude am Ring wie der Mosaikfries über dem Hauptportal von Eduard Lebiedzky (1900) und der Athene-

brunnen von Karl Kundmann (1902) tragen aber bereits Merkmale der secessionistischen »Stilkunst um 1900«.

Die Hauptaufgabe der direkt an Ringstraßenbauten arbeitenden Maler war die allegorische Illustration der jeweiligen Programmatik – etwa »Kreislauf des Lebens« von Hans Canon für das Naturhistorische Museum oder »Triumph der Gerechtigkeit« von August Eisenmenger für den Justizpalast. Mit dem Verblassen der Ringstraßenidee trat jedoch eine andere Gruppe von Malern in den Vordergrund, die abseits von der offiziellen figürlichen Allegorik stand und vor allem die anderen Aufgaben der Malerei wie Landschaft, Stadtansicht und Interieur erfüllte. Diese Maler waren frei von Bindungen an das Gesamtkunstwerk mit seinen historistischen Verpflichtungen und standen der künstlerischen Entwicklung der eigenen Zeit aufgeschlossener gegenüber. Nach ihrem Interesse an der französischen Pleinairmalerei kamen sie

123 Viktor Tilgner, Mozartdenkmal; 1896
Als Beispiel der rokokohaften Spätphase der Ringstraßenplastik trug ein solches Denkmal sicherlich dazu bei, daß die Musik von Mozart früher allzu häufig als »verspielt« mißverstanden wurde.

124 Ernst Klimt, Spanien und Niederlande; 1890–1891. Stukkaturgrund, 230 x 230 und 230 x 80 cm (nach Abbildung in der Mappe »Zwickelbilder im Stiegenhause des k.k. Kunsthistorischen Hof-Museums zu Wien«, 1893)
Im erläuternden Text zur Mappe schreibt Albert Ilg: »Ein Page im Costüme der Zeit Philipps IV. soll an die Zeiten eines Murillo und Velasquez erinnern. Er hält eine Tischdecke, welche mit points d'Espagne überzogen ist. Die Dame im Bogenzwickel trägt das Costüme der Vornehmen, wie es auf den Porträten Anthoni van Dyck's... vorkommt.«

125 Theodor von Hörmann, Im Wald von Fontainebleau; um 1890. Öl auf Holz, 26 x 35 cm. Historisches Museum der Stadt Wien
Nach Studien an der Wiener Akademie ging Theodor von Hörmann 1886 nach Paris, wo er bei dem Dekorationsmaler Raphael Collin studierte. Danach unternahm er als Autodidakt Reisen in die Bretagne, nach Barbizon und nach Italien.

Theod. Hoermann

auch mit dem Impressionismus in Berührung, dessen vibrierende Konturenauflösung sie zumeist in persönlicher, poetischer Weise umdeuteten.

So spricht man bei Jakob Emil Schindler und Tina Blau-Lang von einem spezifisch wienerischen »Stimmungsimpressionismus«, während andere Maler dieser Gruppe wie Eugen Jettel oder Hugo Darnaut dem strengen wissenschaftlichen Impressionismus französischer Prägung näherstanden. Ebenso brachten die besonders erfolgreichen Maler Carl Schuch und Theodor von Hörmann Kenntnisse dieser Richtung aus ihren Pariser Studienjahren mit.

Vorkämpfer der Secession

Junge Dichter und Kritiker, die die Kunst der Ringstraße ablehnten, wandten dieser autonomen, unmittelbaren Kunst ihre Sympathie zu. In einer Besprechung der Gedächtnisausstellung für Hörmann schrieb Hugo von Hofmannsthal 1895: »Es gibt vielleicht augenblicklich in Wien nichts Besseres zum Anschauen und Nachdenken...«[1] Schon zwei Jahre früher war Hofmannsthal erfreut darüber, daß Richard Muther sich in seiner *Geschichte der Malerei* als Gleichgesinnter erwiesen hatte: »Herr Richard Muther ist, wenn ich nicht irre, Kustos am Königlichen Kupferstichkabinett in München. Er wird entschuldigen, wenn ich konstatiere, und mit Vergnügen konstatiere, daß man ihm das nicht anmerkt..., und hier, in diesem freien und lebendigen Buch, finden wir auf einmal alles, wovon wir nur je Formen- und Farbempfindungen empfingen... So wird alle Malerei aus zweiter Hand, alles, was der großen Kunstkrankheit des Jahrhunderts, dem Eklektizismus, verfallen ist..., zur Seite geschoben,... und bedeutend und erfreulich hebt sich aus dem Gewühle nur das Wahre und Eigenartige..., unsere ehrliche Kunst«.[2]

Theodor von Hörmann wurde später von den Wiener Secessionisten besonders verehrt und als Vorkämpfer für ihre Interessen anerkannt. Einen anderen Vertreter der autonomen, »ehrlichen« Kunst, Rudolf von Alt, wählten die jungen Gründer der Secession 1897 zu ihrem Ehrenpräsidenten. An Alt bewunderten sie die unermüdliche Freude am Experiment und den Mut zum Offenhalten des Skizzenhaften in Zeichnungen und Aquarellen. Sein »Blumenstilleben mit der Tochter Louise im Hintergrund« (1895) wirkt unmittelbar und lebendig; zugleich ist es auch etwas von der Ringstraßenmalerei und der Prunkliebe Makarts mitgeprägt, dessen Atelier Alt zehn Jahre zuvor gemalt hatte.

Die Grundeinstellung von Alt ist durch künstlerische Konsequenz ohne Kompromißbereitschaft gekennzeichnet. Er hatte es, im Gegensatz zu seinem gefälligeren, der Idyllik des Biedermeier verhafteten Bruder Franz Alt, schwer, Mäzene zu finden. Schon 1864 schrieb er aus Venedig an seine Frau: »Daß Franz in gewissen Sachen mehr Glück hat als ich, stimmt Dich, wie ich glaube, zu traurig... Allein sein Eintritt in

126 Susanne Granitsch, Selbstbildnis; 1899. Öl auf Leinwand, 120,5 x 72,5 cm. Historisches Museum der Stadt Wien

127 Rudolf von Alt, Blumenstillleben mit Louise Alt im Hintergrund; 1895. Aquarell (Gouache), 56,6 x 38,5 cm. Historisches Museum der Stadt Wien
In dem mit 83 Jahren gemalten Bild wählte Alt einen Blickwinkel, der neben naturgetreuer Wiedergabe auch einen prunkvollen Blumenreichtum in Nachwirkung der repräsentativen Ringstraßenkunst zuläßt.

128 Franz Alt, Brunnen im Hof der österreichisch-ungarischen Bank; 1891. Aquarell, 22,2 x 15,5 cm. Historisches Museum der Stadt Wien
Das Bankgebäude wurde 1855 bis 1860 von Heinrich von Ferstel errichtet, der Brunnen 1861 von Anton Dominik Fernkorn. Franz Alt war 1876 bis 1881 in Frankreich, wo er mit dem Impressionismus in Berührung kam.

Franz Alt. Wien 30. Juni 1891.

die Welt und sein ganzes Wesen ist ein anderes... Was kann ich tun, ich muß meine ganze Kraft auf die Arbeit verwenden und ihr vertrauen«.[3]

Im privateren Bereich der autonomen Kunst finden sich auch begabte Frauen, wie die Schindler-Schülerinnen Tina Blau-Lang und Olga Wisinger-Florian oder Susanne Granitsch, deren Selbstbildnis an der Staffelei (1899) den Betrachter durch die vitale Malweise und die Porträtsicherheit überzeugt.

An diesen Malern abseits der Ringstraßenkunst bewunderten die Secessionisten das Malen des persönlich in der Realität Erlebten, im Gegensatz zur Ideenmalerei des Historismus. Die Entwicklung der Wiener Secession zeigte aber bald, daß ihre führenden Kräfte unter neuen Voraussetzungen und in einer neuen Formensprache wiederum ein Gesamtkunstwerk und eine Ideenwelt aufbauten. Von der Ringstraße, aus der manches in neuem Gewand wiederkommt, führen direkte Verbindungen zur Secession. Ein Beispiel dieser Art war die Tätigkeit von Gustav Klimt für Burgtheater und Kunsthistorisches Museum. Eine andere Brücke ist das Sammelwerk der vom Wiener Verlag Gerlach & Schenk herausgegebenen »Allegorien«.

Die »Allegorien« waren zunächst als belehrendes Musterwerk im Sinne des Historismus für Handwerk, Gewerbe und Schule gedacht. In der seit 1882 in Lieferungen erscheinenden ersten Serie wurde so die vielfältige Allegorik für breiteste Bevölkerungsschichten propagiert und popularisiert. Die zweite, vom Verlag 1895 bis 1900 unter dem Titel »Allegorien, Neue Folge« herausgegebene Serie verzichtete schon weitgehend auf propagandistische und edukative Zielsetzungen und zeigte – unter dem Eindruck des Verblassens der Ringstraßenwelt – eine deutliche Verschiebung der Thematik vom Offiziellen ins Private. Im Vorwort zu dieser zweiten Serie schrieb der Herausgeber Martin Gerlach: »Ich wählte zunächst das Lust und Leben athmende Thema: ›Wein, Liebe, Gesang, Musik und Tanz‹, an welches sich später das figural unerschöpfliche Gebiet der Künste und Wissenschaften und der frohe Reigen der Jahreszeiten mit dem heiteren Treiben des Sports anschließen sollen.« Es ist verständlich, daß dieses neue, eine heidnische Lebensfreude ausstrahlende Programm, in dessen Einbettung auch die »Künste und Wissenschaften« zu einer »fröhlichen Wissenschaft« im Sinne Nietzsches werden, kaum mehr für außerkünstlerische Zwecke dienstbar gemacht werden konnte und nun vor allem zum Sammelobjekt für Liebhaber wurde. Dieser Funktionswandel liegt schon in den Darstellungen der Blätter beschlossen, die nicht mehr Thron und Altar, Behörde und Schule, sondern viel Persönlicheres behandeln. Menschliche Schicksalsstationen und Seelenzustände sind durch Allegorien verkörpert, die zumeist der antiken Mythologie entnommen wurden.

Die neuartige Näherrückung des Mythologischen ans Persönliche ging sicherlich nicht zuletzt auf Forderungen zurück, die frühzeitig gestellt worden waren: Nietzsche hatte in seiner *Geburt der Tragödie* (1872) vom »ewig hungernden, mythenlosen Menschen« gesprochen; dieser »sucht, grabend und wühlend nach Wurzeln, sei es, daß er auch in den entlegensten Altertümern nach ihnen graben müßte«. Bereits 1861 war das aufsehenerregende Buch des Schweizer Forschers Johann Jakob Bachofen, *Das Mutterrecht*, als Ergebnis von Forschungen erschienen, die von der Rechtsgeschichte ausgehen.

In einigen Blättern von »Allegorien, Neue Folge« werden durch mythologische Umschreibungen menschlicher Seelenzustände Entwicklungen deutlich, die der Psychoanalyse von Sigmund Freud, besonders seiner 1900 erschienenen *Traumdeutung*, zustreben; zu nennen sind in erster Linie Beispiele des Pragers Max Švabinský und des Wieners Kolo Moser. Die Psychoanalyse berief sich später selbst auf Vorstufen in den bildenden Künsten, vor allem auf Max Klinger, in dessen graphischen Zyklen frühzeitig die Erforschung und Formulierung des Unbewußten zur Sprache kommt.

Ein Beitrag von Gustav Klimt zu den »Allegorien, Neue Folge« gehört ganz in diesen Zusammenhang: sein Ölbild »Liebe« von 1895. Die »Liebe« als menschliche Grund-

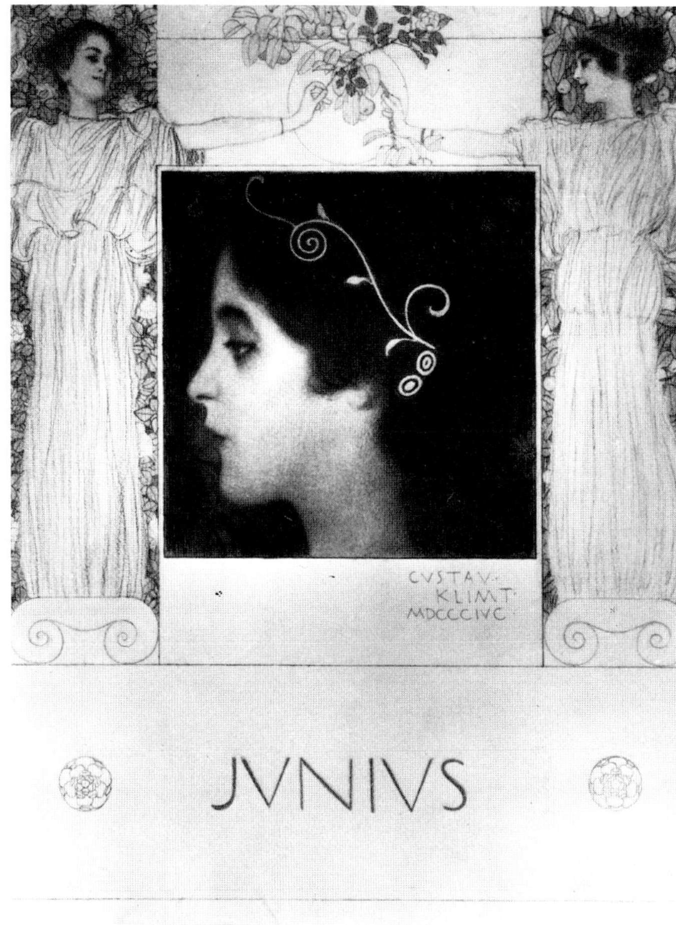

129 Gustav Klimt, Tragoedie; 1897. Schwarze Kreide, Bleistift, laviert, mit Goldhöhung, 41,9 x 30,8 cm. Für das Mappenwerk »Allegorien, Neue Folge« (Verlag Gerlach & Schenk, Wien 1895–1900), Blatt 66. Historisches Museum der Stadt Wien
Das Frühwerk von Gustav Klimt steht unter dem Einfluß der englischen Präraffaeliten sowie der belgischen und holländischen Symbolisten, deren Ideenmalerei bei ihm eine Abkehr von »diesseitiger« Körperhaftigkeit bewirkte.

130 Gustav Klimt, Junius (Die Göttin Juno als Allegorie des Monats Juni); 1896. Schwarze Kreide, gewischt; Bleistift, laviert, Weiß- und Goldhöhung, 41,5 x 31 cm. Historisches Museum der Stadt Wien

situation wird von Klimt in einer traumhaften Sphäre dargestellt, in der die Vision unbekannter Mächte über dem Menschenpaar angedeutet ist. Das Paar ist einerseits der Wirklichkeit entnommen – es trägt die Kleidung der Zeit – und erscheint zugleich in die Zeitlosigkeit der immer schon dagewesenen Schicksalsmächte »im Hintergrund« entrückt. Deren beängstigende Anwesenheit nimmt im Werk von Klimt die chorhaften Allegoriengruppen in den Universitätsbildern und im »Beethovenfries« vorweg.

Johannes Dobai hat darauf hingewiesen, daß das Ölbild »Liebe« in einem »ziemlich schwermütigen Tonfall, im ganzen gesehen in einer den Erzählungen von Arthur Schnitzler vergleichbaren Stimmung gehalten« ist.[4] Dieser Vergleich wird noch bekräftigt, wenn man in einem Kommentar von Hofmannsthal zu *Anatol* von Schnitzler liest, daß diesen »am Licht der Liebe... minder die geraden hellen Strahlen (freuen), als das, was sich am Rande buntfarbig bricht..., was schattenhaft hinter ihnen steht«.[5]

Die Bezogenheit des Augenblicklichen auf das Überzeitliche findet sich auch in anderen Blättern der »Allegorien«, etwa im »Tanz« von Heinrich Lefler, der eine elegante Salonszene in einen traumhaften »Lebenstanz« ohne Anfang und Ende übergehen läßt.

Einflüsse des westlichen Symbolismus wurden in solchen Wiener Beispielen einer spezifischen Klärung unterzogen. Fragen aus dem Problemkreis des Seelischen sollten nicht offengelassen, sondern, ohne ihren geheimnisvollen Charakter zu verlieren, Lösungen zugeführt werden. In diesem rationalen Zugriff – im Gegensatz zu »Décadence« und »Satanismus« – liegt die be-

131 Heinrich Lefler, Tanz. »Allegorien, Neue Folge« (Verlag Gerlach & Schenk, Wien 1895–1900), Blatt Nr. 42
Verglichen mit den allegorischen Kompositionen von Klimt erscheint dieses Triptychon von Lefler alltagsnäher, aber auch hier ist – vor allem unter der Einwirkung von Beardsley – die Salonszene zu einem allgemeingültigen »Lebenstanz« erweitert worden.

sondere Leistung der Wiener Kunst und Literatur an der Schwelle der Jahrhundertwende, die dann in der *Traumdeutung* von Freud ihre wissenschaftliche Bestätigung erfuhr.

Die Problemstellungen und Ausdrucksmittel stammten zu einem gewichtigen Teil aus Westeuropa. In der »Liebe« von Klimt sind Einflüsse des Belgiers Fernand Khnopff festzustellen, im »Tanz« von Lefler Einflüsse des Engländers Aubrey Beardsley. Diese Inspirationen aus dem Westen hatten ihre Wurzel in einer schweren Krise des Fortschrittsglaubens und der naturalistischen Literatur. Frühere Sicherheiten wurden hier, im Symbolismus, unter Freiwerden großer Energien an Phantasie in Frage gestellt.

»Die Kunst will jetzt aus dem Naturalismus fort und sucht Neues. Niemand weiß noch, was es werden möchte; der Drang ist ungestillt und wirr... Nur fort, um jeden Preis fort aus der deutlichen Wirklichkeit ins Dunkle, Fremde und Versteckte.«[6] Diese 1894 von Hermann Bahr formulierte kritische Feststellung beweist das österreichische Interesse am Symbolismus – und nimmt auch schon die Antwort auf ihn vorweg.

Dieses Interesse der jungen Generation stieß auf wenig Verständnis. Hofmannsthal klagte 1893 über die Auswahlpraktiken des Künstlerhauses: »Seit anderthalb Jahrzehnten fällt von der großen europäischen Kunst so viel Licht auf den Wiener Boden wie durch eine Türritze in ein dunkles Nebenzimmer.«[7] In einer Besprechung der »Internationalen Kunstausstellung« (1894) prangerte er unter anderem das Fehlen des großen englischen »Stilisten« Burne-Jones an.[8]

Hofmannsthal trat also sowohl für Hörmann als auch für Burne-Jones ein. Der eine steht hier für eine progressive, wirklichkeitsnahe Malerei, der andere für die Ideenkunst der englischen Präraffaeliten, des Holländers Jan Toorop oder des Belgiers Fernand Khnopff. Die letztere Richtung wurde in Wien von jenem Flügel der künftigen Secessionisten aufgenommen, die von der Allegorik der Ringstraße ausgingen. Gustav Klimt, dessen Frühwerk noch in

132 Gustav Klimt, Liebe; 1895. Öl auf Leinwand, 60 x 44 cm. Für das Mappenwerk »Allegorien, Neue Folge« (Verlag Gerlach & Schenk, Wien 1895–1900), Blatt Nr. 46. Historisches Museum der Stadt Wien
Das von Klimt später wiederholt behandelte Thema erscheint schon hier in einem dem Privatleben übergeordneten allegorischen Zusammenhang.

der Malerei von Makart wurzelt und der bei einem typischen Ringstraßenmaler, Ferdinand Laufberger, studierte, ist ein Paradebeispiel dafür.

So bestand in der Wiener Secession von Anfang an ein »naturalistischer« und ein »stilistischer« Flügel (mit vielen Zwischenformen). Diese Zweipoligkeit wirkte zwar zunächst befruchtend, trug andererseits aber immer schon den Keim eines 1905 offen ausbrechenden Konflikts in sich.

Die Wiener Secession

Die Gründung der Wiener Secession unter der Führung von Klimt war die Antwort einer Gruppe jüngerer Mitglieder des »Künstlerhauses« auf die nicht mehr erträgliche Bevormundung durch die Generation der Älteren. Das 1861 gegründete (noch heute bestehende) Künstlerhaus begann seine Wirksamkeit in der Blütezeit der Ringstraßenepoche, von deren institutionellen Verbindungen die Vereinigung und ihre Organe profitierten – auch von der Machtposition der Akademie, an der eine ganze Reihe von Künstlerhausmitgliedern unterrichtete.

Diese fortdauernde Bindung ans Offizielle erregte die Unzufriedenheit der jüngeren Generation, deren künstlerische Interessen sich – wie am Beispiel der »Allegorien« gezeigt wurde – immer weiter in die menschliche Privatsphäre verlagerten. Die Jüngeren fühlten sich nicht nur durch die Jury benachteiligt, sondern hatten auch ganz andere Vorstellungen von Ausstellungsgestaltung. Während in den Künstlerhausausstellungen vor allem auf Repräsentation und Reichtum Wert gelegt wurde, wollten sie der bisherigen Quantität neue Qualität entgegensetzen.

Zu den vollgehängten Künstlerhauswänden bemerkte Hermann Bahr 1896, das Künstlerhaus sei »eben eine Markthalle, ein Basar; mögen da die Händler ihre Waren ausbreiten«.[9] Solche Worte drücken deutlich den Wunsch der jungen Künstler nach Entpolitisierung und auch Entkommerzialisierung der Kunst aus. In den Statuten der Secession wird gleichfalls die Forderung nach einem »vom Marktcharakter freien Ausstellungswesen« aufgestellt. Die österreichische Kunst soll auch im Ausland zur Geltung gebracht werden, und »zur Anregung des heimischen Schaffens und zur Aufklärung des österreichischen Publicums über den Gang der allgemeinen Kunstentwicklung« sollen »die bedeutendsten Kunstleistungen fremder Länder« herangezogen werden.

In den Statuten wird zudem, als Reaktion auf frühere Bevormundung, die innere Demokratisierung angekündigt: »Als Aufnahmsjury fungiert die Gesammtheit aller in Wien anwesenden ordentlichen Mitglieder, sowie jener correspondierenden Mitglieder, welche sich während der ganzen Dauer der Juryarbeiten in Wien aufhalten.« (Künstler, die österreichische Staatsbürger waren, wurden ordentliche Mitglieder, ausländische Künstler, »die sich um die Kunst besonders verdient gemacht haben«, correspondierende Mitglieder.)[10]

Die Statuten der Vereinigung sind das Ergebnis vorangehender kollegialer Diskussionen, die sicherlich zu einem nicht unbeträchtlichen Teil im Kaffeehaus stattgefunden haben. Vor allem das – noch heute bestehende – Café Sperl in der Gumpendorferstraße war der Ort, an dem seit den neunziger Jahren zwei Freundesrunden als spätere Keimzellen der Secession und dann auch des Hagenbundes bestanden: der »Siebener-Club« und die »Ha(a)gengesellschaft« – letztere nannte sich nach dem Gastwirt Haagen in der Wiedner Hauptstraße, zu dem man essen ging. In diesen geselligen Runden machte man seinem Unmut über das Künstlerhaus auch in Karikaturen und Scherzzeichnungen Luft. In selbstgezeichneten Postkarten führten seit 1895 Künstler des »Siebener-Clubs«, darunter Kolo Moser, Josef Hoffmann, Joseph Maria Olbrich und Max Kurzweil, einander ihre ersten Experimente in der neuen, ornamentalen Formensprache der »Stilkunst um 1900« vor.

An die Öffentlichkeit traten einige Secessionisten – außer ihrer Beteiligung an den »Allegorien« – 1897 mit Entwürfen für Schubert-Illustrationen für eine Damen-

133 Kolo Moser, Gesang. Liebe. Musik. Tanz. »Allegorien, Neue Folge« (Verlag Gerlach & Schenk, Wien 1895–1900), Blatt Nr. 28
Die umfangreiche Serie »Allegorien und Embleme« wurde ab 1882 in Lieferungen herausgegeben. Wiener, aber auch Münchner Künstler arbeiteten dabei mit.

Chant. Amour. Musique. Danse. — Gesang. Liebe. Musik. Tanz. — Song. Love. Music. Dance.

spende beim »Ball der Stadt Wien«. Unter den Beiträgen fällt die Illustration von Kolo Moser zum Schubert-Lied »Irrlicht« durch ihre besonders ekstatische, mänadenhafte Frauendarstellung auf, die nicht nur im Ornament, sondern im ganzen Körperausschnitt die Bewegung gekurvter Jugendstillinien beschreibt. Man wird hier daran erinnert, daß berühmte Ausdruckstänzerinnen der Zeit, wie Ruth St. Denis oder Loïe Fuller (die Kolo Moser zeichnete), damals auch in Wien auftraten. Was etwa Hofmannsthal 1906 über Ruth St. Denis schrieb, gilt auch hier: Ihr Tanz »geht an die Grenzen der Wollust und er ist keusch. Er ist ganz den Sinnen hingegeben und er deutet auf Höheres. Er ist wild und er ist unter ewigen Gesetzen«.[11]

Am 3. April 1897 formierte sich die Secession als Interessengemeinschaft der »Jungen« im Rahmen des Künstlerhauses, aus dem die 19köpfige Gruppe am 25. Mai endgültig austrat. Klimt wurde zum Präsidenten, der 85jährige, junggebliebene Rudolf von Alt zum Ehrenpräsidenten gewählt.

Für die erste Ausstellung der Secession (März–Juni 1898, noch in den Blumensälen der Gartenbaugesellschaft) entwarf Gustav Klimt ein Plakat mit der Darstellung von Theseus im Kampf mit dem Minotaurus unter dem Schutz der Pallas Athene. Die straffe Kampfbewegung und heroische Nacktheit des Theseus wurden im ausgeführten Plakat durch die Zensur beeinträchtigt, die trotz schon vorhandenem Feigenblatt ein Gesträuch vor der Lendengegend forderte. Die traditionellen antiken Gestalten, die Klimt wählte, erfüllen nun neue Aufgaben. Diese Athene beschützt mit Speer und Schild die junge Vereinigung – schon Franz von Stuck hatte sie für die Münchner Secession gewählt. Der Theseus Klimts kämpft, in Helligkeit getaucht, als Verfechter des lichtvollen Neuen gegen den schwarz in dunkler Umgebung dargestellten Minotaurus als Symbol finsterer Rückständigkeit. Es ist nicht verwunderlich, daß die Bewegung des Theseus von rechts nach links verläuft, da im Plakat »links« für den nach rechts schreibenden und lesenden Europäer gleichbedeutend mit »hinten« und »rückständig« ist.

134 Gustav Klimt, Plakatentwurf für die 1. Ausstellung der Wiener Secession; 1898. Tusche über Bleistift, 130 x 80 cm. Historisches Museum der Stadt Wien
In einer großzügigen Flächenaufteilung wird das freie Feld im Zentrum oben und rechts durch beschützende antike Gestalten (Theseus, Pallas Athene) eingerahmt.

Zur neuen Funktion der antiken Gestalten als Kämpfer für die Secession gegen das Künstlerhaus und gegen seine Förderer und Anhänger tritt im Plakat die neue Formensprache im Sinne der Stilkunst um 1900 hinzu: Im Gegensatz zur voluminösen, betont dreidimensionalen Figurenauffassung der Ringstraßenzeit erscheint die Gestalt des Theseus bei aller Dynamik leicht und transparent. Die Aktfigur wurde in Kontur und Binnenzeichnung ornamental stilisiert und zugleich, was die Flächenhaftigkeit noch steigert, bildparallel angeordnet. Dasselbe gilt für die streng im Profil dargestellte Athene und ihren Schild mit dem archaisch grinsenden, den polemischen Plakatinhalt unterstreichenden Gorgoneion. In seinem ebenfalls 1898 entstandenen Ölbild mit einer frontalen Pallas Athene ist Klimt in der Verspottung der Feinde noch weiter gegangen, da hier das Gorgonenhaupt ihnen die Zunge zeigt.

Die erste Secessionsausstellung wurde vom Kaiser besucht, dem in der Zeichnung von Rudolf Bacher Rudolf von Alt vorge-

135 Gustav Klimt, Pallas Athene; 1898. Öl auf Leinwand, 75 x 75 cm. Historisches Museum der Stadt Wien
Der Rahmen stammt von Klimts Bruder Georg. Nach dem Vorbild der Münchner Secession, für die Franz von Stuck schon 1892 eine Athene entwarf, wurde diese Göttin auch von der gleichnamigen Wiener Vereinigung als Schutzpatronin gewählt. Das Medusenhaupt mit herausgestreckter Zunge richtet sich gegen konservative Feinde der neuen Kunst.

PALLAS ATHENE
GUSTAV KLIMT

136 Rudolf Bacher, Eröffnung der 1. Ausstellung der Wiener Secession; 1898. Bleistift, 34,5 x 45,6 cm. Historisches Museum der Stadt Wien
Von links nach rechts: Adjutant des Kaisers, Franz Joseph I., Gustav Klimt (Präsident der Secession), Rudolf von Alt (Ehrenpräsident), Josef Engelhart, Otto Friedrich, Carl Moll, Adolf Hoelzel, Hans Tichy, Kolo Moser, Joseph Maria Olbrich und Rudolf Jettmar.

stellt wird. Dabei handelt es sich um die nur leicht stilisierte, vor allem wirklichkeitsnahe, dokumentarisch getreue Arbeit eines der »Naturalisten« im Gegensatz zum Plakat der Hauptfigur der »Stilisten«, die verständlicherweise auf dem Gebiet der angewandten Graphik (Ausstellungsplakate, Zeitschrift *Ver Sacrum*) das Übergewicht erlangten.

Die Secession beschloß schon am 21. Juni 1897 die Herausgabe einer Zeitschrift unter dem Titel *Ver Sacrum* (»Heiliger Frühling«), die bis 1903 erschien und zu den bedeutendsten europäischen Kunstzeitschriften gezählt werden muß. *Ver Sacrum* folgte auf die deutschen Gründungen *Pan* (1895) und *Jugend* (1896) und verfolgte die Ziele beider: Es sollte wie *Pan* eine bibliophile und zugleich wie *Jugend* eine populäre Zeitschrift werden. Zum Aufgabenbereich der Zeitschrift gehörten vor allem die Information des Publikums in Wort und Bild über die Ziele der Secession und ihre Ausstellungstätigkeit wie auch die Stellungnahme zu aktuellen künstlerischen und kunstpolitischen Problemen. Als einzige Kunstzeitschrift jener Jahre wurde *Ver Sacrum* aus erster Hand von einer fortschrittlichen Künstlervereinigung herausgegeben.

Die bisher kaum gewürdigte militante Seite von *Ver Sacrum*[12] äußerte sich in vehementen Protesten gegen behördliche Versuche, immer noch Projekte im Sinne der veralteten Ringstraßenkunst zu realisieren, gegen Willkür bei der Vergabe von Aufträgen (ohne Rücksicht auf vorher veranstaltete Konkurrenzen) und im Willen, eine neue, selbstbewußtere Position bei Verhandlungen mit der Obrigkeit zu erringen.

Im Bildsektor der Zeitschrift spielte neben informativen Abbildungen von Kunstwerken und Ausstellungseinrichtungen die Demonstration der neuen »Buchkunst« eine große Rolle. In dieser sollten nun Schrift und Bild nicht mehr nebeneinander, sondern miteinander wirken. Die Integration beider geschah ganz im Sinne der Vorstellungen vom Gesamtkunstwerk, das sich in Ausstellungseinrichtungen ebenso wie in der Zeitschrift als Zusammenwirken der je-

137 Josef Maria Auchentaller, Gedichtumrahmung in *Ver Sacrum*, 1. Jahrgang, Heft 7; 1898
Schon im ersten Jahrgang der bis 1903 bestehenden Zeitschrift der Wiener Secession, *Ver Sacrum*, wurde in Gedichtumrahmungen eine enge Verbindung von Text und Bild angestrebt. Der buchschmückende Künstler sollte, wie Wilhelm Schölermann im 9. Heft schrieb, dem Dichter wie »mit Harfenbegleitung zum Gesang« folgen.

138 Josef Hoffmann, Umschlag für *Ver Sacrum*, 2. Jahrgang, Heft 7; 1899
Pflanzliches Wachstum, das den Wunsch nach künstlerischer Entfaltung der Secession symbolisiert, ist hier zu architektonischer Festigkeit verdichtet.

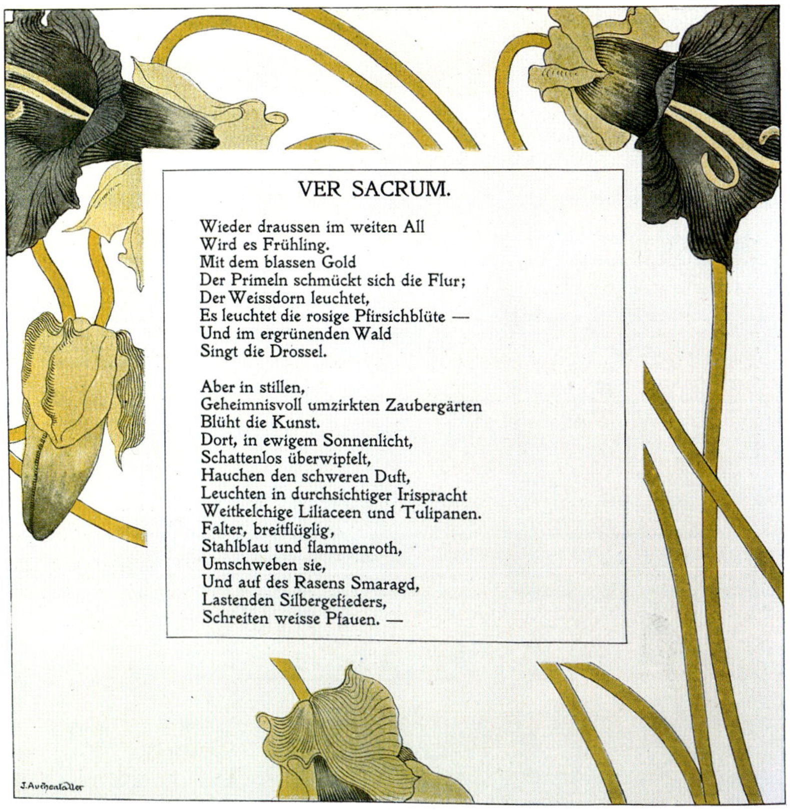

VER SACRUM.

Wieder draussen im weiten All
Wird es Frühling.
Mit dem blassen Gold
Der Primeln schmückt sich die Flur;
Der Weissdorn leuchtet,
Es leuchtet die rosige Pfirsichblüte —
Und im ergrünenden Wald
Singt die Drossel.

Aber in stillen,
Geheimnisvoll umzirkten Zaubergärten
Blüht die Kunst.
Dort, in ewigem Sonnenlicht,
Schattenlos überwipfelt,
Hauchen den schweren Duft,
Leuchten in durchsichtiger Irispracht
Weitkelchige Liliaceen und Tulipanen.
Falter, breitflüglig,
Stahlblau und flammenroth,
Umschweben sie,
Und auf des Rasens Smaragd,
Lastenden Silbergefieders,
Schreiten weisse Pfauen. —

J. Auchentaller

Traumhaft,
In zarter, schimmernder Gliederhoheit,
Die Häupter umkränzt mit Blumensternen,
Wandelt ein Menschenpaar.
Sanft aneinander geschmiegt,
Wandelt es auf verschlungener Pfade Windungen
Höher, immer höher hinan —
Bis zum achat'nen Säulenhalbrund,
Das in den Azur des Himmels ragt.
Rubine blitzen, Saphire und Opale
An den gold'nen Capitälen
Und an den goldenen Sockeln.
Auf hundertstufiger,
Weit ausgebuchteter Onyxterrasse
Thront die Sphinx.
Mit marmor'ner Brust,
Doch den geschmeidigen Löwenleib
In jeder Faser glutdurchzittert,
Thront sie,
Grossäugig ins Unendliche blickend,
Über dem Räthselabgrund der Schönheit.

FERDINAND v. SAAR.

weils beteiligten Kunstgattungen manifestieren sollte.

Der deutsche Publizist Wilhelm Schölermann lehnte im vierten Heft in einem Artikel über »Buchschmuck« die frühere, isolierte Illustrationsweise ab und schrieb: »Wohl aber bin ich dem Künstler dankbar, wenn er im Stande ist, dunkle Empfindungen, die beim Lesen aus der Tiefe des unbewußten Seelenlebens auftauchen, mir zum Bewußtsein zu bringen... Eine solche Illustration ist vollkommen gerechtfertigt... Sie bildet gleichsam ein Rankenornament, eine Zier und doch zugleich eine sinnige, tiefe Allegorie in Linien und Farben... Der buchschmückende Künstler folgt dem Dichter wie mit Harfenbegleitung zum Gesang.«[13]

Auf diesem Gebiet wurden in *Ver Sacrum* Ergebnisse erzielt, die bald über westliche Vorbilder hinausgingen. Die Einflüsse von England (wo William Morris 1891 die Kelmscott Press gegründet hatte), Belgien, Holland und Deutschland wurden rasch aufgenommen und in ihren Tendenzen gesteigert. So sind in einer Gedichtumrahmung von Josef Maria Auchentaller die jugendstilhaften Blumenranken schon enger mit dem Text verbunden als in Vorbildern von Otto Eckmann in der Zeitschrift *Pan*. Auseinandersetzungen mit der ungegenständlichen Ornamentik des Belgiers Henry van de Velde führten zu eigenständigen Entwürfen textbezogener Linienkompositionen bei Wilhelm List und Ernst Stöhr.

Das für die Wiener Kunst der Jahrhundertwende charakteristische Fortschreiten zur Klärung und Geometrisierung der pflanzlichen Jugendstilformen führte in *Ver Sacrum* bei Kolo Moser zu regelmäßi-

139 Wilhelm List, Damenporträt, »Bild in Weiß-Schwarz«; 1904. Öl auf Leinwand, 135 x 119 cm. Historisches Museum der Stadt Wien
Das Porträt der vornehmen Dame, ein schon in der Ringstraßenkunst wichtiges Thema, wird hier von List in der für die »Stilkunst um 1900« charakteristischen, die ganze Komposition beherrschenden gekurvten Liniensprache ausgedrückt.

140 Kolo Moser, Schubert-Illustration; 1897. Tusche, 32,2 x 23 cm. Historisches Museum der Stadt Wien
Für eine von mehreren Künstlern ausgeführte Illustrationsfolge in der Damenspende für den Ball der Stadt Wien, im Zeichen der 100-Jahr-Feier des Geburtstags von Schubert. Der Beitrag von

Kolo Moser steht deutlich im Zusammenhang mit dem auf der Bühne gezeigten »Ausdruckstanz« jener Jahre.

141 Kolo Moser, Liebe (Ausschnitt); 1895. Tuschfeder, Rundbild, ∅ ca. 30 cm. Historisches Museum der Stadt Wien

gen Quadratformationen, die auch in seinen und Josef Hoffmanns Entwürfen für das Kunsthandwerk der Wiener Werkstätte Beispiele des typischen Wiener »Quadratl-Stils« bilden. Vorbilder der schottischen Mackintosh-Gruppe und Beispiele holländischer Buchkunst[14] fielen hier auf besonders fruchtbaren Boden.

Die Zeitschrift, die 1898 und 1899 monatlich, dann zweimal monatlich erschien, bestand bis 1903. Im letzten Heft dieses Jahrgangs wird zugegeben, daß *Ver Sacrum* »seiner Natur nach nie einen großen Leserkreis gewinnen konnte«. Die anfängliche, nun nicht mehr erwähnte Hoffnung auf das Ansprechen breiter Bevölkerungskreise hatte sich schon aus finanziellen Gründen nicht erfüllen können, da die bibliophil ausgestattete Zeitschrift kostspielig in der Herstellung und teuer im Verkauf war.

Die Wiener Werkstätte

Dieser Zwiespalt zwischen Utopie und Wirklichkeit wird in der Geschichte der 1903 gegründeten Wiener Werkstätte noch offensichtlicher, hinter deren Anfängen englische sozialutopische Ideen von John Ruskin und William Morris stehen. Die Wiener Werkstätte kann, da sie von Josef Hoffmann, Kolo Moser – und dem Bankier Fritz Waerndorfer – gegründet wurde, als Tochteranstalt der Secession angesehen werden. Die künstlerische Entwicklung verläuft der in *Ver Sacrum* parallel: Die Liebe zum Pflanzlichen wandelte sich in die Liebe zur Geometrie. Häufig handelt es sich auch, wie schon die Namen Hoffmann und Moser zeigen, um die gleichen Künstler.

Im Sinne des Gesamtkunstwerks hatten einige Secessionisten diesen Ehrgeiz, auf verschiedenen Gebieten tätig zu sein, da sie – unter dem Einfluß der Arts-and-Crafts-Bewegung – für die Gleichwertigkeit der Kunstgattungen eintraten. Der englische Einfluß ist in Vorgeschichte und Geschichte der Wiener Werkstätte besonders spürbar: Schon zur Zeit des Historismus nahm man sich 1864 bei der Gründung des Österreichischen Museums für Kunst und Industrie (heute: für angewandte Kunst) das Londoner South Kensington Museum zum Vorbild. Als Arthur von Scala 1897 Direktor des Österreichischen Museums wurde, verstärkte sich der Dialog mit England (und den USA). Drei Jahre nach dem Museum wurde die ihm angeschlossene Kunstgewerbeschule gegründet. Durch die Berufung von Felician von Myrbach (1897 Professor, 1899 Direktor) und die Berufungen von Hoffmann, Moser, Alfred Roller und Arthur Strasser in den Lehrkörper (1899) wurde die Generation der Historisten weitgehend abgelöst.

Am Beispiel eines Joseph Maria Olbrich zugeschriebenen Armlehnensessels, der weiträumig und transparent zugleich wirkt, zeigt sich die frühzeitige Aufnahme englischer und schottischer Einflüsse (Mackintosh-Gruppe). Dieser Einfluß an geometrischer Strenge und Vertikalität verstärkte sich dann nach der 8. Ausstellung

der Secession (1900) mit ihren englischen und schottischen Exponaten. Bei Kolo Moser und im Kunsthandwerk mehr noch bei Josef Hoffmann führten diese Einwirkungen zu einem zunehmenden Verzicht auf geschwungene Jugendstilformen zugunsten geometrischer Regelmäßigkeit.

Die Kunstgewerbeschule stand seit der Gründung der Wiener Werkstätte in inniger Verbindung mit dieser Arbeitsgemeinschaft, die zum ausführenden Organ der neuen Ideen vom Kunsthandwerk als Bestandteil einer das ganze Leben umfassenden Welt der Schönheit wurde. Im »Arbeitsprogramm der Wiener Werkstätte« von Hoffmann und Moser (erschienen 1905)[15] wird auf spezifische Probleme des Kunsthandwerks eingegangen: »An Stelle der Hand ist meist die Maschine, an Stelle des Handwerkers der Geschäftsmann getreten. Diesem Strome entgegen zu schwimmen wäre Wahnsinn. Dennoch haben wir unsere Werkstätte gegründet. Sie soll uns auf heimischem Boden, mitten im frohen Lärm des Handwerks einen Ruhepunkt schaffen und dem willkommen sein, der sich zu Ruskin und Morris bekennt.« Einerseits sollen die Materialien demokratisiert werden: »Wir benützen viele Halbedelsteine..., uns ist das Kupfer in künstlerischer Beziehung ebenso wertvoll wie die edlen Metalle«; andererseits wird als Alternative zur industriellen Bücherproduktion gleich von den »besten Hüllen«, »bestem Papier« und von »herrlichem Leder« gesprochen.

Diese schon hier im Keim enthaltenen Widersprüche begleiten die Wiener Werk-

142 Josef Hoffmann (Ausführung J. J. Kohn), Fauteuil, (»Sitzmaschine«); um 1905. Buchenholz, auf Mahagoni gebeizt, Sperrholzplatten, Messingstange. 110 x 62 x 83 cm, Sitzhöhe 26 cm. Privatbesitz
Josef Hoffmann bewährte sich in erster Linie als Innenraumgestalter sowie als Entwerfer von Möbeln und vor allem von kunsthandwerklichen Gegenständen.

143 Joseph Maria Olbrich (zugeschrieben), Armlehnensessel; 1898–1899. Ahornholz, massiv, mit Stoffbezug, 109 x 58,5 x 52 cm. Privatbesitz
Der Sessel (ausgeführt von Josef Niedermoser) stammt aus der Wiener Wohnung der Schauspielerin Maria Wölzl. Er ist ein Beispiel für die frühzeitige Aufnahme angelsächsischer Einflüsse seit dem 1897 erfolgten Direktionsantritt Arthur von Scalas am Österreichischen Museum für Kunst und Industrie (Christian Witt-Dörring).

144 Kolo Moser (Ausführung Portois & Fix, Wien), Büffet »Der reiche Fischzug«; 1900. Ahorn-, Mahagoni- und Kirschholz, Messingbeschläge, Beine in Messinghülsen, 180 x 167 x 69 cm. Wien, Österreichisches Museum für angewandte Kunst
»Das... Büffet, dessen Aufbau durch schräge Flächen belebt ist, zeigt auf schwärzlichem Grunde in senkrechten Intarsiastreifen Mosers bekanntes Forellenmuster, seiner Vorliebe nach in ›reziproker‹ Ausführung, so daß sich in Hell und Dunkel die nämlichen Vorgänge abspielen.« (L. Hevesi, *Acht Jahre Secession*, Wien 1906, S. 287)

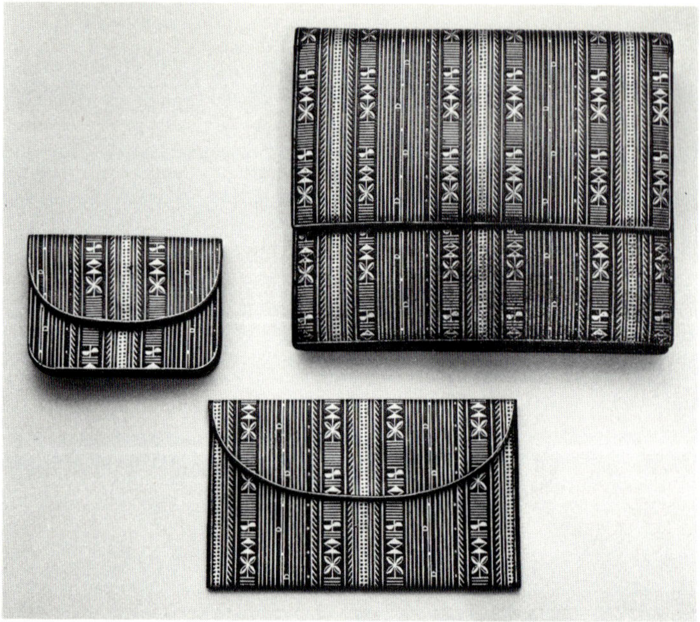

145 Kolo Moser (Ausführung E. Bakalowits), Glaskrug; 1899/1900. H. 15,5 cm. Privatbesitz

146 Josef Hoffmann, Handtasche, Geldtasche und Visitkartentäschchen; 1911. Schwarzes, genarbtes Leder mit Goldprägung, Visitkartentäschchen: 8 x 13 cm. Wien, Österreichisches Museum für angewandte Kunst
Neben Kolo Moser war Josef Hoffmann der wichtigste Protagonist der Hinwendung zu geometrischer Formenvereinfachung in der Wiener Werkstätte.

147 Josef Hoffmann, Teeservice; Wiener Werkstätte, 1905. Messing mit Holzgriffen, H. des Samowars 21 cm. Privatbesitz

stätte – ebenso wie *Ver Sacrum* – bis zur Auflösung 1932: Zwar sollten viele erreicht werden, doch wurde eine Preziosität angestrebt, die nur wenige bezahlen konnten. Das Ergebnis war Kunsthandwerk, das, wie ein Großteil der ganzen Kunst um 1900, für die fortschrittliche großbürgerliche Bildungselite in den Nobelvierteln Hietzing oder Hohe Warte geschaffen wurde. Es war nicht so sehr als Produktion sporadischer Einzelstücke gedacht, sondern als Teil einer Einheit, die im Idealfall aus allen Kunstgattungen bestehen sollte. Dieses Ideal ließ sich eher im kleineren Rahmen verwirklichen (Villen, Wohnungen, Geschäftslokale, Ausstellungseinrichtungen); je größer, und vor allem, je offizieller der Maßstab wurde, ums größer wurden die Schwierigkeiten. Bleibende Gesamtkunstwerke der Wiener Stilkunst um 1900 in größerem Format sind lediglich das von Josef Hoffmann 1905 bis 1911 erbaute und von der Wiener Werkstätte eingerichtete Palais Stoclet in Brüssel sowie die von Otto Wagner 1904 bis 1908 erbaute, von Kolo Moser mit Glasfenstern und von Othmar Schimkowitz mit Bauplastiken ausgestattete Kirche am Steinhof.

Gustav Klimt

Nicht zustande gekommen ist das große Projekt der Anbringung der Universitätsbilder von Gustav Klimt, die im Zweiten Weltkrieg außerdem noch verlorengegangen sind. Mit seinen Fakultätsbildern, die für die Universität, einen offiziellen Ringstraßenbau, vorgesehen waren, geriet Klimt in Konflikte mit der Öffentlichkeit. Sein siebenjähriges Martyrium ist durchaus mit den Konfrontationen vergleichbar, die damals außerhalb Österreichs Ferdinand Hodler und – ebenfalls mit Universitätsbildern – Edvard Munch erleben mußten.

In den Entwürfen für die Fakultätsbilder »Philosophie« und »Medizin« wurde die Thematik der primären menschlichen Lebensfragen von Klimt in großen, schwebenden Figurenchören ausgedrückt, während die »Jurisprudenz«, die schon in der Nachfolge des »Beethovenfrieses« steht, eine sparsamere Figurenkonzentration zeigt. Zur »Philosophie« heißt es im Katalog der 7. Secessionsausstellung: »Linke Figurengruppe: Das Entstehen, das fruchtbare Sein, das Vergehen. Rechts: Die Weltkugel, das Welträtsel. Unten auftauchend eine erleuchtete Gestalt: das Wissen.« Zum Entwurf für die »Medizin« findet sich in *Ver Sacrum* die Erklärung: »Zwischen Werden und Vergehen spielt sich das Leben ab und jenes Leben selbst… schafft jenes Leiden, für das die wunderthätige Tochter des Aeskulap, Hygieia, das lindernde und heilende Mittel gefunden hat.«[16]

Presseangriffe und vor allem eine Protestaktion von überheblichen, auch sittlich entrüsteten Professoren führten schließlich zum Scheitern des Universitätsprojekts.

Ein Monumentalwerk Klimts, das ursprünglich nicht auf Dauer bestimmt war und dann doch erhalten blieb, ist der »Beethovenfries« für die 14. Ausstellung der Secession, ein Beitrag zur gemeinschaftlichen Umrahmung der ausgestellten Beethovenfigur von Max Klinger. Das Programm des großangelegten Frieses ist der Entwurf ei-

148 Gustav Klimt, Kompositionsentwurf für »Philosophie«, 1900. Schwarze Kreide, Bleistift, Vergrößerungsnetz, 89,6 x 63,2 cm. Historisches Museum der Stadt Wien
Die »Philosophie«, die erste, nicht angenommene Arbeit Klimts für die Universität, erregte nicht nur aus künstlerischen, sondern auch aus thematischen Gründen den Widerspruch einer Reihe von kunstfernen Universitätsprofessoren, da Klimt hier der mächtigen Gestalt des »Welträtsels« (rechts) weitaus mehr Bedeutung einräumte als dem »Wissen« (rechts unten).

149 Gustav Klimt, Bildnis Emilie Flöge; 1902. Öl auf Leinwand, 181 x 84 cm. Historisches Museum der Stadt Wien
Emilie Flöge, die Lebensgefährtin Gustav Klimts, besaß in der Mariahilfer Straße in Wien einen exklusiven, von Josef Hoffmann eingerichteten Modesalon. Klimt wandte bei diesem Damenporträt zum ersten Mal seinen ornamentalen Stil an.

150 Gustav Klimt, Beethovenfries, »Die feindlichen Gewalten«; 1902. Kaseinfarben, 214 x 636 cm
Der Fries war von Klimt im Rahmen der 14. Ausstellung der Secession im linken Seitensaal des Gebäudes angebracht worden. Sein Programm bezieht sich auf die 9. Symphonie von Beethoven und auf die Erlösungskraft der Kunst überhaupt. Im hier gezeigten Teil erscheinen die Allegorien der feindlichen, der Erlösung des Menschen entgegentretenden Mächte.

ner Lebenssymphonie, in der Leiden, Not und Sehnsucht des Menschen durch die Kunst ihrer Erlösung zugeführt werden. Verkörperungen des Guten und Bösen begegnen dem Menschen auf diesem Weg zur Vollendung. Der Abschluß ist ein Liebespaar im Sinne der 9. Symphonie Beethovens: »diesen Kuß der ganzen Welt«. Zwischen den Epochen Beethovens und Klimts liegen die Gedankengänge von den erlösenden Kräften der Kunst bei Schopenhauer und Nietzsche.

Was Klimt bald darauf in erkennbarer thematischer Reduktion und in einer Übertragung ins Ornamentale im Stoclet-Fries ausführte, ist im »Beethovenfries« als monumentales allegorisches Konzept durchdacht worden. In den Allegorien der Mächte des Guten (»Der wohlgerüstete Starke«, »Mitleid«, »Poesie«) und in der Schlußszene hat Klimt das Dekorative weit ins Kultische gesteigert, während die Allegorien des Leidens und die »feindlichen Gewalten« (»Gorgonen«, »Krankheit«, »Wahnsinn«, »Tod«) ein deutliches Umschlagen des Dekorativen ins Expressive zeigen. »In den Frauenfiguren der ›feindlichen Gewalten‹ nutzte Klimt seine ganze dekorative und stilistische Virtuosität, um das Böse und zugleich Verführerische zum Ausdruck zu bringen.«[17]

Es waren vor allem die »feindlichen Gewalten«, die in konservativen Pressestimmen heftig angegriffen wurden. Hermann Bahr hat eine Reihe dieser Reaktionen in seinem Sammelwerk »Gegen Klimt« wiedergegeben. So heißt es dort etwa: »Für ein unterirdisches Local, in dem heidnische Orgien gefeiert werden, mögen diese Malereien passen, für Säle, zu deren Besichtigung die Künstler ehrbare Frauen und junge Mädchen einzuladen sich erkühnen, nicht.« In der gleichen Kritik ist auch von »schamlosen Caricaturen der edlen Menschengestalt« die Rede.[18]

Ludwig Hevesi, der wohlwollende Kritiker und Chronist der Secession, schrieb dagegen: »Im linken Seitenschiff hat Gustav Klimt ein entzückendes Friesgemälde geschaffen, so voll seiner kühnen, selbstherrlichen Persönlichkeit, daß man sich zurückhalten muß, um dieses Gemälde nicht sein Hauptwerk zu nennen. Wenn es wirklich, wie die ganze übrige Ausstellung, nur dem vorübergehenden Beethovenzweck dienen und dann vernichtet werden soll, dann ist auf dem Altar Beethovens ein Meisterwerk in Rauch aufgegangen.«[19] Der Fries, für den sich auch Egon Schiele einsetzte, wurde dank der Initiative des Industriellen Carl Reininghaus von der Wand abgenommen, gelangte aus dessen Besitz in den der Familie Lederer und wurde 1973 von der Republik Österreich erworben (zur Zeit in Restaurierung).

Im Jahre 1903 unternahm Klimt eine Reise nach Ravenna, wo ihn das Studium der Mosaiken zu einer Steigerung dekorativer Monumentalität in seinem sogenannten »goldenen Stil« (bis etwa 1910) anregte. Ein Hauptwerk dieser Epoche ist das ikonen-

151 Gustav Klimt, Kopfstudie für den Beethovenfries; um 1902. Schwarze Kreide, 43,5 x 32 cm. Historisches Museum der Stadt Wien

152 Gustav Klimt, Der Kuß; 1907–1908. Öl auf Leinwand, 180 x 1809 cm. Wien, Österreichische Galerie
Das Bild ist eines der Hauptwerke des »goldenen Stils« von Klimt, der nach einer Reise nach Ravenna (1903) die hieratische Strenge der dortigen Mosaiken auf seine Kunst wirken ließ. Das Thema der Liebe ist hier ins Sakrale und Kosmische erweitert.

153 Alfred Roller, Plakat der 14. (Beethoven)-Ausstellung der Wiener Secession; 1902. Farblithographie, 95,5 x 63 cm. Historisches Museum der Stadt Wien
Den Mittelpunkt dieser bedeutendsten Ausstellung der Wiener Secession im Jahre 1902 bildete die Beethovenstatue von Max Klinger, das nachhaltig wichtigste Kunstwerk war Klimts Beethovenfries.

154 Max Kurzweil, Plakat der 17. Ausstellung der Wiener Secession; 1903. Farblithographie, 95,5 x 31,5 cm. Historisches Museum der Stadt Wien

155 Friedrich König, Plakat der 21. Ausstellung der Wiener Secession; 1904. Farblithographie, 95,5 x 63 cm. Historisches Museum der Stadt Wien

hafte Ölgemälde »Der Kuß« von 1907–1908, in dem das Liebespaar vom Beethoven- und Stoclet-Fries auf einem reichblühenden Hügel bis in den Sternenhimmel ragt.

Dem »goldenen Stil« gehört auch der von Klimt entworfene, von der Wiener Werkstätte in Mosaiktechnik ausgeführte Fries für den Speisesaal des Palais Stoclet in Brüssel (1905–1909) an. Hier wurde ein Liebesgedicht in ornamentale Sprache umgesetzt: Einer alleinstehenden Mädchengestalt (»Erwartung«) steht ein Menschenpaar in Umarmung (»Erfüllung«) gegenüber. In einem goldenen Rankendickicht sind die menschlichen Gestalten, deren Handlungsablauf ins Allgemeine erhoben wurde, in denkmalhafte Ruhe versetzt. »Das Wandmosaik im Speisesaal des Stoclet-Hauses zu Brüssel«, schrieb Max Eisler[20], »bedeutet innerhalb des Klimt'schen Schaffens eine Abkehr von monumentaler Freiheit und Größe, ein Zurückweichen zum materialbeherrschten Kunsthandwerk, für das moderne Wiener Kunsthandwerk aber eine Erhebung und Veredelung sondergleichen.« Der resignierte Ton am Anfang dieser Aussage entspricht völlig der Situation, in der sich Klimt damals nach dem Scheitern der Universitätsentwürfe befand.

156 Adolf Boehm; Landschaft; 1901. Öl auf Leinwand, 100 x 84 cm. Historisches Museum der Stadt Wien
Wie bei Kandinsky, Kupka oder Hoelzel ist auch in diesem Wiener Beispiel der »Stilkunst um 1900« die Möglichkeit autonomer Experimente eröffnet worden, in denen die Form eigene Gesetzmäßigkeiten aufweist und sich zu einer neuartigen Landschaft verdichten kann.

»Stilisten« und »Naturalisten«

Der »Kuß« wurde 1908 in der »Kunstschau« ausgestellt, nicht mehr in der Secession, aus der Klimt mit weiteren »Stilisten« (Auchentaller, Boehm, Hoffmann, Moser, Roller u.a.) 1905 ausgetreten war, da ein weiteres Zusammenleben mit den wirklichkeitsnäheren, weniger am Gesamtkunstwerk interessierten »Naturalisten« nicht mehr möglich war. Die ausgetretenen »Stilisten« (»Klimt-Gruppe«) stellten 1908 und 1909 in einem von Josef Hoffmann erbauten provisorischen Pavillon, der »Kunstschau«, auf dem späteren Konzerthausgelände aus.

Im Jahre 1908 fand ein Huldigungsfestzug zum 60jährigen Regierungsjubiläum von Kaiser Franz Joseph statt. Die Architekturen dafür schuf Joseph Urban, die Kostüme (historische Gruppen und Folklore) entwarfen Heinrich Lefler, Berthold Löffler, Remigius Geyling und Oskar Kokoschka. Das Jahr 1908 markierte durch die Kunstschau und den Kaiserhuldigungsfestzug einen Höhepunkt der dekorativen Epoche des Wiener Spätjugendstils, der in Beispielen der 1905 gegründeten »Wiener Keramik« und in der Graphik von C. O. Czeschka oder Berthold Löffler bis 1914 weiterwirkte.

Die Rolle der Bildhauerkunst war mit dem Abklingen des historistischen Denkmälerpathos und der darauffolgenden Öffnung der Grenzen zwischen den Kunstgattungen in der Zeit um 1900 geringer geworden, da nun manche Aufgaben dem Kunsthandwerk zufielen. Hinzu kam die in der damaligen »stilistischen« Architektur, Malerei und Graphik propagierte Entmaterialisierung und Flächenhaftigkeit, die der dreidimensionalen Grundposition der Bildhauerkunst widersprach. Dies hatte zum Beispiel zur Folge, daß sich unter den Gründern der Secession nur zwei Bildhauer, Edmund Hellmer und Arthur Strasser, befanden, zu denen in den ersten Jahren allein Richard Luksch als ordentliches Mitglied hinzukam. Andere, der neuen Stilkunst durchaus nahestehende Bildhauer, blieben im Künstlerhaus, wie Carl Wollek, der mit dem Entwurf für seinen zarten, subtilen Mozartbrunnen (1905) in einer Konkurrenz sogar den Secessionisten Luksch übertrumpfte.

157 Ferdinand Andri, Butterbäuerin; 1901. Farblithographie, 15,7 x 16,2 cm. Historisches Museum der Stadt Wien

158 Max Kurzweil, Der Polster; 1903. Farbholzschnitt, 28,6 x 25,9 cm. Historisches Museum der Stadt Wien
Der Farbholzschnitt »Polster« von Max Kurzweil ist das vielleicht populärste Werk dieses bemerkenswerten Wiener Stilkünstlers.

159 Max Kurzweil, Dame in gelbem Kleid; 1899. Öl auf Leinwand, 171,5 x 171,5 cm. Historisches Museum der Stadt Wien
Max Kurzweil, der zu den Gründungsmitgliedern der Wiener Secession gehörte, zeigte dieses Bild in der 4. Ausstellung der Vereinigung: als typisches frühes Beispiel der Wiener »Stilkunst«, noch beeinflußt von der »floralen Periode«.

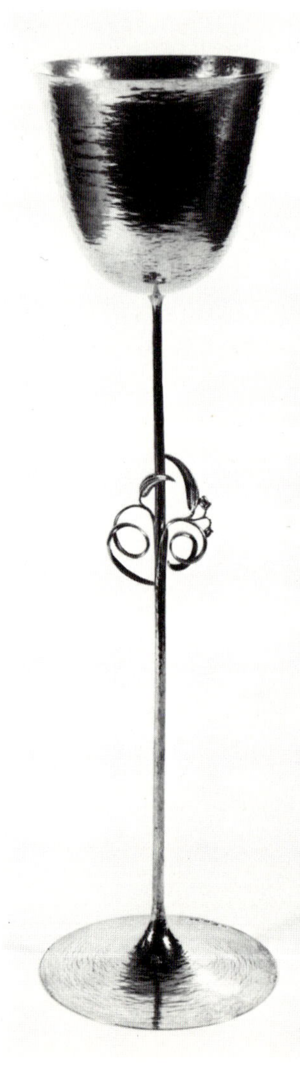

160 Josef Hoffmann (?), Türfüllung; um 1905. Holz, Perlmutter, Intarsien. Historisches Museum der Stadt Wien

161 Michael Powolny, Zwei Putten, »Frühling« und »Sommer«; 1908. Fayence, H. 37,5 cm. Wien, Österreichisches Museum für angewandte Kunst (zeitgenössische Fotografie)
Berthold Löffler und Michael Powolny, die häufig gemeinsame Werke schufen, waren die führenden Persönlichkeiten in der 1905 gegründeten »Wiener Keramik«. In dieser Werkgemeinschaft läßt sich das Fortschreiten der Wiener Stilkunst von ätherischer Zartfühligkeit zu robusterer Heiterkeit verfolgen.

162 Josef Hoffmann, Kelch; Wiener Werkstätte, 1920/1925.
H. 31,1 cm. Historisches Museum der Stadt Wien

163 Damenschuhe; Wiener Werkstätte, um 1914. Rips, bunt bedruckt. Historisches Museum der Stadt Wien – Modesammlungen

164 Glaspokal; Wiener Werkstätte, 1919. Glas, farblos, bemalt, H. 20,8 cm. Historisches Museum der Stadt Wien

165 Carl Otto Czeschka, Exlibris Emma Bacher; 1909
Zarte Frauengestalten der frühen »Stilkunst um 1900« werden seit etwa 1906 zunehmend von heiteren Putti (vgl. Abb. 161) oder von kräftigeren, amazonenhaften Mädchen abgelöst, die nicht mehr auf Aphrodite, sondern auf Diana als Urbild verweisen.

Unter den Secessionisten gab es auch Maler und Graphiker, die sich nebenbei als Bildhauer betätigten, wie Josef Engelhart oder Ferdinand Andri. Diese Künstler standen eher im Lager der »Naturalisten« (Engelhart war sogar deren Anführer). In ihrer Doppelfunktion zeigt sich, daß auch sie von der Idee des Gesamtkunstwerks nicht unberührt geblieben waren. Sie beteiligten sich jedoch kaum an der »stilistischen« Flächenkunst, sondern waren deutlich an der Bewahrung des Körperhaften interessiert.

Waren auch in der Secession somit weiterhin Begabungen wirksam, so muß doch der Austritt der »Klimt-Gruppe« als beträchtlicher Qualitätsverlust angesehen werden. Letztere erbte bei ihrem Austritt aus der Secession die Verbindungen zur Wiener Werkstätte und zur Kunstgewerbeschule. Gemeinsam mit diesen Institutionen setzte die »Klimt-Gruppe« in den Kunstschau-Ausstellungen 1908 und 1909 ihre vor allem exklusiven großbürgerlichen Vorstellungen entsprechende Kunst fort, doch stellten hier auch schon junge Talente wie Oskar Kokoschka und Egon Schiele aus, die sehr bald neuen Aussagemöglichkeiten zustrebten.

166 Berthold Löffler, Plakat für das Theater und Kabarett »Fledermaus«; 1907. Lithographie, 63 x 43,5 cm. Historisches Museum der Stadt Wien
Im September 1907 wurde in der Kärntnerstraße 33 das Theater und Kabarett »Die Fledermaus« eröffnet. Die Inneneinrichtung entwarf Josef Hoffmann, sie wurde von der Wiener Werkstätte ausgeführt. Zu den literarischen Mitarbeitern gehörten Peter Altenberg, Hermann Bahr, Franz Blei und Hanns Heinz Ewers.

167 Anton Klieber, Uhr; um 1910. Fayence H. 28 cm. Wien, Österreichisches Museum für angewandte Kunst
Ein Beispiel für die Festigung und Klärung der Grundform und des Ornaments. Im Zuge einer – hier nur leichten – Geometrisierung wird in der Keramik immer häufiger deutliche Schwarzweißfassung bevorzugt.

Der Hagenbund

Daneben bestand in Wien seit 1900 noch eine weitere Künstlergruppe, die es von bescheidenen Anfängen zu immer größerer Bedeutung brachte: der »Künstlerbund Hagen« (Hagenbund). Der Name dieser Vereinigung war von derselben »Ha(a)gengesellschaft« abgeleitet, die schon in der Vorgeschichte der Secession eine wichtige Rolle gespielt hatte. Die meisten Mitglieder der Hagengesellschaft waren bereits mit der Secession aus dem Künstlerhaus ausgetreten. Dieser Vorgang wiederholte sich drei Jahre später und führte zur Gründung des Hagenbundes. Von der Hagengesellschaft kamen die Maler Karl Fahringer, Sigmund Walter Hampel, Eduard Kasparides und Max Suppantschitsch sowie der Architekt Robert Oerley zum Hagenbund. Die bei-

168 Carl Otto Czeschka, Die Nibelungen; 1909. Text von Franz Keim, Verlag Gerlach & Wiedling, Wien-Leipzig. Aus der Serie Gerlach's Jugendbücherei, Band 22
Die Auswirkung dieser höfisch-dekorativen, zugleich aber ausdruckstarken Illustrationen reicht unter anderem bis zu dem gleichnamigen Film von Fritz Lang.

169 Wilhelm Bernatzik, Eingang zum Paradies; 1903–1904. Öl auf Leinwand, 147 x 150 cm (Mittelteil), je 147 x 38 cm (Seitenteile). München, Privatbesitz
Wilhelm Bernatzik stellte dieses Triptychon in der 20. Ausstellung der Secession aus. Es zeigt in besonderem Maß, wie sehr man in dieser Zeit der Kunst geradezu religiöse Bedeutung beimaß.

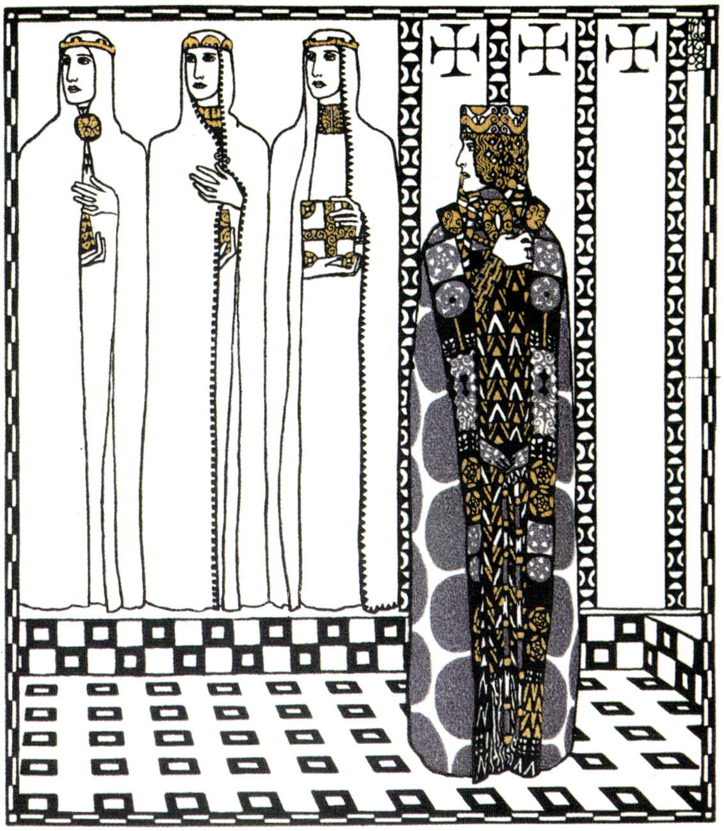
9

38

170 Berthold Löffler, Postkarte für die Adria-Ausstellung; 1913
Mythologische Ansätze werden in diesen späten Jahren der »Stilkunst« ins Spielerische umgesetzt. Die Putti haben einen Großteil des figürlichen Bereiches dieser Kunst erobert, so daß in dem hier gezeigten Beispiel sogar das sonst mythologisch dem Weiblichen zugeordnete Element des Wassers durch einen »Nix« eingenommen wird.

171 Carl Wollek, Grabmal für die 1911 in Wien verstorbene Adrienne Neumann; 1912. Bronze, Sarkophag 244 x 130 x 144 cm, Figur 172 cm. Historisches Museum der Stadt Wien
Das Grabmal Neumann wurde von einem der bedeutendsten Wiener Jugendstilbildhauer unter Einfluß italienischer Vorbilder der Renaissance gestaltet.

172 Carl Wollek, Mozartbrunnen; 1905. Wien 4
Wie andere Bildhauer, die in der Propagierung der »Flächenkunst« in der Secession ihre Domäne des Dreidimensionalen gefährdet sahen, blieb auch Carl Wollek Mitglied des Künstlerhauses; seine unter dem Eindruck von Rodin und Minne stehende subtile Figurenauffassung entspricht jedoch weitgehend der der Secessionisten.

173 Franz Barwig d. Ä., Sitzender Bär; um 1905. Holz, H. 60 cm. Historisches Museum der Stadt Wien

174 Josef Engelhart (Plastik) und Josef Plečnik (Architektur), Karl-Borromäus-Brunnen; 1909. Wien 3
Oben sind Szenen aus dem Leben des Heiligen (Pest in Mailand) dargestellt, unten befinden sich Putti.

175 Ferdinand Andri, Erzengel Michael; 1905. Wien 1, Zacherlhaus
Wie Josef Engelhart war auch Ferdinand Andri vor allem Maler und Graphiker. Sein Engel für das von Josef Plečnik 1903–1905 erbaute Zacherlhaus (s. Abb. 221) ist an einer prominenten Stelle der Fassade angebracht, mit deren Straffheit seine Formenstrenge überzeugend harmoniert.

176 Carl Moll, Winter (Hohe Warte in Wien); 1903. Farbholzschnitt, 42,6 x 43 cm. Historisches Museum der Stadt Wien
Dieser Farbholzschnitt erschien in der »Jahresmappe der Gesellschaft für vervielfältigende Kunst«. Josef Hoffmann errichtete auf der Hohen Warte eine Reihe von Villen, die zu seinen wichtigsten frühen architektonischen Gestaltungen zu zählen sind.

177 Wilhelm Bernatzik, Sommernacht; 1899. Farblithographie, 24,7 x 40,3 cm. Historisches Museum der Stadt Wien
Dieses Blatt erschien als Beilage zur Gründerausgabe der Zeitschrift *Ver Sacrum*.

178 Maximilian Lenz, Herbst; 1898. Farblithographie, 20,1 x 19,6 cm. Historisches Museum der Stadt Wien

den wichtigsten Persönlichkeiten bei der Gründung dieser Vereinigung waren jedoch der Maler und Graphiker Heinrich Lefler und der mit ihm verschwägerte Architekt Joseph Urban. Ähnlich wie bei der Geburt der Secession dachte man auch beim Hagenbund zunächst an ein Verbleiben im Künstlerhaus als Staat im Staate, aber auch hier kam es – neun Monate nach der Konstituierung – am 29. November 1900 zum Austritt.

Die beiden ersten Ausstellungen des Hagenbundes fanden dementsprechend noch im Künstlerhaus statt, die dritte in der Galerie Miethke, und vom Jänner 1902 an stellte die Vereinigung in einer für ihre Zwecke von Joseph Urban adaptierten Markthalle in der Zedlitzgasse aus.[21] Das von Wilhelm Hejda über dem Eingang dieses nicht mehr bestehenden Gebäudes angebrachte polychromierte Relief »Pallas Athene als Beschützerin der Künste« erinnert wieder deutlich an die Frühgeschichte der Secession.

An diese erinnern auch die stilistischen Tendenzen der ersten Jahre des Hagenbundes. Hatte jedoch die Secession ihr Stammpublikum vor allem in den Nobelvierteln, so richtete sich der als Zweiter beginnende, vor einer dort schon saturierten Marktlage stehende Hagenbund von Anfang an mehr an nachwachsende Publikumsschichten, deren Welt weniger exklusiv war, die sich aber auch für die »Stilkunst« zu interessieren begannen. Vor allem richtete sich der Hagenbund – besonders in der Illustrationskunst – an die Jugend. Schon in den ersten Jahren ist hier der Grund für die später gesteigerte fortschrittliche Gesinnung dieser Vereinigung gelegt.

Unterschiede zur Secession zeigen sich schon äußerlich bei der Ausstattung der Kataloge: Auch hier sind zwar die Umschläge in den ersten Jahren mit ornamentalem Schmuck ausgestattet, doch wirken sie bescheidener. Deutliche volkstümliche Tendenzen zeigt die Tätigkeit des Hagenbundes auf dem Gebiet der Buchkunst, vor allem in den Illustrationen für die berühmt gewordene, heute zum Teil in Reprints neuaufgelegte Serie »Gerlach's Jugendbücherei«, für die die Gründungsmitglieder Lefler

179 Hans Ranzoni, Plakat der 5. Ausstellung des Wiener Hagenbundes; 1902. Farblithographie, 52 x 36,5 cm.
Trotz verwandter dekorativer Formensprache ist der Märchenwald als Zauberreich der Kunst des Hagenbundes nicht so mythologisch betont wie die Symbolik der Secession, sondern steht der Buch-, vor allem der Märchenbuchillustration näher.

180 Otto Barth, Umschlag für einen Ausstellungskatalog des Wiener Hagenbundes; 1912
Der angesägte Baum der Kunst deutet hier die schwierige Lage der Vereinigung an, nachdem die Gemeinde Wien 1912 den Mietvertrag für das Ausstellungsgebäude (Zedlitzhalle) nicht erneuert hatte.

und Urban sowie Fahringer arbeiteten. Die folkloristische Märchenillustration dieser Bücher strahlte auf die Kataloggestaltungen und auch auf die Entwürfe der Ausstellungsplakate aus, wie ein Märchenwald von Hans Ranzoni im Plakat für die 5. Ausstellung (1902) zeigt.

Sehr frühzeitig, noch vor der Vereinsgründung, wurden von Lefler und Urban englische Vorbilder aufgenommen und weiterverarbeitet, etwa in den Illustrationen zu »Rolands Knappen« von Musäus (um 1897) oder in dem allegorischen Blatt »Spielkarten«, in dem der Einfluß von Beardsley in seiner Skurrilität merkbar gesteigert erscheint. Es blieb in der Folge dabei, daß die dekorative Formensprache des Hagenbundes kaum dem Mythologischen und Kultischen, sondern eher dem Erzählerischen, Karikaturhaften und Humorvollen zustrebte.

Neben Lefler und Urban, der in den Illustrationen zu den Figurenstudien Leflers vor allem das architektonische Gerüst und die ornamentalen Zierleisten entwarf, wurde der Maler und Illustrator Oskar Laske besonders bekannt, dessen erzählerischer Reichtum schon damals zu Vergleichen mit Pieter Brueghel d. Ä. anregte.[22] Seine Motive suchte Laske sehr bald nicht nur im Literarischen, sondern immer häufiger in der realen, aber unalltäglichen Folklore der Außenprovinzen der Monarchie und des Orients.

Volkstümlicher Humor und Karikatur reichen im Hagenbund bis in die Kunstpolitik: Als die Gemeinde Wien 1912 den Mietvertrag für die Zedlitzhalle nicht mehr erneuerte, machte Otto Barth in einem Katalogumschlag in deutlicher Sprache auf die Situation der Vereinigung aufmerksam. Nach zwangsläufigen Gastspielen, vor allem im Gebäude der Secession, konnte der Hagenbund die Zedlitzhalle erst wieder 1920 (bis zur Auflösung im Jahr 1938) beziehen.

Die dekorativen Tendenzen von Secession, Kunstschau und Wiener Werkstätte waren für das progressive Großbürgertum Ausdrucksmittel einer Emanzipation von der offiziellen Welt der Ringstraße. Diese Tendenzen führten zugleich zur Errichtung neuer kultureller Konventionen, die optisch im Hang zum Gesamtkunstwerk faßbar werden, im Überbau in der Errichtung einer mythologisch bestimmten Gedankenwelt. Der Hagenbund hat von dieser Bewegung mehr die emanzipatorische Komponente übernommen und weitergeführt. Der neue Anstoß zur künstlerischen Konzentration auf die voraussetzungslose menschliche Individualität kam dann vom Expressionismus.

Bedeutende Impulse in dieser Richtung, die auf Richard Gerstl, Oskar Kokoschka und Egon Schiele entscheidend einwirkten, waren in Wien die »Impressionisten-Ausstellung« der Secession (1903, auch mit Werken von Toulouse-Lautrec und van Gogh), die Ausstellung von Hodler und Munch in der Secession (1904) sowie die van-Gogh-Ausstellung der Galerie Miethke (1906).

Richard Gerstl

Bei Richard Gerstl, dem unter den drei genannten Österreichern an Jahren ältesten, ist die Wahrscheinlichkeit am größten, daß er diese Ausstellungen zumindest zum Teil gesehen hat. Gerstl muß auch deswegen hier als erster genannt werden, weil seine eigenständige Kunst in formaler Hinsicht eine rasche und zukunftsweisende Entwicklung zeigt. Er studierte zunächst an der Akademie beim Ringstraßenmaler Griepenkerl (bei dem bald darauf auch Schiele studierte), dann bei Heinrich Lefler und bei dem ungarischen Maler Holosy in Nagy-Banya. Sein Werk umfaßt nur seine beiden letzten Lebensjahre 1907 und 1908.

Der Ansatz von Gerstls Kunst liegt in einer mosaikartigen Malweise, in der Elemente des Pointillismus und des Jugendstils nachwirken. In seiner Entwicklung zu heftiger Dynamik wandte sich Gerstl brüsk von jeglicher Systematisierung ab. In einer Kunstsituation, die noch weitgehend von dekorativen Prinzipien beherrscht wurde, ereignete sich bei ihm der aufrührerische Vorstoß ins Dissonante unter Verzicht auf äußerliche Schönheit. Das weit über subtile impressionistische Konturenauflösungen hinausgehende Aufreißen der Form und die Heftigkeit der autonom werdenden Pinselstriche bezeichnen einen eigenen, nicht mehr vom Ornament ausgehenden Weg zur Ungegenständlichkeit.

Als Einzelgänger gehörte Gerstl keiner Vereinigung an; sein persönlicher Umgang beschränkte sich, wie auch aus dem Porträtœuvre hervorgeht, auf den Musikerkreis von Arnold Schönberg – den er im Malen unterrichtete – und Alexander von Zemlinsky. Was an Gerstl neuartig ist, drückt sich in seiner Malweise selbst aus, die weder durch überlieferte Gedankengänge noch durch die Themenwahl seiner Bilder – Porträts und Landschaften – näher kommentiert wird. Die nur in der persönlichen Handschrift faßbare Grundeinstellung kommentierte Werner Hofmann: »Mit diesem Expressionismus hat es eine eigentümliche Bewandtnis. Er ist weder metaphysisch noch sozialkritisch orientiert. Einsamkeit und Verzweiflung, Konflikte und verquälte Attitüden wird man vergeblich suchen... Gerstls schöpferischer Impetus entsprang wahrscheinlich dem Zweifel an der Welt und am Bestand der Dinge, einem Zweifel, gegen den der Malakt wild anzukämpfen scheint. Aus dieser Verzweiflung entspringt die Kraft zur Bejahung der Welt durch die Farbe.«[23]

Oskar Kokoschka

Der mit Gerstl befreundete Schönberg stand mit dem Architekten Adolf Loos in Verbindung, dieser wiederum mit Karl Kraus, Peter Altenberg und Oskar Kokoschka. Es war Loos, der in der Kunstschau 1908 auf die Begabung und neuartige Aussagekraft von Kokoschka aufmerksam wurde und ihn ermutigte, die dekorative Sphäre der Wiener Werkstätte zu verlassen. Für diese hatte Kokoschka (als Schüler der Kunstgewerbeschule) Fächer- und Postkartenentwürfe geliefert; außerdem hatte er für den Kaiserhuldigungsfestzug folkloristische und historische Kostüme sowie ein (nicht angenommenes) Plakat entworfen. Es könnte im ersten Augenblick verwundern, daß ein für die Klarheit der Bauform kämpfender Architekt wie Loos sich für den – zunächst vor allem als Dichter – durch dynamische Formensteigerung hervortretenden Kokoschka begeistern konnte. Die Basis, auf der beide sich finden konnten, lag in der gemeinsamen Abkehr vom Ornament und in der Bejahung der handwerklichen Zweckmäßigkeit. Letztere bestand, davon war Loos überzeugt, für den Architekten

181 Richard Gerstl, Die Schwestern; 1904–1905. Öl auf Leinwand, 175 x 150 cm. Wien, Österreichische Galerie
Das Bild malte Gerstl nach Angaben der Dargestellten – Karoline und Pauline Fey – als Talentprobe für die Aufnahme in die Meisterklasse Heinrich Lefler an der Wiener Akademie der bildenden Künste.

ebenso wie für den Maler in der Berücksichtigung menschlicher Lebensprobleme; so forderte er von den Malern: »Schildert einmal, wie sich geburt und tod, wie sich die schmerzensschreie eines verunglückten sohnes, das todesröcheln einer sterbenden mutter, die letzten gedanken einer tochter, die in den tod gehen will, in einem Olbrichschen schlafzimmer abspielen und ausnehmen.«[24]

Die geforderte Befreiung der Thematik der menschlichen Lebensprobleme aus der formalen Konvenienz des Dekorativen geschah bei Kokoschka rascher als die Lösung vom Mythologischen. Zuallererst zerstörte er mit dem Wort – in seiner Dichtung »Die träumenden Knaben« – die verklärte Welt der Stilkunst, während die Illustrationen diese, trotz schrofferer, eckigerer Formen, noch nicht ganz verlassen haben. Dagegen sind die um 1909 entstandenen Illustrationen zum eigenen Drama »Mörder, Hoffnung der Frauen« der Heftigkeit des Textes adäquat, da hier dem Ornamentalen entstammende Formen schon zur Gänze in dynamische Kraftlinien umfunktioniert wurden.

Im Hintergrund kaum mehr sichtbar, stehen bei Kokoschka weiterhin mythologische Urtexte, die ihm außer der Wiener Tradition der Stilkunst vor allem das Studium des *Mutterrechts* von Johann Jakob Bachofen nahebrachte. So steht in »Mörder, Hoffnung der Frauen« über dem dramatischen Kampf der Geschlechter der Kampf des männlichen (Sonnen-)Prinzips mit den weiblichen (Mond-)Kräften. Unter diesem Aspekt gewinnt für Kokoschka auch der Problemkreis von Liebe und Tod neue Bedeutung. Dem Bachofenanhänger Robert Briffault verdankte er »die griechische Deutung des Stoffes, aus welchem Träume gemacht sind, Eros und Thanatos«.[25] Als Produkt der Faszination durch die gefahrvolle, das Leben auch wieder zurückfordernde Seite des Weiblich-Lunaren entstanden Werke, in denen Eros durch Thanatos verdüstert wird. Zu diesen gehört das »Stilleben mit Hammel und Hyazinthe« (1909), das Vergänglichkeit und »lautlosen Zerfall, ... das Zerbröckeln einer Welt, die sich anschickt aus den Fugen zu geraten«[26] zum Inhalt hat.

182 Richard Gerstl, Selbstbildnis mit Palette; um 1907(?). Öl auf Leinwand, 186,5 x 58,5 cm. Historisches Museum der Stadt Wien
Gerstl, der niemals eine Akademie besuchte, war ein besonders begabter Maler, dessen Kunst weit in die Zukunft wirkte. Doch erst nach Jahrzehnten begann man sein Werk zu entdecken und lernte, es zu schätzen.

183 Richard Gerstl, Liechtensteinpalais im 9. Wiener Gemeindebezirk; um 1907(?). Öl auf Leinwand, 55,5 x 69 cm. Historisches Museum der Stadt Wien
Gerstl malte hier einen Ausblick aus seinem Atelier.

184 Oskar Kokoschka, The Lunatic Girl; um 1909. Bleistift und Wasserfarben, 41 x 31 cm. Historisches Museum der Stadt Wien
Es ist möglich, daß es sich bei dieser Zeichnung um eine Darstellung der Tänzerin Bessie Bruce handelt, die mit dem Architekten Adolf Loos befreundet war.

185 Oskar Kokoschka, Die träumenden Knaben, »Das Mädchen Li und ich«; 1908. Farblithographie, 24 x 29 cm
Eine der acht Illustrationen zu dem selbstverfaßten Gedicht »Die träumenden Knaben«, das im Verlag der Wiener Werkstätte erschien. In seinem Text verwendet Kokoschka eine abrupt-expressive, beschwörende Sprache, während seine Phantasie in den Illustrationen eine weit über europäische Folklore ins Exotische hinausragende, weltumfassende Traumlandschaft schuf.

ich greife in den see und tauche in deinen haaren/
wie ein versonnener bin ich in der liebe alles wesens/
und wieder fiel ich nieder und träumte/
zu viel hitze überkam mich in der nacht/ da in den wäldern die paarende schlange ihre haut streicht unter dem heißen stein und der wasserhirsch reibt sein gehörn an den zimmtstauden/ als ich den moschus des tieres roch in allen niedrigen sträuchern/
es ist fremd um mich/ jemand sollte antworten/ alles läuft nach seinen eigenen fährten/ und die singenden mücken überzittern die schreie/
wer denkt grinsende göttergesichter und fragt den singsang der zauberer und altmänner/ wenn sie die bootfahrer begleiten/ welche frauen holen/
und ich war ein kriechend ding/ als ich die tiere suchte und mich zu ihnen hielt/ kleiner/ was wolltest du hinter den alten/ als du die gottzauberer aufsuchtest/
und ich war ein taumelnder/ als ich mein fleisch erkannte/
und ein allesliebender/ als ich mit einem mädchen sprach/

dieses buch wurde geschrieben und gezeichnet von Oskar Kokoschka/ verlegt von der wiener werkstätte/ gedruckt in den offizinen Berger und Chwala/ 1908

186 Oskar Kokoschka, Plakatentwurf zum Kaiser-Jubiläums-Huldigungsfestzug; 1908. Tempera auf Karton, 134 x 92 cm. Historisches Museum der Stadt Wien
Zahlreiche Künstler schufen Entwürfe für den Festzug anläßlich des 60jährigen Regierungsjubiläums Kaiser Franz Josephs. Der Entwurf Kokoschkas wurde wahrscheinlich im Plakatraum der Kunstschau ausgestellt.

187 Oskar Kokoschka, Skizzen zur Winzergruppe im Kaiser-Jubiläums-Huldigungsfestzug; 1908. Bleistift, Tusche, Aquarell- und Deckfarben, 31,8 x 45 cm. Zahlreiche Beschriftungen. Historisches Museum der Stadt Wien

188 Oskar Kokoschka, Stilleben mit Hammel und Hyazynthe;1909. Öl auf Leinwand, 87 x 114 cm. Wien, Österreichische Galerie
Kokoschka war beim Wiener Sammler Dr. Oskar Reichel zum Passahfest eingeladen, für das auch ein geschlachtetes Lamm vorbereitet war. Unter diesem kultischen Eindruck entstand das Stilleben als Allegorie der Vergänglichkeit.

Das Neuartige an der mythologischen Bindung Kokoschkas ist – im Vergleich zu Klimts »Beethovenfries« und Universitätsbildern – der noch engere Zusammenschluß mit akuten, oft autobiographischen Lebensproblemen. Es ist zugleich eine Mythologie, deren direkter Niederschlag nicht mehr der Vorherrschaft des Schönen verpflichtet ist, sondern nun, von Konventionen frei, auch alle Kräfte der Verwünschung und Zerstörung offenbart.

In den 1912–1913 entstandenen Illustrationen zum eigenen Drama »Der gefesselte Kolumbus« gewinnt das Autobiographische besondere Bedeutung, da hier die übermächtige »Mondfrau« des Textes die Gesichtszüge von Alma Mahler erhielt. Der stürmischen und konfliktgeladenen Liebesbeziehung mit der Witwe Gustav Mahlers hat Kokoschka in dem monumentalen Ölbild »Die Windsbraut« (1914) ein Denkmal gesetzt. Thematisch ist diese Erhebung der Menschendarstellung ins Kosmische dem sechs Jahre früher entstandenen »Kuß« von Klimt vergleichbar, die neuartige Ausführung in dynamischen Pinselschraffuren folgt hier aber der Intensität des Selbsterlebten.

Egon Schiele

Auch bei dem vier Jahre jüngeren Egon Schiele spielen am Anfang die Tradition der Wiener Stilkunst und neue Einflüsse von Hodler, van Gogh und dem belgischen Bildhauer George Minne eine bedeutende Rolle. Im Gegensatz zu Kokoschka findet jedoch bei Schiele gleich eine Entmythologisierung der Gedankenwelt statt. Es geht auch hier primär um Leben, Liebe und Tod; diese zentralen Daseinsprobleme werden jedoch bei ihm ohne jeglichen Kontext mit einer Direktheit und Offenheit vorgetragen, die, vor allem in erotischen Darstellungen, ins Demonstrative und Provozierende reicht. Die Polarität von Leben und Tod kann bei Schiele dazu führen, daß im gleichen Jahr (1911) Werke entstehen, die vitale Formensteigerungen zeigen wie ein (Selbstbildnis-)Rückenakt, und andere, in denen – nicht ohne Erinnerungen an Klimt – Schlaf und Trancezustände vom Leben wegführen.

Bei aller Freiheit des Experimentierens, die Schiele in den Jahren 1913–1914 auch in die Nähe des Kubismus führte, blieb bei ihm – im Gegensatz zu Kokoschka und noch mehr zu Gerstl – die graphisch beherrschte Grundlage der Stilkunst weitgehend erhalten, deren geschwungene Linien unter neuen Voraussetzungen (1911–1912 und 1917–1918) wiederauftreten konnten. Das Fortschrittliche an seiner Kunst ist das über dem Experiment stehende humanistische Engagement, das die Arbeiten prägt. Unter dem Einfluß von Nietzsche, Rimbaud und Whitman setzte er sich in seinen Briefen und Gedichten für die Befreiung des Individuums von offiziellen Kollektiven ein und ließ nur die freiwillig gewählten Bindungen – Liebe und Freundschaft – gelten. In einem Brief an den ihn fördernden Kritiker und Schriftsteller Arthur Roessler klagte er alle an, die er als Behinderung der Lebensentfaltung des Menschen empfand. »die ewigen Uniformierten…, Beamten, Lehrer…, Kleriker, Gleichwollenden, Nationalen, Patrioten«.[27] Das anzustrebende »Selbstsein« setzte er mit dem Leben gleich, das »Gleichwollende«, in Uniformen, bürgerliche Konventionen und Dogmen Zwängende mit Nichtleben.

Durch die Vermittlung Roesslers wurde Schiele Mitarbeiter der von Franz Pfemfert herausgegebenen Berliner Zeitschrift *Die Aktion*, die damals in ihrer sozialkritischen Einstellung, verbunden mit strikter Ablehnung von Militarismus und Krieg, merklich radikaler war als die Zeitschrift *Der Sturm* von Herwarth Walden, mit der Kokoschka in Verbindung stand.

Daß sich der Künstler in seinem Vorwagen in neue Bereiche der Freiheit auch Schmerzen aussetzte, zeigt Schiele in seinem Plakatentwurf »Selbstbildnis als heiliger Sebastian«, der an das Nietzsche-Wort aus *Also sprach Zarathustra* erinnert: »Doch derjenige, der sich durch seinen Schaffensakt selbst überwunden hat, sieht sich den Pharisäern gegenüber, denn: Den Schaffenden hassen sie am meisten: den, der Tafeln bricht und alte Werte, den Brechenden heißen sie Verbrecher.«

189 Oskar Kokoschka, Die Windsbraut; 1914. Öl auf Leinwand, 181 x 220 cm. Basel, Kunstmuseum
Kokoschka hat sich und Alma Mahler in einem Boot, im Sturm der Elemente treibend, dargestellt. Das Bild ist als Denkmal dieser Liebe und zugleich schon als deren Abgesang aufzufassen.

190 Egon Schiele, Selbstbildnis; 1911. Öl auf Holz, 27,5 x 34 cm. Historisches Museum der Stadt Wien
In diesem markanten expressionistischen Beispiel für die Sakralisierung des leidgeprüften und ständig bedrohten Menschen wird die Erinnerung an den Ernst mittelalterlicher Heiligenbilder wachgerufen.

191 Egon Schiele, Rückenakt; 1911. Deckfarben über Bleistift, 48,2 x 32,2 cm. Historisches Museum der Stadt Wien

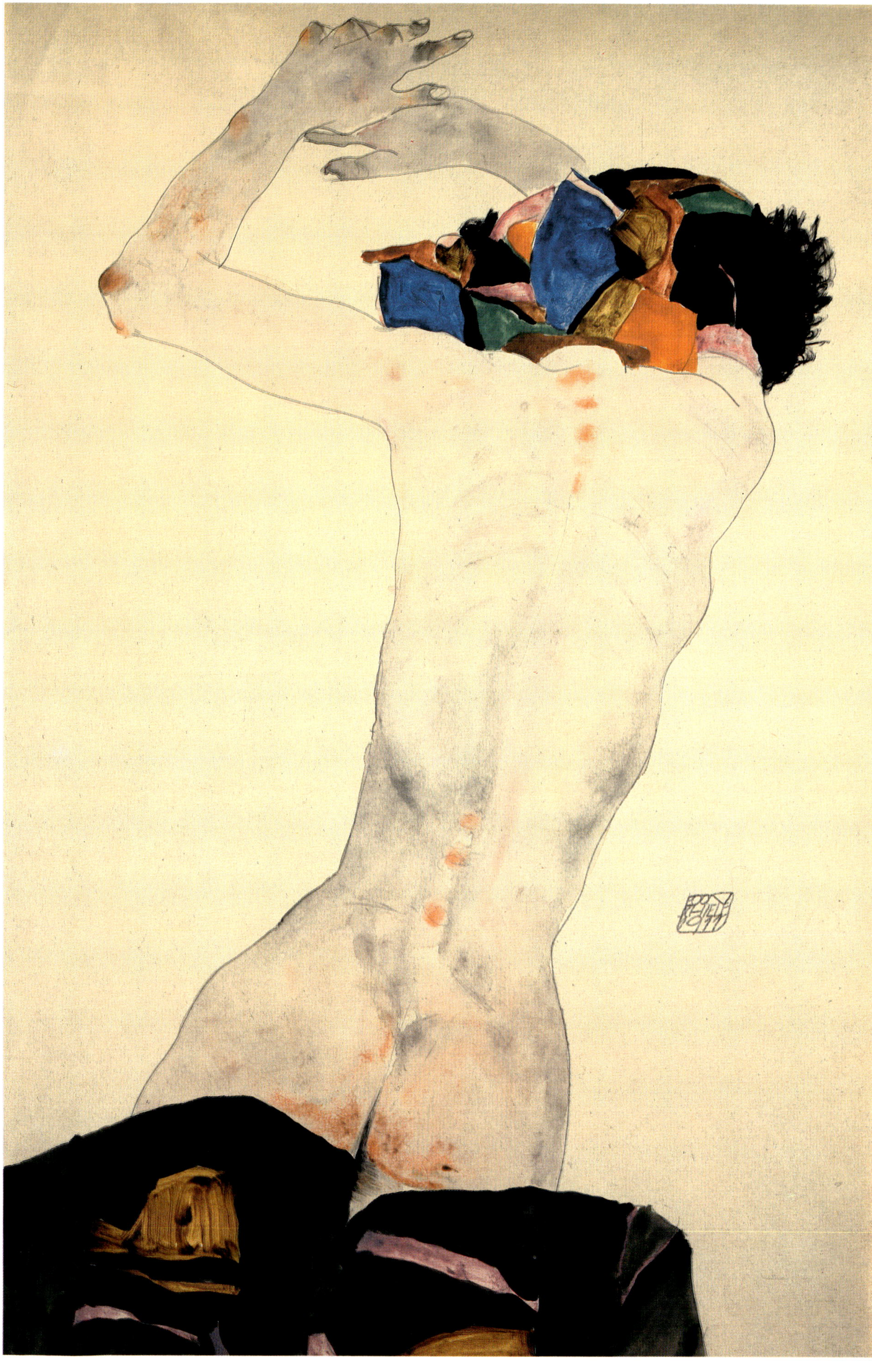

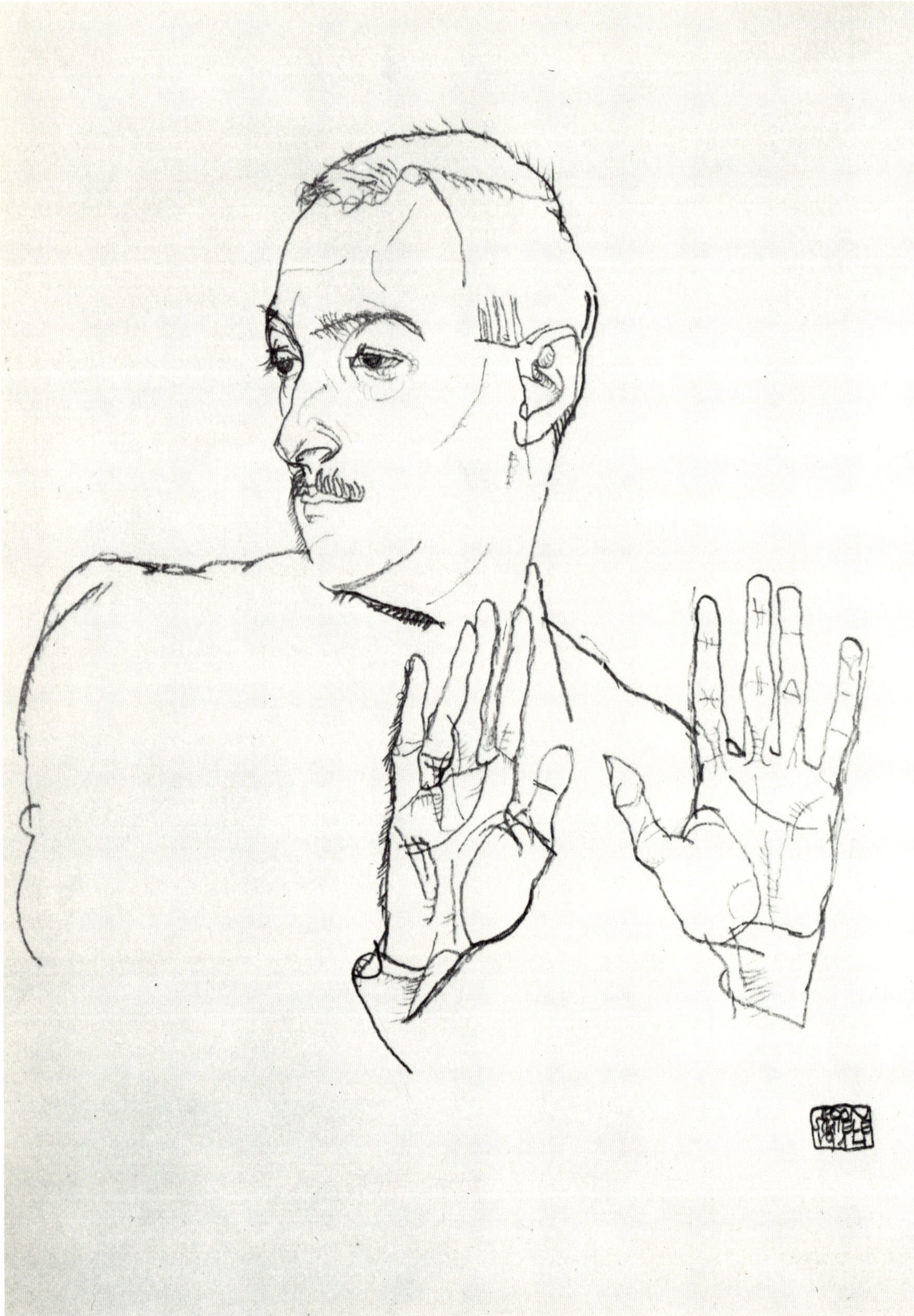

192 Egon Schiele, Arthur Roessler; 1914. Bleistift, 48,6 x 31 cm. Historisches Museum der Stadt Wien
Eine der Vorzeichnungen für die im gleichen Jahr entstandene Radierung. Schiele hatte den verständnisvollen und hilfreichen Kunstkritiker und Schriftsteller Arthur Roessler 1910 kennengelernt und schon damals in Öl porträtiert.

193 Egon Schiele, Frau mit rotem Rock; um 1909. Bleistift und Deckfarben, 44,9 x 31,6 cm. Historisches Museum der Stadt Wien

194 Egon Schiele, Plakatentwurf, Selbstbildnis als heiliger Sebastian; 1914–1915. Tuschfeder und Deckfarben, 67 x 50 cm. Historisches Museum der Stadt Wien
Das Motiv des sich ablehnender Kritik aussetzenden Künstlers kommt zum Beispiel bei Nietzsche in *Also sprach Zarathustra* vor: »Doch derjenige, der sich durch seinen Schaffensakt selbst überwunden hat, sieht sich den Pharisäern gegenüber...«

195 Egon Schiele, Tod und Mädchen; 1915. Öl auf Leinwand, 150 x 180 cm. Wien, Österreichische Galerie

196 Egon Schiele, Mutter mit zwei Kindern; 1917. Öl auf Leinwand, 150 x 158,7 cm. Wien, Österreichische Galerie

197 Egon Schiele, Vier Bäume; 1917. Öl auf Leinwand, 110,5 x 141 cm. Wien, Österreichische Galerie
Das Thema von Verlassenheit und Einsamkeit, das bei Schiele geradezu tonangebend ist, drückt sich in der Darstellung der »Vier Bäume«, die Synonymcharakter für die Situation des Menschen hat, besonders deutlich aus.

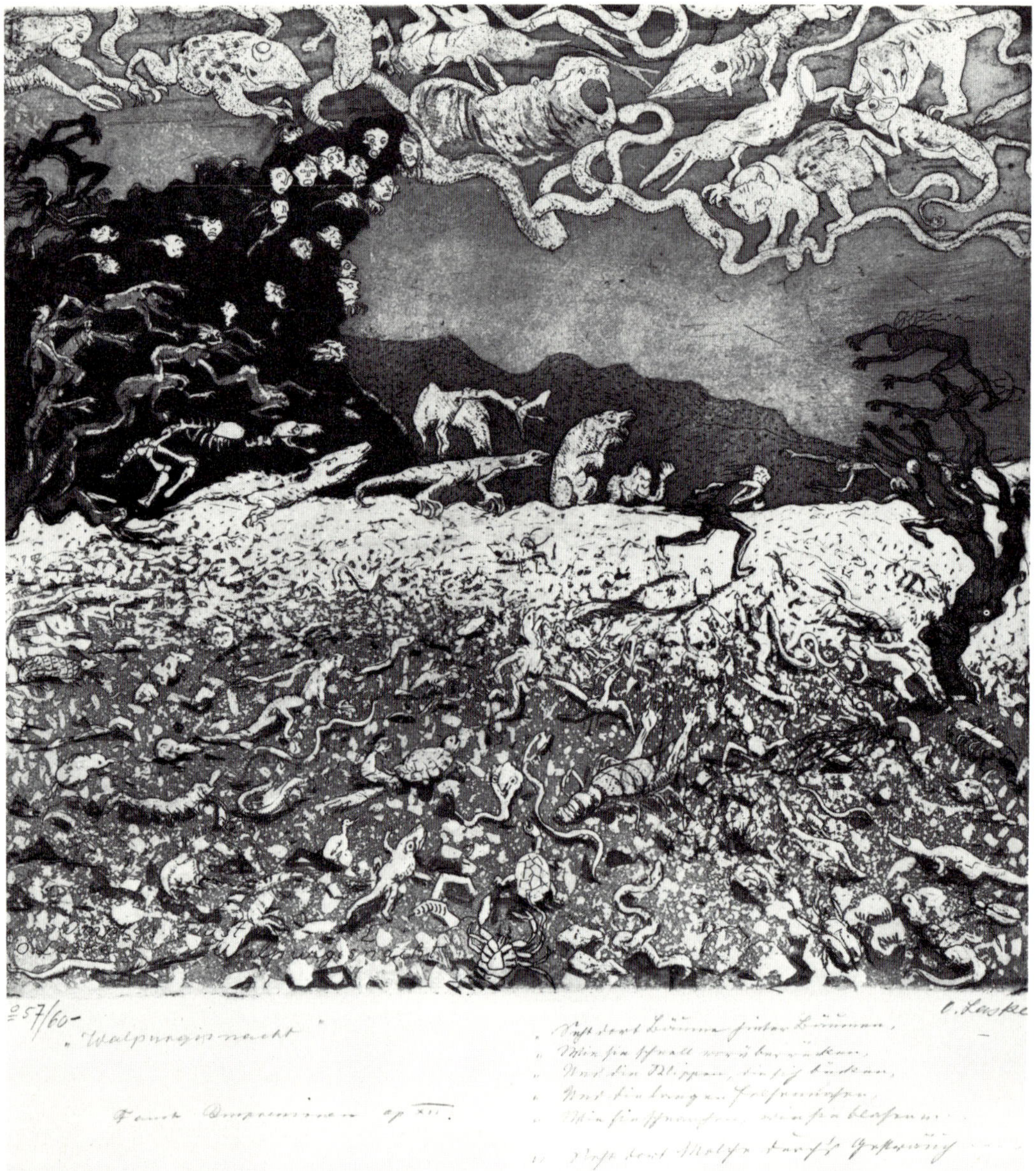

198 Oskar Laske, Walpurgisnacht; 1919. Radierung, Platte: 29,3 x 32 cm, Blatt: 42,2 x 54,4 cm. Historisches Museum der Stadt Wien
Aus der unter dem chaotischen Eindruck des Ersten Weltkriegs entstandenen Mappe *Faust-Impressionen* (Verlag Neuer Graphik, Wien, Op. XII)

Das Trauma des Ersten Weltkriegs führte zu einer Aktualisierung der allgemeinmenschlichen Themen des Expressionismus. Das Erschreckende der Ereignisse war für eine Reihe von Künstlern Anlaß zu einer intensiven Niederschrift des Erlebten. So gelangte der erzählerische Reichtum von Oskar Laske in der Mappe »Faust-Impressionen« (1919) zu einer unter dem Eindruck des Krieges stehenden »Walpurgisnacht«. Anton Hanak bezog in seiner Plastik »Der brennende Mensch« (1922) die Thematik von Egon Schiele auf die konkreten Ereignisse und demonstrierte die von innen her »brennende« Lebensintensität in ihrer Bedrohtheit durch Zerstörung von außen.

Ein Werk des Hagenbundmitglieds Robert Pajer-Gartegen, »Die Spieler« (1920), zeigt in seiner intensiven Schwarzweißkontrastierung und in der Thematik der Spielleidenschaft als Symbol menschlicher Gefangenschaft noch Züge des Expressionismus; die Geometrisierung und Formen-

199 Max Oppenheimer, Bildnis Egon Schiele; um 1907. Öl auf Leinwand, 47 x 45 cm. Historisches Museum der Stadt Wien

200 Robert Pajer-Gartegen, Spieler; 1920. Holzschnitt, Stock: 21,7x21,7 cm, Blatt: 31,5x25,8 cm. Historisches Museum der Stadt Wien
Aus einer Folge von sechs Holzschnitten (Verlag Neuer Graphik, Wien). In dem Blatt weisen figurale Vereinfachungen auf die »Neue Sachlichkeit« und die strenge Kegelkomposition auf den Konstruktivismus der Zwischenkriegszeit voraus.

glättung in diesem Beispiel weisen jedoch schon auf die Richtung der Neuen Sachlichkeit in der Zwischenkriegszeit voraus. In dieser sollte der Hagenbund, der sich schon vor dem Ende des Ersten Weltkriegs an die Sozialdemokratie anzuschließen begann, eine entscheidende Rolle bis zur Auflösung im Jahr 1938 spielen.

Es kann nicht verschwiegen werden, daß es auch in Österreich seit dem frühen 20. Jahrhundert künstlerische Strömungen gegeben hat, die den Krieg verherrlichten, die aufkommenden demokratischen Freiheiten ablehnten und so die fatale Situation von 1938 mit vorbereiteten. Sie sind in dem vorliegenden Überblick unberücksichtigt geblieben, in dem im Gegenteil gezeigt werden sollte, daß es hier nicht nur in der Wissenschaft oder der Dichtkunst, nicht nur bei Freud oder Schnitzler, sondern auch in den bildenden Künsten immer wieder klärende geistige Kräfte gegeben hat, die zu einer fortschreitenden Emanzipation des Menschen beitrugen.

201 Fritz Schwarz-Waldegg, Selbsterkenntnis; 1920. Öl auf Leinwand, 117 x 88 cm. Wien, Österreichische Galerie
Unter Einwirkung der individualistischen Thematik von Egon Schiele und der malerischen Großzügigkeit von Oskar Kokoschka werden hier die eigenen Kunst- und Kriegserlebnisse bloßgelegt.

ANMERKUNGEN

1 Hugo von Hofmannsthal, Gesammelte Werke, Reden und Aufsätze I, Frankfurt am Main 1979, S. 560

2 Ebd., S. 519ff.

3 Zitiert nach: Werke von Jakob, Rudolf und Franz Alt, Ausstellungskatalog, Historisches Museum der Stadt Wien 1976, S. 5ff.

4 Johannes Dobai, Zu Gustav Klimts Gemälde »Der Kuß«, in: Mitteilungen der Österreichischen Galerie, Wien 1968, S. 100

5 Hugo von Hofmannsthal, Gesammelte Werke, Reden und Aufsätze I, Frankfurt am Main 1979, S. 161

6 Hermann Bahr, Zur Überwindung des Naturalismus, Stuttgart, Berlin, Köln u. Mainz 1968, S. 111

7 Hugo von Hofmannsthal, Gesammelte Werke, Reden und Aufsätze I, Frankfurt am Main 1979, S. 525

8 Ebd., S. 532

9 Hermann Bahr, Secession, Wien 1900, S. 2

10 Ver Sacrum I (1898), H. 1

11 Hugo von Hofmannsthal, Gesammelte Werke, Reden und Aufsätze I, Frankfurt am Main 1979, S. 500

12 Ausnahmen: James Shedel, Art and Society – The New Art Movement in Vienna 1897–1914. Palo Alto, Ca., 1981; Hans Bisanz, Ver Sacrum – kunstpolitische und künstlerische Ziele, in: Ver Sacrum, Ausstellungskatalog, Historisches Museum der Stadt Wien 1983

13 Ver Sacrum I (1898), H. 9

14 Marian Bisanz-Prakken, Das Quadrat in der Flächenkunst der Wiener Secession, in: Alte und moderne Kunst, Nr. 180/181, 1982, S. 37ff.

15 Die Wiener Werkstätte, Ausstellungskatalog Österreichisches Museum für angewandte Kunst 1967, S. 21

16 Ver Sacrum IV (1901), H. 9

17 Marian Bisanz-Prakken, Gustav Klimt – Der Beethovenfries, München 1980, S. 71

18 Zitiert nach: Ebd., S. 208

19 Ludwig Hevesi, Acht Jahre Secession, Wien 1906, S. 392

20 Zitiert nach: Otto Breicha (Hg.), Gustav Klimt – Die goldene Pforte, Salzburg 1978, S. 131

21 Robert Waissenberger, Der Hagenbund 1900–1938, in: Mitteilungen der Österreichischen Galerie, 1972, S. 64f.

22 Vgl. Der Hagenbund, Katalog der 40. Sonderausstellung des Historischen Museums der Stadt Wien, Wien 1975, S. 12

23 Werner Hofmann, Moderne Malerei in Österreich, Wien 1965, S. 110

24 Adolf Loos, Sämtliche Schriften I, Wien u. München 1962, S. 240

25 Oskar Kokoschka, Mein Leben, München 1971, S. 62

26 Werner Hofmann, in: Experiment Weltuntergang, Ausstellungskatalog, Hamburger Kunsthalle 1981, S. 66, 71

27 Zitiert nach: Egon Schiele – Zeichnungen und Aquarelle, Ausstellungskatalog, Historisches Museum der Stadt Wien 1981, S. 19f.

ARCHITEKTUR

Renata Kassal-Mikula

Als das letzte Jahrzehnt des 19. Jahrhunderts anbrach, umlagerte ein Kranz glänzender Monumentalbauten den alten Stadtkern Wiens. Alle künstlerischen Kräfte waren vereinigt worden, um der Haupt- und Residenzstadt ein neues repräsentatives Ansehen zu geben. Die 1857 mit dem Entschluß zur Stadterweiterung einsetzende Planungs- und Bautätigkeit führte innerhalb weniger Jahrzehnte zur Vollendung von Votivkirche, Oper, Parlament, Rathaus, Universität, Burgtheater, Hofmuseum, Palästen, Miethäusern usw. Das großartige Gesamtkunstwerk der Ringstraße wurde vom Optimismus der Gründerzeit getragen, der gegen Ende des Jahrhunderts abflaute. Zu diesem Zeitpunkt hatte die Generation der großen Ringstraßenarchitekten – Eduard van der Nüll, August von Sicardsburg, Theophil Hansen, Heinrich von Ferstel, Friedrich von Schmidt, Gottfried Semper und Karl von Hasenauer – ihr Werk abgeschlossen. Jeder einer anderen Spielart des Historismus verpflichtet, gaben sie dem Gründerzeitstil eine spezifisch wienerische Note, vor allem im einmaligen Zusammenspiel von Architektur, Malerei, Plastik und Kunstgewerbe. Mit den offiziellen Ansprüchen im Einklang, schufen ihre Bauten die Umwelt einer gehobenen Lebenssphäre, die auf Repräsentation ausgerichtet war.

Um die Jahrhundertwende wurden die bis dahin gültigen Werte, im Stilkleid vergangener Epochen veranschaulicht, in Frage gestellt. Die Krise betraf besonders die Architektur, vorweg Trägerin politischer Ansprüche. Die Ablehnung der vorangegangenen Leistungen und Neuformulierung der Architektursprache geschah nicht im großen Ensemble wie der Ringstraße, sondern eher in Einzelleistungen, die über die ganze Stadt verstreut sind.

Der Prozeß des Umdenkens wurde 1890 mit der zweiten Stadterweiterung, bei der die Vororte Wiens außerhalb des Linienwalls eingemeindet wurden, beschleunigt. Obwohl die Bauvorhaben an der Ringstraße zum Teil noch nicht abgeschlossen waren, verlagerten sich die Aufgaben, die einer raschen Bewältigung bedurften. Für den großstädtischen Raum galt es, einen verbindlichen Bauzonenplan zu erstellen, ein leistungsfähiges Verkehrsnetz zu schaffen und die Regulierung von Wienfluß und Donaukanal durchzuführen.

1892–1893 wurde diese neue Phase der Stadtplanung mit dem Wettbewerb um einen »Generalregulierungsplan« für das gesamte Stadtgebiet und die Gründung der »Commission für Verkehrsanlagen in Wien« eingeleitet. Anstelle des Monumentalbaus stand nun der Ingenieurbau im Vordergrund. Daß die Stadtbahn und die Regulierung von Wien und Donaukanal das Wiener Stadtbild so positiv beeinflußten, hing mit dem glücklichen Entschluß zusammen, diese Aufgaben nicht allein Technikern zu überlassen, sondern auch Künstler einzuschalten.

Planungen für ein Stadtbahnnetz gab es schon seit der ersten Stadterweiterung 1857. Verzögernd wirkte der Umstand, daß das Liniennetz auch nach militärischen Gesichtspunkten, die eine Verbindung mit den Bahnhöfen der großen Eisenbahnlinien forderten, angelegt wurde und die Erfordernisse des städtischen Personenverkehrs daher teilweise zurückstehen mußten. Bei Beginn der Bauarbeiten 1893 war die Anlage einer Vororte-, Gürtel-, Wiental- und Donaukanallinie fixiert. Für die Konzeption ihres Erscheinungsbildes berief man 1894 Otto Wagner zum ästhetischen Beirat.

Otto Wagner

Für Otto Wagner,[1] zu diesem Zeitpunkt über 50 Jahre alt, war die Stadtbahn der erste große öffentliche Auftrag. Nach seiner Ausbildung an der Wiener Akademie, bei van der Nüll und Sicardsburg, und in Berlin, baute er hauptsächlich Miethäuser. Ein fortschrittlicher Nutzbau, das 1882 errichtete Amtsgebäude der Länderbank, fand keine größere Beachtung. Mehr Resonanz erzielte Wagner als historisierender Architekt von Festbauten, die 1879 für die silberne Hochzeit des Kaiserpaares und 1881 für den Einzug der Braut Kronprinz Rudolphs, Stephanie von Belgien, entstanden waren. An den großen Bauvorhaben der Ringstraße hatte er dennoch keinen Anteil. Ohne Erfolg beteiligte sich Wagner in den achtziger Jahren an internationalen Konkurrenzen, für das Berliner Reichstagsgebäude, den Berliner Dom, die Amsterdamer Börse. Sein Betätigungsfeld blieben in erster Linie Bauten, Miethäuser, ein Stadtpalais, eine Sommervilla, bei denen er als eigener Bauherr fungierte. Die Ausbildung jener künstlerischen Prinzipien, die in den neunziger Jahren Wiens Architektur revolutionierten, fand weitgehend innerhalb dieser Privatarchitektur statt.

Im Jahre 1894 erhielt Wagner endlich auch öffentliche Anerkennung durch seine Berufung zum Professor und Leiter der Spezialschule für Architekur an der Wiener Akademie in der Nachfolge Hasenauers. Von nun an fand seine künstlerische Tätigkeit praktisch wie theoretisch jene Breitenwirkung, die ihr zustand. Dies aber nur in jenen Kreisen, die dem Neuen aufgeschlossen waren. Die Wende signalisierte seine programmatische Schrift *Moderne Architektur*, (1895), Lehrbuch einer neuen Epoche. Die darin vertretenen Anschauungen kulminierten in der Maxime, daß der Ausgangspunkt künstlerischen Schaffens nur das moderne Leben sein könne. Die Konsequenz dieser Einstellung in ihrer Auswirkung auf Funktion und Form bedeutete eine Wiederbelebung der Prinzipien Gottfried Sempers, den Wagner sehr verehrte. Das Motto »artis sola domina necessitas«, unter dem Wagner 1892–1893 seine Entwürfe für den Generalregulierungsplan eingereicht hatte, wurde sein künstlerisch verbindlicher Leitsatz.

Um die Arbeit an der Stadtbahn zügig voranzutreiben, richtete er ein großes Atelier mit rund siebzig Mitarbeitern ein. Dieses Atelier wurde eine der wichtigsten Keimzellen der neuen Wiener Architektur, waren hier doch architektonische Talente wie Joseph Maria Olbrich, den Wagner als Chefzeichner und Atelierleiter einsetzte, Josef Hoffmann, Josef Plečnik, Max Fabiani, Leopold Bauer usw. versammelt, die ihre schöpferischen Ideen einbrachten. Wagner und sein Atelier gestalteten für die Stadt-

202 Otto Wagner, Gürtellinie der Wiener Stadtbahn, Haltestelle Gumpendorferstraße; 1893–1898. Foto. Nach Otto Wagner, *Einige Skizzen, Projekte und ausgeführte Bauwerke*, Band 2, Wien 1897
Die Haltestelle Gumpendorferstraße vertritt den von Wagner für die Gürtellinie geschaffenen Typus von Hochbahnstationen, die beidseits des Gleiskörpers angelegt wurden.

203 Otto Wagner, Brücke über die Wienzeile der Gürtellinie der Wiener Stadtbahn; 1893–1898. Foto. Historisches Museum der Stadt Wien
Die Brücke über die Wienzeile bildet das Verbindungsstück von Gürtel- und Wientallinie. Wagner verlieh ihr eine wirkungsvolle Silhouette mit hohen Pylonen, um diesem Bereich einen markanten Blickpunkt zu geben.

bahn nicht nur über dreißig Stationen, sondern auch Hoch- und Tiefbauten, wie Brücken und Viadukte. Das neue Verkehrssystem sollte überall künstlerisch in Erscheinung treten, die Haltestellen neue Zentren städtischen Lebens sein.

Jede Linie erhielt, schon durch ihre verschiedenen geographischen Gegebenheiten bedingt, ihren unverwechselbaren Charakter. Alle Details, insbesondere die Stationsgebäude, zeigten eine einfache, funktionsgerechte Formgebung, wie man sie in Wien bisher nicht gekannt hatte. Neue Proportionen, neue Materialien, die Sichtbarmachung der Konstruktion, die Betonung der glatten Wandfläche oder ihre Bänderung und das Einschneiden von Fenstern ohne Rahmung bildeten die Mittel zur Überwindung des Historismus. Diese vollzog sich unter dem Rückgriff auf Gestaltungsprinzipien des frühen 19. Jahrhunderts (Klassizismus, Biedermeier) und durch das Aufgreifen zeitgenössischer Tendenzen der westeuropäischen Kunst.

Ein besonderes Beispiel der angestrebten Synthese von technischer Konstruktion und künstlerischem Formwillen war die Brücke über die Wienzeile. Die Widerlager der vorfabrizierten Eisenteile gestaltete Wagner als mächtige Pylonen, optischer Bezugspunkt des weitläufigen Areals. Die monumentale Ausgestaltung dieses Verbindungsstückes von Gürtel- und Wientallinie geschah im Hinblick auf die im Wiental vorgesehene Prachtstraße, den »Wien-Boulevard«, auf dessen Verwirklichung Wagner hoffte.

Am Karlsplatz baute Wagner 1898 zwei gegenüberliegende Stationsgebäude, bei denen an die Stelle des sonst verwendeten Putzbaus ein Stahlskelett trat, dem außen Marmorplatten eingehängt wurden. Die Lage der beiden Pavillons auf einem der bedeutendsten Plätze Wiens veranlaßte Wagner, ihnen eine besondere Form mit überbautem Mittelteil zu geben und sie reich zu ornamentieren. Damit wurde der neue secessionistische Stil, der hier voll zur Entfaltung kam, im Stadtzentrum etabliert.

Ebenfalls an der Wientallinie, in Hietzing, unweit des kaiserlichen Schlosses Schönbrunn, entstand 1897–1898 der wohl ungewöhnlichste Bau der Stadtbahn, der Hofpavillon. Diese Station war der alleinigen

204 Otto Wagner, Haltestelle Karlsplatz der Wientallinie der Wiener Stadtbahn; 1898. Foto. Historisches Museum der Stadt Wien
Die beiden einander gegenüberliegenden Stationsgebäude entwarf Joseph Maria Olbrich, Wagners wichtiger Mitarbeiter bei der Stadtbahn, in schwungvollen Stilformen der Secession. Sie sind frühe Beispiele eines Skelettbaus in Wien.

205 Otto Wagner, Hofpavillon in Hietzing der Wientallinie der Wiener Stadtbahn; 1897–1898. Foto. Historisches Museum der Stadt Wien
Wagner stattete diese für den Kaiser und den Hof bestimmte Station besonders repräsentativ aus; sie wurde allerdings nicht regelmäßig benützt.

206 Otto Wagner, Entwurf zum Mittelbau (Ehrenhalle) der Gesamtanlage der Akademie der bildenden Künste; 1898. Bleistift, Tuschfeder, aquarelliert, Goldhöhung, Deckweiß, 104,1 x 70,7 cm. Historisches Museum der Stadt Wien
1898, im Jahr des 50jährigen Regierungsjubiläums von Kaiser Franz Joseph I., hoffte Wagner, dank repräsentativer Entwürfe für monumentale Aufgaben herangezogen zu werden, was jedoch nicht der Fall war.

207 Otto Wagner, Postsparkasse, Wettbewerbsentwurf; 1903. Tuschfeder, aquarelliert, 85,7 x 41,6 cm. Historisches Museum der Stadt Wien
Die Postsparkasse ist Wagners einziger Bau im Bereich der Wiener Ringstraße. Aufgrund seiner konsequent zweckdienlichen Durchgestaltung war das Gebäude wegweisend für die moderne Architektur.

MITTELBAV·DER·GESAMMTANLAGE
PROJECT FVR·DEN·NEVBAV
DER·KAIS·KÖNIGL·AKADEMIE
DER·BILDENDEN·KVNSTE
OTTO WAGNER

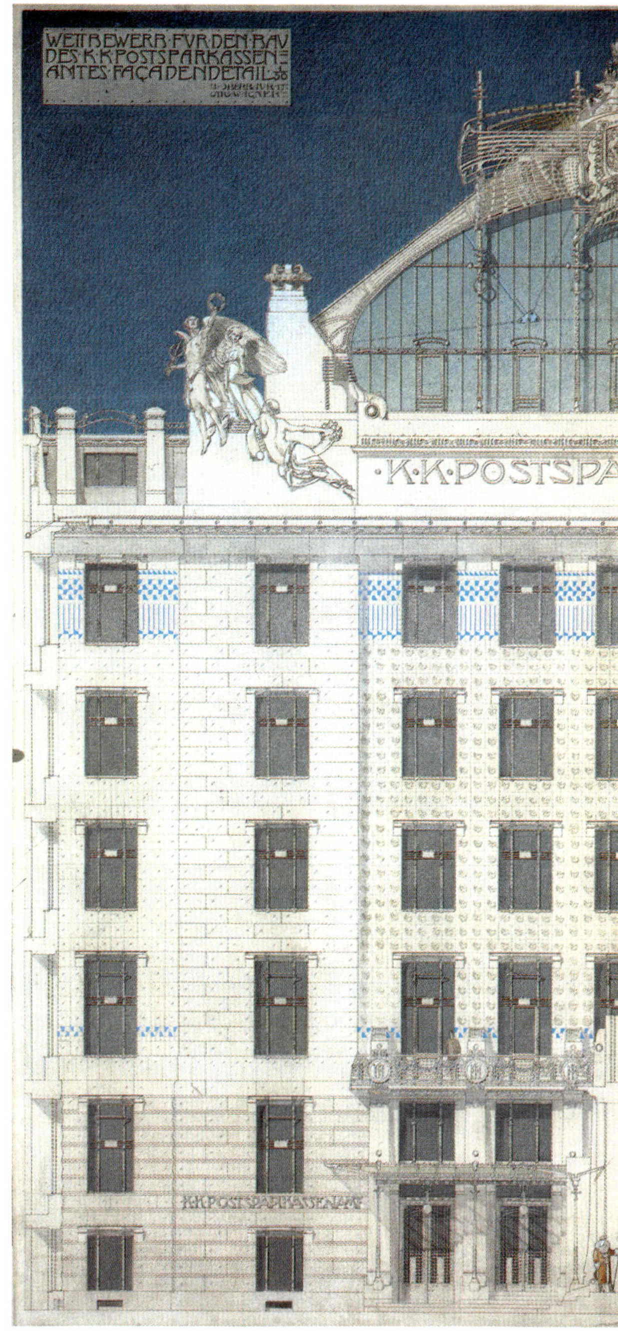
WETTBEWERB·FVR·DEN·BAV
DES·K·K·POSTSPARKASSEN-
AMTES·FAÇADENDETAIL
K·K·POSTSPA
K·K·POSTSPARKASSENAMT

Benützung durch Kaiser und Hof vorbehalten. Es mutet seltsam an, daß eine regelmäßige Benützung durch diesen Personenkreis überhaupt erwogen wurde. Tatsächlich hat Kaiser Franz Joseph den Pavillon nur einmal zur Eröffnung einer Teilstrecke 1901 benützt. Während Wagner sonst rigoros den Nutzbaucharakter der Stadtbahn betonte, verwendete er für diesen besonderen Fall imperiale Motive, indem er, auf barocke Vorbilder zurückgreifend, den Zentralbau mit einer Kuppel bekrönte. Auch die überdeckte Durchfahrt in Glas und Eisen erhielt reichliche Verzierung. Im Inneren, vor allem bei der Möblierung und der textilen Ausstattung, herrschte der neue Stil der Secession vor. Die Lösung des Hofpavillons erschien so beispielhaft, daß er in der Zeitschrift der Secession 1899 ausführlich besprochen wurde.

Mit seinen Leistungen beim Stadtbahnbau setzte sich Wagner an die Spitze der neuen Architektur. Gerade die vielfältigen technischen und künstlerischen Anforderungen hatten seine Kräfte in Richtung Moderne mobilisiert. Wie auch bei der gleichzeitig entstandenen Wehr- und Schleusenanlage in Nußdorf, Ausgangspunkt der Regulierung des Donaukanals, gelang es Wagner bei der Stadtbahn, ein technisches Bauwerk künstlerisch zu veredeln und eine zukunftsweisende Einheit von Form und Funktion zu erlangen. Das Hervortreten der Konstruktion, die neue Art der Wandverkleidung waren seither wesentliche Bestandteile des neuen Bauens.

Obwohl Wagner die ihm übertragenen Bauaufgaben in vorbildlicher Manier zu lösen wußte, blieben adäquate Aufträge der öffentlichen Hand weiterhin aus. Und abermals war Wagner sein eigener Bauherr, als es galt, das Miethaus, die geläufigste Bauaufgabe des 19. Jahrhunderts in Wien, neu zu gestalten. 1898–1899 errichtete er die beiden Miethäuser Linke Wienzeile 38 und 40. Diese beiden repräsentativen Wohnhausbauten setzte er in eine alte Vorstadtgegend mit niedrigen Gebäuden, als Teil des künftigen, nur teilweise verwirklichten, »Wien-Boulevards«. Wagner verzichtete hier völlig auf die traditionelle Betonung des ersten Stockes, dessen Räumlichkeiten dem Hausherrn vorbehalten waren, sondern schuf über der Sockelzone gleichhohe Geschosse, die mit gleichgestalteten Fenstern ohne plastische Rahmung nach außen traten. Entgegen dem sonst üblichen Dekorationsschema wurde das Schwergewicht der Dekoration bei Nr. 38 in die obere Fassadenzone verlegt, während Wagner sie bei Nr. 40 gleichmäßig verteilte. Die bei beiden Fassaden verwendete vegetabile Ornamentik entsprach der frühen Stilstufe der Secession, die westeuropäischen Vorbildern des Art Nouveau verpflichtet war.

Wie schon am Karlsplatz erwies sich Otto Wagner auch bei den zwei Miethäusern als

208 Otto Wagner, Miethaus Linke Wienzeile 38; 1898. Foto. Historisches Museum der Stadt Wien
Zusammen mit dem anschließenden Miethaus Nr. 40 schuf Wagner hier einen modernen Typus des Wiener Zinshauses mit gleichwertigen Stockwerken. An die Stelle historisierender Dekoration traten secessionistische Gestaltungsmittel.

209 Otto Wagner, Schaltersaal der Postsparkasse; 1904–1906. Foto. Historisches Museum der Stadt Wien
Der große, glasgedeckte Kassensaal ist Zentrum des Gebäudes und bequem von der Straße erreichbar. Wagner entwarf alle Details der Einrichtung samt den originell gestalteten Warmluftausbläsern.

210 Otto Wagner, Entwurf zum Kaiser-Franz-Joseph-Stadtmuseum; 1909. Bleistift, Tuschfeder, 48,5 x 67 cm. Historisches Museum der Stadt Wien
Seit 1900 beschäftigte Wagner sich über ein Jahrzehnt mit den Entwürfen zu einem städtischen Museum. Mächtige Gegner wünschten einen so modern gestalteten Bau nicht am Karlsplatz und brachten seine Planungen zu Fall.

Vertreter des Secessionsstils. Der Vereinigung selbst trat er zwei Jahre nach ihrer Gründung, 1899, bei. Seine definitive Zugehörigkeit unterstützte die Bemühungen, in Wien einen Wandel im Kunstgeschmack herbeizuführen und den Anschluß an die internationale Avantgarde zu finden. War Gustav Klimt diesbezüglich Wortführer in der Malerei, so wurde Wagner Hauptrepräsentant der neuen Architektur. Weiterhin bemühte er sich um monumentale Aufträge, die man ihm bisher vorenthalten hatte. Diesem Ziel entsprach die Thematik seiner Projekte in den neunziger Jahren: Museum für Gipsabgüsse, Neubau der Akademie der bildenden Künste, Kapuzinerkirche und Kaisergruft, Hofburg.

Als Wagner 1903 die Konkurrenz um die Postsparkasse gewann, konnte er immerhin ein Gebäude im Ringstraßenbereich placieren. Der dafür vorgesehene Bauplatz lag im Areal zwischen dem Stadtpark und dem Donaukanal, dem Stubenviertel. Dieses Gebiet wurde als letzte Aufgabe der Stadterweiterung von 1857 reguliert. Nach Wagners Konzeption erfolgte dies im gleichmäßigen Raster. Vorher mußte ein militärisches Bauwerk, die Franz-Josephs-Kaserne, abgebrochen werden. Wurde die Schleifung der Kaserne zum Symbol für das Nachlassen der langjährigen Präsenz des Militärs im Stadtzentrum, so machten die militärischen Behörden dies schon bald durch die Errichtung des Kriegsministeriums wieder wett.

Die Postsparkasse ermöglichte Wagner, in großzügiger Weise vorzuführen, was er unter einem modernen Nutzbau verstand. Einem klar strukturierten Grundriß mit zentral gelagertem, glasgedecktem Schaltersaal und einer übersichtlichen Kommunikation von Gängen und Treppen entsprach ein ebenso klar aufgebauter Aufriß. Wenn Wagner gegenüber dem Wettbewerbsentwurf einige Abstriche machen mußte, so konnte er doch ungehindert seine modernen Gestaltungsprinzipien verwirklichen. Neben Eisenbeton verwendete er Marmorplatten für die Fassadenverkleidung und Aluminium für technische und künstlerische Teile.

Die vollendete Verbindung von Konstruktion und formaler Gestaltung im Dienste moderner Bauaufgaben machte die Postsparkasse zu einem Lehrstück neuer Architektur, das auch international Beachtung fand. Wien zog mit ähnlichen Entwicklungen in der europäischen Architektur nicht nur gleich, sondern wurde nun selbst vorbildliches Zentrum.

Eine ähnliche Wirkung erzielte Wagner mit seiner Kirche am Steinhof. Im Rahmen seiner kommunalpolitischen Maßnahmen ließ Dr. Karl Lueger, seit 1897 Bürgermeister von Wien, eine Heil- und Pflegeanstalt im Pavillonsystem errichten. Wie es seiner Überzeugung als christlichsozialer Politiker entsprach, bildete eine Kirche das Zentrum der Anlage. Zwar hatte Wagner die ganze Anlage konzipiert, doch wurde ihm nur die Kirche zur Ausführung übertragen. Die Errichtung dieses Sakralbaus zwischen 1904 und 1907 bildete den Höhepunkt von Wagners langjähriger Beschäftigung mit dieser Bauaufgabe. Alle Teile der Planung nahmen darauf Rücksicht, daß die Kirche für Gottesdienste für die Kranken, allerdings nur die »Ruhigen«, und für das Personal bestimmt war. So baute man im Untergeschoß Rettungszimmer ein, und der Kirchenraum wurde stützenlos gestaltet, um die Zeremonie von jedem Platz aus verfolgbar zu machen. Der Baukörper, ein Zentralbau über dem griechischen Kreuz, gab dank seiner einfachen kubischen Formen der weithin sichtbaren Kirche eine markante Wirkung. Wie bei der Postsparkasse wurde die Außenhaut mit Marmorplatten verkleidet und mit Bolzen befestigt. Alle Details der Gestaltung, zu der Wagner Kolo Moser für die Glasfenster, Carl Ederer für das Hochaltarbild, Othmar Schimkowitz für den plastischen Schmuck hinzuzog, zeugten von der formalen Kraft der Stilkunst.

Nach der Postsparkasse und der Kirche am Steinhof schien es, daß sich die Moderne, mit Otto Wagner an der Spitze, endgültig durchgesetzt hätte. Trotz internationaler Anerkennung blieb es jedoch bei Teilerfolgen. Mit dem Erstarken konservativer Kräfte kamen die Rückschläge, im Falle Wagners bei den Planungen für das Kaiser-Franz-Joseph-Stadtmuseum.

Im Jahre 1900 beschloß der Gemeinderat unter Bürgermeister Lueger den Bau eines Stadtmuseums an der östlichen Schmalseite

211 Otto Wagner, Kirche am Steinhof; 1904. Tuschfeder, aquarelliert, 47 x 56 cm. Historisches Museum der Stadt Wien
Die 1904–1907 errichtete Kirche St. Leopold, Zentrum der NÖ. Landesirrenanstalt, ist das sakrale Hauptwerk der Wiener Secession. Moderne Bauprinzipien (Stahlkonstruktion und Plattenverkleidung) und künstlerische Ausstattung verbinden sich zu einem einmaligen Gesamtkunstwerk.

KIRCHE·FÜR·DIE·N·Ö·LANDESIRRENANSTALT·
OTTO WAGNER

des Karlsplatzes. Als die Konkurrenzentwürfe 1902 zur Beurteilung gelangten, hatte Wagner schon zwei Vorprojekte abgeliefert. Alle Entscheidungen wurden jedoch immer mehr verzögert, da sich eine heftige Polemik an der Museumsfrage entzündet hatte. Wagners Entwurf rivalisierte mit einem barockisierenden Projekt seines Mitkonkurrenten Friedrich Schachner, den konservative Kreise unterstützten. Auch der letzte, 1909 entstandene Entwurf für das Stadtmuseum auf dem Karlsplatz fand wie seine Planungen für den neuen Bauplatz auf der Schmelz keine Verwirklichung.

Wagner verpaßte beim Stadtmuseum seine letzte Chance, in Wien einen Monumentalbau errichten zu können. Genauso scheiterte er auch mit seinen Bemühungen, im Rahmen seiner Projekte für das Stadtmuseum die Regulierung des Karlsplatzes nach seinen Vorstellungen durchzuführen. Nicht nur er, sondern auch andere Architekten bemühten sich seit der Jahrhundertwende um dieses städtebauliche Problem inmitten von Wien. Über die architektonische Einbindung der dominierenden Karlskirche mit der riesigen Verkehrsfläche, die durch die Einwölbung des Wienflusses entstanden war, herrschten gleichfalls unterschiedliche Auffassungen. Letztlich behielt der dynamische Zug dieses Bereichs über eine echte Platzgestaltung Oberhand, da man sich für kein Konzept entscheiden konnte und die den Karlsplatz säumenden Bauten als Einzelobjekte beließ. Wagner blieb in diesem Bereich nur durch seine kostbaren Stationsgebäude der Stadtbahn vertreten.

In seinen Spätwerken verfolgte Wagner weiterhin seine ökonomischen Gestaltungsprinzipien. Der Baukörper wurde immer einfacher, der Dekor immer sparsamer eingesetzt, das Geometrische überwog. In diesem Sinne schuf er 1906–1907 das Schützenhaus der Staustufe Kaiserbad, sein zweites Werk am Donaukanal nach der Nußdorfer Nadelwehr, 1908–1913 die Lupusheilstätte in Ottakring und 1912 die zweite Villa Wagner in Penzing.

Noch mit über 70 Jahren machte sich Wagner während des Krieges Gedanken über Bauaufgaben, die Wien künftig zu bewältigen hätte. Er dachte dabei nicht nur an kommunale Bauten wie Sportanlagen und Bäder, sondern glaubte optimistisch an den

212 Otto Wagner, Schützenhaus der Staustufe Kaiserbad am Donaukanal; 1906–1907. Foto. Wien, Bundesdenkmalamt
Das Schützenhaus mit Kammerschleuse war Teil jener Arbeiten, die Wagner als künstlerischer Leiter der Donaukanalregulierung ausführte. Seiner späten Stilphase entsprechend wurde der Bau nur mehr sparsam dekoriert.

213 Otto Wagner, Entwurf zu einer »Galerie für Werke der Kunst unserer Zeit«; 1900. Bleistift, aquarelliert, 36,7 x 50,9 cm. Historisches Museum der Stadt Wien
Die Künstler der Jahrhundertwende, vor allem jene aus dem Kreis der Wiener Secession, regten immer wieder die Errichtung einer modernen Galerie an. Schließlich beantragte Carl Moll 1899 in einer Sitzung des Kunstrates, ein solches Projekt ernsthaft in Angriff zu nehmen. Otto Wagner lieferte einen Entwurf, der jedoch nie ausgeführt wurde.

214 Otto Wagner, Denkmal der Kultur; 1909. Bleistift, Tuschfeder, aquarelliert, 62 x 46 cm. Historisches Museum der Stadt Wien
Otto Wagner plante die Errichtung eines Stadtmuseums auf dem Karlsplatz (s. Abb. 210), für den gleichen Platz, an dem sich heute das Historische Museum der Stadt Wien befindet. Im Zusammenhang damit entstand auch der Entwurf für ein Denkmal der Kultur.

215 Otto Wagner, Zweite Villa Wagner, Schrägansicht und Situation; 1912. Bleistift, Tuschfeder, aquarelliert, 56,5 x 46,3 cm. Historisches Museum der Stadt Wien
Wagners künstlerische Entwicklung läßt sich ebenfalls an den Wohnungen und Häusern verfolgen, die er für seinen persönlichen Bedarf errichtete. Auch hier fand er zu immer einfacheren Formen.

GALERIE FÜR WERKE DER KUNST
UNSERER ZEIT
OTTO WAGNER

BÜRGERMEISTER
DIE KULTUR DENKMAL VOR DEM KAISER FRANZ JOSEF STADTMUSEUM

VILLA WAGNER

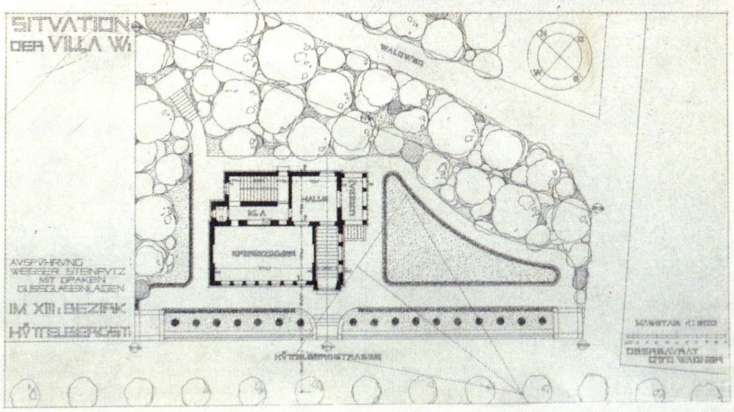
SITUATION
DER VILLA W.
HALLE
AUSFÜHRUNG
WEISSER STEINPUTZ
MIT OPAKEN
GUSSGLASEINLAGEN
IM XIII. BEZIRK
HÜTTELBERGST.
OBERBAURAT
OTTO WAGNER

Weiterbestand der großen monumentalen Aufgaben im Sinne des 19. Jahrhunderts. So hielt er an der Idee des stetigen Wachstums der Großstadt fest, wie er sie 1911 in seinem Idealentwurf für den XXII. Bezirk dargelegt hatte. Er steckte darin die funktionalen und ästhetischen Erfordernisse des städtischen Großraumes ab. Jeder neue Bezirk sollte zur Bewältigung des täglichen Lebens ein eigenes Zentrum erhalten. Wagners stets latenter Hang zum Monumentalen fand, wenigstens auf dem Papier, freie und ungehinderte Entfaltung.

Obwohl Wagner nicht in jenem Maße zum Zuge kam, wie es seiner künstlerischen Kraft entsprochen hätte, gelang es ihm im Rahmen der Aufgaben, die ihm überantwortet wurden, die Architektur in Wien in neue zukunftsorientierte Bahnen zu lenken. Er war die Autorität, an der sich alle Vertreter der Avantgarde zu messen hatten.

216 Otto Wagner, Lupusheilstätte; 1908–1913. Foto. Nach Leopold Bauer, Otto Wagner, in: *Der Architekt*, XXII, 1919, Abb. 11
Die Verbesserung hygienischer Verhältnisse mittels Architektur war ein großes Anliegen Wagners. Bei der Lupusheilstätte erhielt er die Gelegenheit, seine Ideen praktisch umzusetzen.

217 Otto Wagner, Idealentwurf für den 22. Bezirk; 1910–1911. Bleistift, Tuschfeder, 61 x 82 cm. Historisches Museum der Stadt Wien
Wagner beschäftigte sich intensiv mit dem Problem der Stadtplanung. Der sich stetig ausdehnende großstädtische Lebensraum sollte mittels neu entstehender Zentren bewältigt werden.

218 Egon Schiele, Otto Wagner; 1910. Bleistift, Wasserfarben, Deckweiß, 52,5 x 26 cm. Historisches Museum der Stadt Wien
Otto Wagner wurde von einer Tischrunde im Café Heinrichshof auf den jungen Maler Egon Schiele aufmerksam gemacht. Das vorliegende Blatt, eine Studie für ein Ölgemälde, stammt aus dem Nachlaß Wagners.

O.WAGNER

Wagnermitarbeiter und Wagnerschüler

Ähnlich verhielt es sich mit dem Werk eines Architekten der jüngeren Generation, der mehrere Jahre eng mit Otto Wagner bei der Stadtbahn zusammenarbeitete, Joseph Maria Olbrich.[2] Seine schöpferische Kraft, die sich dort manifestiert hatte, veranlaßte die Secession, der er seit ihrer Gründung 1897 angehörte, ihm die Errichtung ihres Vereinsgebäudes in der Nähe des Naschmarktes zu übertragen. Innerhalb eines halben Jahres, vom April bis November 1898, entstand ein Bau, der ganz dem Motto der Secession, das den Eingang zierte, »Der Zeit ihre Kunst – der Kunst ihre Freiheit«, entsprach. Kein vergleichbares Gebäude war vorher in Wien in dieser spezifischen Ausformung entstanden. Olbrich hatte sich dabei auf einen Entwurf Klimts gestützt. Um der Funktion als Ausstellungslokal der Secession gerecht zu werden, verzichtete Olbrich auf eine feste Raumeinteilung. Das Dach stützte sich auf sechs Pfeiler, womit die Trennungswände verschiebbar blieben. Mit Hilfe dieser idealen Lösung war die Voraussetzung zu vielfältigen Gestaltungsmöglichkeiten gegeben. So fiel es leichter, die neue Ästhetik in der Präsentation von Kunstwerken zur Entfaltung zu bringen, die die Ausstellungen dieser Künstlergruppe so neuartig machte und zu den einfallslos und überladen gehängten Ausstellungen des Künstlerhauses so stark kontrastierte. Im Aufbau beschränkte sich Olbrich auf einfache kubische Formen mit vorwiegend glatten Wandflächen. Die Dekoration konzentrierte sich auf das Hauptportal und die Kuppel über der Eingangshalle, ein Gebilde aus vergoldeten Lorbeerblättern in Metall, vom Publikum »goldenes Krauthappel« genannt.

Die Anregungen, die Olbrich hier in eigenständiger Form verarbeitete, kamen, typisch für die Secession, aus dem Westen. Zum ausschwingenden, flamboyanten Secessionsstil fügte Olbrich die strenge Komponente hinzu, die auch Hoffmann aufgriff. Für den Architekten bedeutete das Secessionsgebäude zugleich Höhepunkt und Abschluß seiner vielversprechenden

Tätigkeit in Wien. Nachdem Wagner ihm 1899 die Professur an der Kunstgewerbeschule nicht hatte verschaffen können, folgte er im selben Jahr dem Ruf von Großherzog Ernst Ludwig von Hessen und bei Rhein. Olbrich verlegte seine Tätigkeit

219 Joseph Maria Olbrich, Secession; 1898. Foto. Historisches Museum der Stadt Wien
Das Ausstellungsgebäude der 1897 gegründeten Secession ließ die neuen künstlerischen Ziele dieser Vereinigung programmatisch ins Stadtbild treten. Der Bau blieb Olbrichs Wiener Hauptwerk, da der Architekt seine Tätigkeit schon bald nach Darmstadt verlegte.

220 Gustav Klimt, Entwurf für das Gebäude der Wiener Secession; um 1897. Schwarze Kreide, aquarelliert, 11,3 x 17,7 cm. Historisches Museum der Stadt Wien
Die Handskizze Klimts beweist, daß er als erster Präsident der Vereinigung Wiener Secession Einfluß auf die architektonische Gestaltung des Gebäudes nahm.

221 Josef Plečnik, Zacherlhaus; 1903–1905. Foto. Wien, Gerhard Trumler
Das Zacherlhaus ist eines der markantesten Wohn- und Geschäftshäuser der Wiener Innenstadt, die nach der Jahrhundertwende entstanden. Wie Wagner verkleidete auch Plečnik die Fassadenflächen, wobei er durch die dunklen Granitplatten einen besonderen optischen Effekt erzielte.

nach Darmstadt, wo ihm auf der Mathildenhöhe die freie Entfaltung seines Talents gewährt wurde. Auch ein zweiter Versuch Wagners, Olbrich in Wien eine Professur und damit eine finanziell gesicherte Existenz zu vermitteln, schlug fehl, so daß Olbrich der Wiener Achitektur verloren blieb.

Ein ähnliches Schicksal erlitt auch Josef Plečnik,[3] wie Olbrich Mitarbeiter im Atelier Wagners. Als 1911–1912 die Nachfolge Wagners an der Akademie spruchreif wurde, entschied man sich, dem Wunsche Wagners folgend, für Plečnik. Zu diesem Zeitpunkt gab es starke Strömungen, die eine Fortführung der Wagnerschule an der Akademie nicht wünschten. Nicht Plečnik, sondern der in Kunstfragen flexiblere Wagnerschüler Leopold Bauer erhielt schließlich 1915 die Professur. 1914 verließ Plečnik Wien und verlegte seine Tätigkeit nach Prag und Laibach.

Dennoch gehörte die Wiener Zeit zur wichtigsten Arbeitsperiode des Architekten, fand er doch einen Bauherrn, der ihm freie Hand ließ. Für den Fabrikanten Johann Evangelist Zacherl errichtete Plečnik zwischen 1903 und 1905 ein großes Geschäfts- und Miethaus, das Zacherlhaus unweit St. Stephan. Die Verwendung von Eisenkonstruktion nach dem neuesten Stand der Technik war nicht das einzige zukunftsweisende Element dieses Hauses. Die Verhängung der Fassade mit Granitplatten samt vertikal angeordneten Stabprofilen als Träger der Verkleidung erbrachte eine völlig neue Art der Fassadengestaltung. Die durch

222 Josef Plečnik, Grabmalentwurf; 1905. Tuschfeder, braun laviert, 24 x 18 cm. Historisches Museum der Stadt Wien

mehrere Stockwerke laufenden Stabprofile ergaben auch die rhythmische Gliederung der Wände. Als Fortsetzung dieser Kraftlinien traten im Dachgeschoß anstelle von ornamentalen Elementen plastische Atlanten. Blickfang des Gebäudes wurde eine erst 1909 angebrachte mächtige, aus Kupfer getriebene Figur des Erzengels Michael von Ferdinand Andri. Die neuen technischen Möglichkeiten des Betonbaus wendete Plečnik auch bei einem Sakralbau an, der Pfarrkirche zum Hl. Geist auf der Schmelz, seinem zweiten Wiener Hauptwerk.

Otto Wagner erkannte schon früh die überragende schöpferische Kraft von Max Fabiani und machte ihn 1894 für zwei Jahre zu seinem Mitarbeiter.[4] Die theoretische und praktische Übereinstimmung in Richtung einer modernen Architektursprache befruchtete beide Künstler in jenen entscheidenden Jahren der Umwälzung. Fabianis Talent war wie das Wagners ähnlich weitgefächert: Im Laufe seines langen Lebens entfaltete er eine vielschichtige Tätigkeit in zahlreichen Städten der (ehemaligen) Monarchie, wobei die Stadtplanung einen besonderen Stellenwert innehatte. Fabiani erging es wie Wagner und Loos, die zukunftsweisenden Elemente seiner Bauwerke erfuhren im Urteil der Zeitgenossen keine Würdigung. Zwei frühe Arbeiten verkörperten eine neue Rationalität, die letztlich schon um die Jahrhundertwende auch das Haus am Michaelerplatz von Loos vorwegnahmen. 1898–1900 errichtete Fabiani ein Geschäftshaus für die Möbelfirma Portois & Fix in der Ungargasse im 3. Bezirk. Innere Struktur und äußere Erscheinung – die Fassade wurde dreigeteilt, die Fensterzone erhielt eine grüne Plattenverkleidung, auf flamboyante Zierelemente wurde vollständig verzichtet – zeigten eine formale Strenge, die Wagner erst später entwickelte. Auch das 1900–1901 entstandene Geschäftshaus des Verlages Artaria am Kohlmarkt war in der Einfachheit seiner Formgebung ein vorausweisendes Werk, das den dekorgewohnten Wienern keineswegs gefiel.

Die bei Olbrich und Plečnik erläuterten Schwierigkeiten, als Vertreter der neuen Architektur in Wien ein ausreichendes Betätigungsfeld zu bekommen, beleuchten die Situation, mit der die Wagnerschule ganz allgemein zu kämpfen hatte.[5] Nur ein kleiner Teil der Schüler, die an der Akademie zukunftsfrohe Entwürfe ausarbeiteten, konnte sich auch nach 1918 in Wien behaupten. Einige, wie Hermann Aichinger oder Franz Gessner, fanden beim sozialen Wohnbau eine Betätigung, auch Leopold Bauer, Emil Hoppe, Marcel Kammerer und Otto Schönthal wirkten in Wien weiter. Viele Wagnerschüler kehrten nach dem Krieg in ihre Heimat, also in die Nachfolgestaaten der Monarchie zurück, ein anderer Teil bleibt überhaupt nur mehr durch seine Arbeiten an der Akademie greifbar. Wagners Lehrtätigkeit zwischen 1894 und 1912 hatte eine große Zahl von Talenten heranreifen lassen, die für großangelegte Bauvorhaben in den nächsten Jahrzehnten zur Verfügung gestanden wären. Mit dem Ausbruch des Ersten Weltkrieges wurden diese Möglichkeiten radikal kupiert.

Wagner hatte dafür gesorgt, daß die Projekte seiner Schüler in sorgfältig ausgestatteten Publikationen bekannt wurden. Auch die Zeitschrift *Der Architekt* veröffentlichte viele Entwürfe. Die Themen reichen von der einfachen Landvilla zu päpstlichen Resi-

223 Leopold Bauer, Entwurf »Type von kleinen Wohnhäusern«. Nach Beiträge zu Raumgestaltungen für eine Kunstausstellung in Düsseldorf, in: *Ver Sacrum,* 1902, Heft 21
Leopold Bauer, einer der wichtigen Vertreter der Architektenschule von Otto Wagner, errichtete unter anderem als sein wichtigstes Werk in Wien das Gebäude der Österreichischen Nationalbank.

224 Max Fabiani, Haus der Möbelfirma Portois & Fix; 1899–1900. Foto aus dem Jahr 1901. Nach Marco Pozzetto, *Max Fabiani,* Wien 1983, Abb. 37
Das Haus Portois & Fix, ein Werk des Otto-Wagner-Schülers Max Fabiani, ist typisch für eine zweckdienliche, aber auch im Stadtbild das ästhetische Element zur Geltung bringende Architektur der »Stilkunst-Epoche«.

denzen, monumentalen Fürstensitzen und idealen Stadtprojekten. Nicht nur formal widerspiegeln sie das Werk ihres Lehrers, sondern sie lassen auch die jeweiligen Bauaufgaben erkennen, mit denen sich Wagner gerade beschäftigte. Wenn Josef Hannich 1912 im *Ehrenjahr Otto Wagners* einen Entwurf zum Ausbau der Hofburg veröffentlichte, zeigt dies, daß solche monumentalen Projekte noch immer zu den großen Anliegen Wagners zählten, trotz Stadtbahn, Postsparkasse und Kirche am Steinhof. Bei den größtenteils traditionsgebundenen Aufgaben oder Entwürfen zu Friedenspalästen, Sportanlagen oder Flugfeldern entwickelte die Wagnerschule teilweise eine Megalomanie und ein präfaschistisches Formenvokabular, das spätere Entwicklungen vorwegnahm. In diese Richtung schlug auch ein Projekt zu einer 1904 geplanten

225 Josef Hannich, Entwurf zum Ausbau der Hofburg; 1912. Nach *Das Ehrenjahr Otto Wagners*, Wien 1912, Abb. 46
Viele Entwürfe der Schüler Wagners illustrieren, wie sehr sich ihr Lehrer trotz seiner zukunftsweisenden Bauten bis zuletzt mit den traditionellen Bauaufgaben des 19. Jahrhunderts identifizierte.

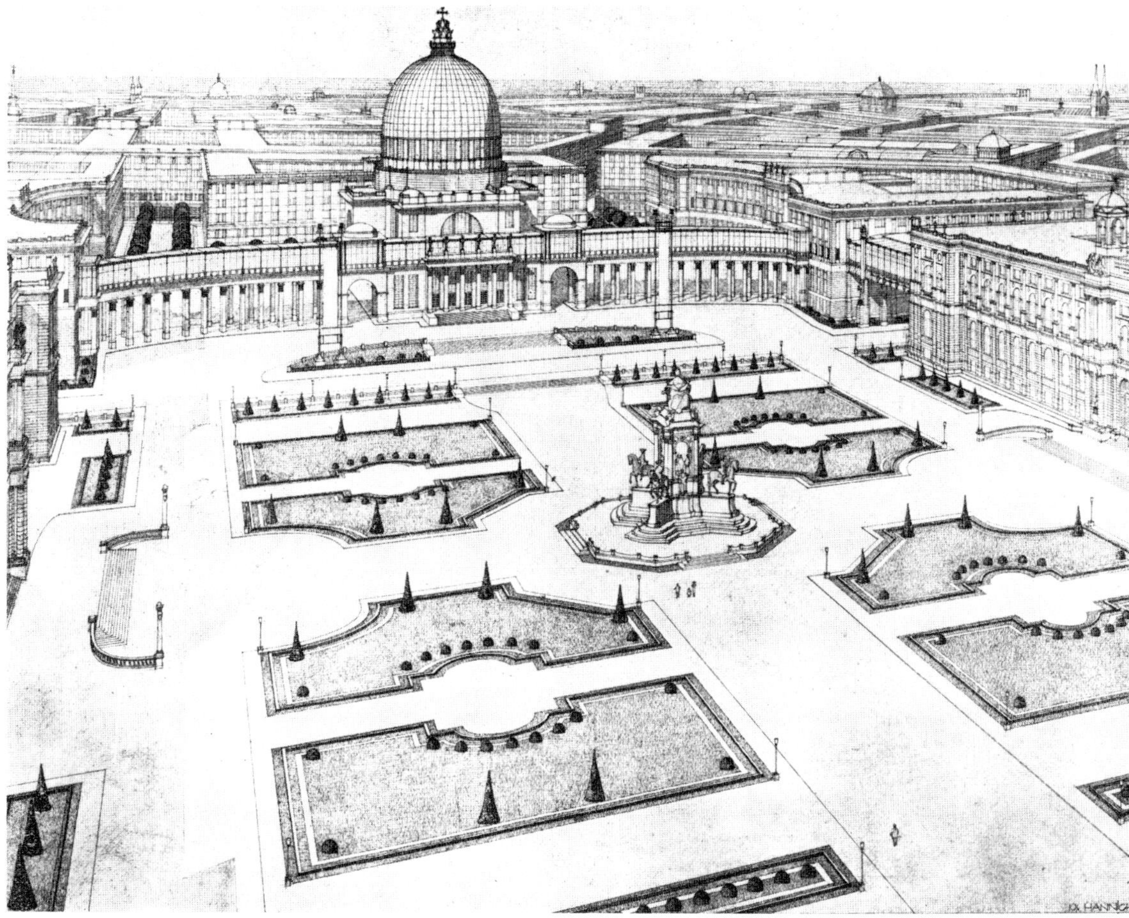

226 Karl Troll und Franz Biberhofer, Entwurf einer österreichischen Ruhmeshalle auf dem Leopoldsberg; 1904. Bleistift, Tuschfeder, aquarelliert, 65,5 x 90 cm. Historisches Museum der Stadt Wien
Zu Ende der Monarchie wurde auch die Kunst dazu eingesetzt, den längst brüchig gewordenen Staatsgedanken wiederzubeleben. Man griff dabei auf historisch bedeutsame Plätze wie den Leopoldsberg zurück, wo sich einst der Sitz der Babenberger befunden hatte und von wo 1683 der Entsatz von Wien seinen Ausgang nahm.

227 Heinrich Lefler und Joseph Urban, Ausstellungsgebäude des Hagenbundes (Zedlitzhalle); 1902. Foto. Historisches Museum der Stadt Wien
Der Hagenbund, die zweite nach der Secession gegründete neue Künstlervereinigung, die sich um die Förderung der modernen Kunst bemühte, konnte sich keinen Neubau leisten. Lefler und Urban, die vor allem kunstgewerblich tätig waren, adaptierten eine schon bestehende städtische Markthalle.

228 Max Hegele, Lueger-Gedächtniskirche auf dem Zentralfriedhof; 1908–1910. Foto. Wien, Bilderarchiv der Österreichischen Nationalbibliothek
Im Rahmen seiner kommunalen Bautätigkeit errichtete Bürgermeister Dr. Karl Lueger die Kirche auf dem Zentralfriedhof, wo er auch begraben wurde. Der Architekt Max Hegele setzte dabei sein Vorbild, Wagners Kirche am Steinhof, ins Massige um.

Ruhmeshalle auf dem Leopoldsberg, einer österreichischen Walhalla.[6] Monumentale Entwürfe wie dieser waren späte und vergebliche Versuche, den nationalen Reichsgedanken an geschichtsträchtigem Ort neu zu beleben.

Nicht nur die Secession vertrat die neuen Strömungen in der Wiener Kunst. Da sie sich als elitäre Vereinigung verstand, die nicht jedem offenstand, kam es 1900 zur Gründung einer zweiten Künstlervereinigung, des Hagenbundes.[7] Man leistete sich kein neues Haus wie die Secession, sondern adaptierte eine bestehende Markthalle. Der von Heinrich Lefler und Joseph Urban durchgeführte Umbau zeigte – bei voller Übernahme secessionistischer Motive – die kunstgewerbliche Ausrichtung der beiden Künstler.

Eine andere Auseinandersetzung mit der Secession und ihrem Protagonisten Otto Wagner erfolgte bei einem Sakralbau, den Max Hegele für Bürgermeister Lueger 1908–1910 auf dem Zentralfriedhof errichtete.[8] Nach Wagners berühmtem Vorbild, der Kirche am Steinhof, entschied sich auch Hegele für einen überkuppelten Zentralbau, verzichtete dabei jedoch auf moderne Konstruktionsprinzipien.

Josef Hoffmann

Kurz vor der Jahrhundertwende setzte das Werk eines Architekten ein, das einen neuen Höhepunkt moderner Architektur bildete. Josef Hoffmann begann ebenfalls als Schüler und Mitarbeiter Wagners.[9] Die künstlerische Kraft des Lehrers und die Aufbruchsstimmung am Vorabend der Gründung der Secession prägten auch Hoffmann nachhaltig. Schwerpunkte seiner frühen Tätigkeit waren Entwürfe für Mobiliar, Kunstgewerbe und Interieurs. Hoffmann suchte dabei von Beginn weg einen Ausgleich zwischen der disziplinierten Formenwelt Wagners und den Einflüssen des westeuropäischen Art Nouveau.

Als Gründungsmitglied der Secession prägte Hoffmann zusammen mit Olbrich den Stil der frühen Ausstellungen. Mit ihrer Art der Präsentation von Bildern, beispielsweise von Max Klingers »Christus im Olymp« bei der 3. Ausstellung 1899, etablierten sie eine Gesamtschau von Kunstobjekt, Raum und Einrichtung samt abgestimmter Farbigkeit, die für Wien völlig neu war. Den Höhepunkt von Hoffmanns Interieurkunst bildete die 14. Ausstellung der Secession 1902, die Klingers »Beethoven«

229 Josef Hoffmann, linker Seitensaal der 14. Ausstellung der Secession; 1902. Nach *Deutsche Kunst und Dekoration*, 1902, Heft 9, S. 484
Hoffmanns in klaren Formen gehaltenes Raumkonzept bot auf der 14. Ausstellung das ideale Ambiente für Max Klingers Beethoven und den Klimtfries. Diese künstlerische Form der Ausstellungsgestaltung brachte Hoffmann viel Anerkennung ein.

gewidmet war. Gustav Klimt malte einen großen allegorischen Fries als oberen Wandstreifen. Plastik und Fries verbanden sich mit Hoffmanns Raumkonzept zu einem einmaligen Gesamtkunstwerk. Die klar determinierte Abfolge von Wandflächen, glatt oder grob verputzt, der Wechsel von Pfeiler und Öffnungen sowie die Gliederung in strenge einfache Formen schufen neue Aspekte der Raumkunst. Was Hoffmann innerhalb der ephemeren Ausstellungen schuf, setzte er schon bald dauerhaft im privaten Milieu fort. Anders als Wagner gelang es ihm, vor allem nach seiner erfolgreichen Teilnahme an der Pariser Weltausstellung 1900, eine gutsituierte moderne Klientel, das liberale Großbürgertum, anzusprechen, das Wohnungen und Villen von ihm ausführen ließ.

1899 erhielt Hoffmann, 29 Jahre alt, eine Professur an der Wiener Kunstgewerbeschule, an der er die nächsten Jahrzehnte wirkte. Diese Position verschaffte ihm auch in künstlerischen Fragen Freiheit. Schon die Klinger-Ausstellung zeigte, daß er sich rasch entwickelte, indem er sich vom kurvigen Stil der frühen Secession abwandte und dem Klassizimus annäherte. Beeinflußt wurde dieser Umschwung durch intensive Kontakte zum Glasgower Künstlerkreis, besonders dem Ehepaar Mackintosh. Die Präsentation ihrer Werke auf der 8. Ausstellung der Secession 1900 hatte nachhaltigen Einfluß auf die Wiener Kunst.

Englisch inspiriert war auch die Idee zu einer Künstlerkolonie, in der sich die Avantgarde frei entfalten konnte. Ursprünglich war Olbrich damit befaßt, der diese Anlage im Grünen, in Hietzing oder auf der Hohen Warte, bauen wollte. Schließlich übernahm Hoffmann die Ausführung. Als Carl Moll und Kolo Moser sich entschieden, auf der Hohen Warte Häuser zu errichten, schlossen sich der Idee zwei Mäzene, Victor Spitzer und Hugo Henneberg, an. Hoffmann stand durch die Secession mit diesem Personenkreis in freundschaftlicher Verbindung, Voraussetzung dafür, Idealvorstellungen zu verwirklichen. Als erste dieser als Ensemble bewußt aufeinander bezogenen Villengruppen, entstand 1900–1901 das Doppelwohnhaus Moll-Moser, Henneberg und Spitzer folgten. Die asymmetrische Gliederung des Baukörpers und die Verwendung von Fachwerk waren im österreichischen Villenbau bereits geläufige Motive, um malerische Wirkungen zu erzielen. Die aus England importierten Vorbilder befruchteten nun auch Hoffmanns Architektur. Der durch den Fachwerkbau signalisierte Rückgriff auf mittelalterliche Handwerkstraditionen in der Arts-and-Crafts-Bewegung sollte die Gefahr der Vermassung bannen und dem Primat der Maschine Einhalt gebieten. Hoffmann stand, wie die spätere Gründung der Wiener Werkstätte zeigte, diesem Gedankengut nahe. In der formalen Umsetzung kam es immer wieder zum Wechsel von asymmetrischen und axialen Gruppierungen, da, wie beim Haus Henneberg, das Element der Klassik bei Hoffmann stets latent vorhanden war und sich später verstärkte.

Im Innern seiner Häuser entfaltete Hoffmann, wie sich schon bei den Ausstellungen der Secession gezeigt hatte, eine große Vielfalt von Raumwirkungen, mit diffiziler Lichtführung, Ausblicken in die Landschaft, Verteilung von Kommunikation und Ruhezonen. Das Streben nach Einfach-

230 Josef Hoffmann, Haus Moll-Moser auf der Hohen Warte; 1900–1901. Foto. Nach *Der Architekt*, IX, 1903, S. 85
Hoffmann baute dieses Haus für seine Künstlerkollegen Carl Moll und Koloman Moser. Er setzte sich dabei mit englischen Vorbildern auseinander.

231 Carl Moll, Salon des Wohnhauses Moll; 1903. Öl auf Leinwand, 135 x 89 cm. Historisches Museum der Stadt Wien
Das 1900–1901 errichtete Doppelwohnhaus Moll-Moser war Auftakt einer von Secessionskünstlern und ihren Mäzenen geplanten Künstlerkolonie auf der Hohen Warte. Schon bei diesem frühen Bau erwies sich Hoffmann als überragender Ausstattungskünstler.

232 Carl Moll, Wohnzimmer mit Anna Moll, der Gattin des Malers; um 1910. Öl auf Leinwand, 100 x 100 cm. Historisches Museum der Stadt Wien
Der Maler Carl Moll stellte mit diesem Bild sein im Sinne der »Stilkunst« eingerichtetes Wohnzimmer dar.

233 Josef Hoffmann, Speisesaal des Sanatoriums Purkersdorf; 1904. Foto. Nach Eduard F. Sekler, *Josef Hoffmann – Das architektonische Werk*, Salzburg u. Wien 1982, Abb. 286
Obwohl das Sanatorium »Westend« für eine wohlhabende Kundschaft errichtet wurde, verzichtete Hoffmann auf den Einsatz jeglicher repräsentativer Formmittel. Er konzentrierte sich auf das rein Funktionelle, so daß im Speisesaal sogar die Betondecke unverkleidet blieb.

234 Josef Hoffmann, Speisesaal des Palais Stoclet in Brüssel mit dem Mosaikfries von Gustav Klimt; 1906–1911. Foto. Nach Eduard F. Sekler, *Josef Hoffmann – Das architektonische Werk*, Salzburg u. Wien 1982, Abb. 111

235 Josef Hoffmann, Palais Stoclet in Brüssel; 1906–1911. Foto. Nach *Moderne Bauformen*, XIII, 1914, S. 3
Dieser Markstein in der Geschichte der modernen Architektur bildete auch den Höhepunkt der Ausstattungskunst der Wiener Werkstätte, die Hoffmann 1903 gegründet hatte. Die vollkommene Entfaltungsmöglichkeit künstlerischer Prinzipien ermöglichte erst ein in Brüssel lebender großzügiger Bauherr.

heit der Innenausstattung, wie beim Haus Moll-Moser, und aufwendigere Lösungen wechselten sich bei ihm stets ab.

Noch konsequenter in Richtung formaler Strenge war das 1904–1905 errichtete Sanatorium »Westend« in Purkersdorf, einem Ort westlich von Wien. Hoffmann stattete diesen für ein zahlungskräftiges Publikum eingerichteten Bau bis ins Detail aus, wobei er völlig auf Elemente der Repräsentation verzichtete und die Stahlbetondecke des großen Speisesaales sogar unverkleidet ließ.

Die Gelegenheit, die künstlerischen Kräfte der 1903 gegründeten Wiener Werkstätte großzügig einzusetzen, bot sich nicht in Wien, sondern in Brüssel: Dort wurde Hoffmanns Hauptwerk, das Palais Stoclet, errichtet. Dank eines großzügigen Bauherrn entstand eine monumentale Villa, bei der sich alle architektonischen und kunstgewerblichen Talente Hoffmanns voll entfalten konnten. Seine besondere Wirkung erzielte das Gebäude durch vielfältige Zusammensetzung aus kubischen Blöcken, die Verkleidung mit weißem Marmor und die markante Einfassung der Kanten durch getriebene Kupferstäbe. Die seit Wagner in Wien eingeführte Verkleidung der Fassade erhielt in dieser Form eine neue Dimension optischer Wirkung. Die Erfüllung der dekorativen Gestaltungsmöglichkeiten der Wiener Stilkunst und reichlicher Gebrauch edler Materialien führten auch zur Entstehung eines zweiten außerordentlichen Kunstwerks: Für den Speisesaal schuf Gustav Klimt seinen berühmt gewordenen Mosaikfries.

Inzwischen hatte sich innerhalb der Secession eine dramatische Entwicklung vollzogen. 1905 verließ der Künstlerkreis um Klimt, darunter Hoffmann und Wagner, die Vereinigung. 1908, im Jahr des 60jährigen Regierungsjubiläums des Kaisers, veranstaltete diese Gruppe eine Ausstellung auf dem Baugrund, der für das Konzerthaus bestimmt war. Für diese Gelegenheit entwarf Hoffmann unter anderem das Eingangsgebäude, das in seiner kühlen Strenge die Verstärkung klassizistischer Tendenzen ankündigte. Auch der Wagnerschüler Emil Hoppe

236 Josef Hoffmann, Eingangsgebäude der Kunstschau 1908. Farbdruck, 14 x 9,1 cm. Postkarte Nr. 1 der Wiener Werkstätte. Historisches Museum der Stadt Wien
Hoffmann gehörte der Klimt-Gruppe an, die 1905 aus der Secession auszog. Für diese künstlerisch so bedeutende Ausstellung schuf er das architektonische Gesamtkonzept.

237 Emil Hoppe, »Hof in Beton-Architektur« der Kunstschau 1908. Farbdruck, 14 x 9,1 cm. Postkarte Nr. 4 der Wiener Werkstätte. Historisches Museum der Stadt Wien
Der »kleine Beton-Hof« des Wagnerschülers Hoppe verwies auf die modernen Baumaterialien, deren funktionsgerechte Verwendung von der Wiener Avantgarde propagiert wurde.

E HOPPE

238 Otto Schönthal, Villa Vojczik; 1902. Foto des restaurierten Bauwerks 1984. Historisches Museum der Stadt Wien

239 Josef Hoffmann, Villa Skywa-Primavesi; 1913–1915. Foto. Nach Eduard F. Sekler, *Josef Hoffmann – Das architektonische Werk,* Salzburg u. Wien 1982, Abb. S. 367
Hoffmann fand immer wieder großzügige Bauherrn, die ihn weitläufige Villenbauten errichten ließen. Die Villa Skywa-Primavesi fällt in die Phase, in der er klassizistische Elemente in seine Architektur aufnahm.

fügte sich mit seinem »Hof in Beton-Architektur« in diese Entwicklung ein. Die klassizistische Formensprache prägte in dieser Phase Hoffmanns Villenbauten, besonders die Villa Ast und die 1913–1915 entstandene Villa Skywa-Primavesi. Die vertikale Kannelierung wurde zu einem Leitmotiv seiner Fassadengliederungen.

Während die Moderne einer immer stärker werdenden Gefährdung ausgesetzt war und der Weltkrieg das rasche Absinken von Bauvorhaben mit sich brachte, konnte Hoffmann auch in dieser kritischen Zeit sich auf eine großzügige Kundschaft stützen, die ihn weiterbeschäftigte und seinem Anliegen, alle Bereiche des Lebens mitzugestalten, willig folgte. In diesem Sinne setzte Hoffmann nach dem Kriege seine Tätigkeit längere Zeit in den gleichen Bahnen fort. Neue Aufgaben, wie Wohnhausanlagen der Gemeinde Wien, und seine Tätigkeit für den Werkbund brachten ihm weiterhin Anerkennung und Arbeitsmöglichkeiten.

Adolf Loos

Waren Wagner und Hoffmann durch ihre freundschaftlichen Kontakte zu anderen Künstlern in Wiens Kulturleben stark eingebunden, so schuf Adolf Loos seine Werke als Einzelgänger.[10] Nach dreijährigem Studium in Dresden hielt sich Loos 1893–1896 in den Vereinigten Staaten auf. Nach seiner Rückkehr nach Wien war er vorwiegend schriftstellerisch tätig. Seine anfänglich guten Kontakte zur Secession kühlten bald ab. Schon 1898 hatte er in *Ver Sacrum* den Aufsatz »Die Potemkinsche Stadt« veröffentlicht, mit dem er seine langjährige Polemik gegen die Kunst der vorangegangenen Jahrzehnte eröffnete, eine Polemik, die rasch auch die zeitgenössischen Architekten miteinschloß. Zwei wesentliche Einflußquellen bestimmten seine künstlerischen Prinzipien. Wie Wagner erschien ihm die Kunst des frühen 19. Jahrhunderts vorbildlich, in der Form und Funktion eine Einheit bildeten. Zum anderen faszinierte ihn die angelsächsische Lebensweise, die seine Inneneinrichtungen stark prägte. Mit dieser Einstellung, die Wagner und Hoffmann ebenso besaßen, stand Loos durchaus im Einklang mit den damaligen architektonischen Bestrebungen, doch war er gewillt, einen radikaleren Weg einzuschlagen, der ihn bald auch persönlich isolierte.

Adolf Loos begann seine Tätigkeit mit Wohnungs- und Geschäftseinrichtungen. 1898 führte er beim (nicht erhaltenen) Herrenmodegeschäft Goldman & Salatsch vor, was er unter Modernität verstand. Unter strikter Beachtung der Funktion verzichtete er auf jegliche Dekorationselemente und erzielte seine Wirkung durch Verwendung von edlen Materialien, Holz, Messing, geschliffenem Glas. Vollends neu für Wien war 1899 die Gestaltung des Café Museum. Bewußt griff er auf das Kaffeehaus des Wiener Biedermeier zurück, mit zentral aufgestellter Sitzkassa. Die kühle Eleganz dieses Künstler- und Literatentreffs, der ohne Plüsch auskam, löste Befremden aus und erhielt den Spitznamen »Cafe Nihilismus«.

Wie wichtig Loos das Wohnen, der Aufenthalt des Menschen im privaten Milieu war, illustriert ein sehr persönliches Beispiel, sein 1903 entstandenes Wohnzimmer mit Kaminraum aus seiner Wohnung in der Bösendorferstraße (jetzt Historisches Museum der Stadt Wien). Kamin und Sitzecke,

240 Adolf Loos, Herrenmodensalon Goldman & Salatsch; 1898–1903. Foto. Wien, Loos-Archiv der Graphischen Sammlung Albertina
Schon bei dieser frühen Arbeit, seinem ersten Straßenlokal, verzichtete Loos auf jegliches dekorative Beiwerk. Die funktionelle Einrichtung erzielte ihre gediegene Wirkung durch die Verwendung edler Materialien wie Mahagoni, geschliffenes Glas und Messing.

241 Adolf Loos, Café Museum; 1899. Foto. Wien, Loos-Archiv der Graphischen Sammlung Albertina
Der modern-sachliche Innenraum war die rigorose Absage an den Ringstraßenstil. Auf der Suche nach neuen Gestaltungsmöglichkeiten besann sich Loos auf die Tradition des Wiener Kaffeehauses im Biedermeier. Die ihn mißverstanden, nannten es »Café Nihilismus«.

242 Adolf Loos, Speisezimmer und Sitzraum der Looswohnung; 1903. Foto. Historisches Museum der Stadt Wien
Auch seine eigene Wohnung im Hause Bösendorferstraße 3 zeigt die starke Prägung, die Loos in Amerika erhalten hat. Elemente der angelsächsischen Wohnform, wie der offene Kamin, fanden durch ihn Eingang in die Wiener Architektur.

offene Ziegelmauer und Balkendecke schufen eine intime Atmosphäre, wie er sie im angelsächsischen Raum kennengelernt hatte. Die Devise »My Home is my Castle« fand ihre Wiener Umsetzung.

Nachdem Loos 1908 mit seiner Schrift *Ornament und Verbrechen* schon eine ungeheure Polemik ausgelöst hatte, wurde er 1910 noch umstrittener mit dem Bau des Hauses am Michaelerplatz. Über einem Geschäftshaus, das gegen den Platz mit einem glatten Marmorportal nach außen trat, erhob sich ein Wohnhaus mit flächiger, ungegliederter Fassade und ungerahmten »augenbrauenlosen« Fenstern, dem jegliche Dekoration fehlte. Die strenge vertikale und horizontale Gliederung, die Regelhaftigkeit der Fensteraufteilung, der gerade Dachabschluß und die Schmucklosigkeit waren so ungewohnt, daß diese epochale Leistung des Architekten Ziel heftigster Angriffe wurde. Die Ablehnung entzündete sich vor allem an der Lage des Hauses in unmittelbarer Nachbarschaft der Hofburg.

243 Adolf Loos, Michaelerhaus; 1909–1911. Foto. Wien, Loos-Archiv der Graphischen Sammlung Albertina
Um das Haus am Michaelerplatz, das Hauptwerk von Loos, entspann sich eine heftige Kontroverse. An diesem geschichtsträchtigen Ort empfand man das radikal einfach gehaltene Äußere als Provokation. Seit Errichtung des »augenbrauenlosen« Hauses soll der Kaiser die Vorhänge der Hofburg geschlossen gehalten haben.

244 Adolf Loos, Haus Steiner; 1910. Foto. Historisches Museum der Stadt Wien
Auch beim Einfamilienhaus verzichtete Loos auf jeden Repräsentationsanspruch und setzte nur einfache architektonische Mittel ein. Das äußere Erscheinungsbild wurde von innen, von der Raumstruktur ausgehend, entwickelt.

Die Einfachheit und der Verzicht auf jegliches Beiwerk wurden als Sakrileg ausgelegt. Da der Bauherr Loos unterstützte, konnte er dieses Werk, das die Architektur revolutionierte, dennoch vollenden.

Moderne Gestaltungsideen verfolgte Loos auch im Villenbau. Wie beim Haus am Michaelerplatz kam er beim gleichzeitigen Haus Steiner zu einer wirkungsvollen Lösung mit einfachen architektonischen Mitteln. Dabei wurde der Aufriß von innen her entwickelt, so daß die Anordnung der Fenster von der Raumausteilung abhängig war. Zentrum war ein mehreren Zwecken dienender Familienwohnraum. Auch diese Lösung nahm künftige Entwicklungen vorweg. Einen neuen Typus schuf Loos 1912 mit dem als Terrassenhaus angelegten Haus Scheu, dessen Front geschoßweise zurücksprang. Schöpfungen wie diese machten Loos zum Begründer der modernen Baukunst. In seinen extremen Bemühungen, den Bedürfnissen der Menschen entsprechende sachliche Gebäude zu errichten, war er auf Auftraggeber angewiesen, die auf äußere Repräsentation zu verzichten bereit waren. Die nach dem Kriege in den zwanziger Jahren von Loos gebauten Siedlungen und Wohnhausanlagen bedeuteten die konsequente Weiterführung jener Prinzipien, die er für zeitgerecht hielt. In Wien erkannten nur wenige sofort, welche Tragweite seine Architektur hatte.

Friedrich Ohmann

Eine Mittelstellung zwischen Moderne und dem »Heimatstil«, der sich auf die Stilformen des heimischen Barock berief, nahm Friedrich Ohmann ein.[11] Der Ferstelschüler wirkte als Professor an der Prager Kunstgewerbeschule, als ihm zwei wichtige Aufgaben in Wien übertragen wurden. 1898 bestellte ihn die Gemeinde zum künstlerischen Leiter der Wienflußregulierung, die gleichzeitig mit dem Bau der Stadtbahn im Wiental in Angriff genommen worden war, und im Jahre 1899 berief man ihn für den Hofburgbau.

245 Friedrich Ohmann und Josef Hackhofer, Entwurf zur Wienflußeinwölbung am Stadtpark; nach 1898. Tuschfeder, aquarelliert, Farbstifte, Papier auf Leinwand kaschiert, 73 x 122,8 cm. Historisches Museum der Stadt Wien
Für den unteren Abschluß der Wienflußeinwölbung entwarfen Ohmann und Hackhofer, die künstlerischen Leiter der Wienflußregulierung, eine grandiose Portalanlage. Architektur, Plastik, Wasser und Pflanzen sollten ein »Stilkunst«-Ensemble bilden.

246 Ludwig Baumann, Konsularakademie; 1904. Aquarell über Feder, 60 x 99,7 cm. Historisches Museum der Stadt Wien
Seit dem Späthistorismus besann man sich verstärkt auf den heimischen Barockstil. Diese Entwicklung fand offizielle Förderung, da sie patriotisch an die große Zeit Österreichs erinnerte.

K.u.K. CONSULAR-AKADEMIE IN WIEN.
VORDER-FAÇADE.
ARCHITEKT L. BAUMANN.
K.K. BAURATH

247 Friedrich Ohmann, Entwurf zum Platz um die Votivkirche; 1916. Tuschfeder, laviert, 61 x 99 cm. Historisches Museum der Stadt Wien
Das Ergebnis der langjährigen Planungen des Votivkirchenplatzes wurde allgemein als unbefriedigend angesehen. Ohmann versuchte im Sinne der vielbeachteten städtebaulichen Ideen Camillo Sittes durch Umbauung der Kirche eine Lösung herbeizuführen.

Ohmann erfüllte bei der Wienflußregulierung eine ganz ähnliche Aufgabe wie Wagner bei der Stadtbahn. Beide waren für das Erscheinungsbild von an sich technisch orientierten Bauten verantwortlich. Ihre Leistung prägte schließlich das Aussehen des Wientales stark mit. Besonderes Gewicht erhielt die künstlerische Ausgestaltung des oberen und unteren Endes der Wienflußeinwölbung in Hietzing und beim Stadtpark (die Wien wurde allerdings nur zwischen Naschmarkt und Stadtpark eingewölbt). Für das Wölbungsende beim Stadtpark entwarf Ohmann eine aus architektonischen und plastischen Elementen bestehende Anlage mit effektvollem Wasservorhang. Bei der ganz in den Formen der Stilkunst gehaltenen Architektur ging es ihm um die Integration in die Natur.[12] Architektur und Plastik sollten mit Wasser und Vegetation zu einer Einheit verschmolzen werden. Ohmann vertrat hier ein Anliegen der Secession, der er seit ihrer Gründung angehörte.

Während zwei weitere Arbeiten, die architektonische Anlage des Kaiserin-Elisabeth-Denkmals im Volksgarten und das kaiserliche Glashaus im Burggarten secessionistisch gestaltet wurden, überwog bei seinen Entwürfen für die Hofburg die historisierende Komponente. Es gelang Ohmann allerdings nicht, den Hofburgbau entscheidend voranzutreiben, 1907 resignierte er überhaupt. 1916 beschäftigte ihn, nachdem er sich wie Wagner vergeblich um die Regulierung des Karlsplatzes bemüht hatte, die Problematik eines anderen Platzes, für den schon zahlreiche Vorschläge gemacht worden waren: des Platzes um die Votivkirche.[13] Heinrich von Ferstel, Erbauer der Kirche, hatte bis zu seinem Tode 1883 ihr architektonisches Umfeld beeinflußt. Schon bald erhoben sich kritische Stimmen über die unbefriedigende Wirkung dieses nationalen Denkmals. An den Lösungsversuchen beteiligte sich auch Otto Wagner. Nach Ohmanns Vorstellungen sollte die Kirche von einem Habsburgermuseum, Habsburgermonumenten samt Kaiser-Franz-Joseph-Denkmal und einer neuen Universitätsbibliothek eingerahmt werden. Hinsichtlich Museum und Denkmälern mutet dieser Entwurf als letztes patriotisches Aufbäumen mitten im Krieg, an.

Bei seinem Platzentwurf folgte Ohmann jenen Prinzipien, die 1889 Camillo Sitte in seiner Schrift *Der Städtebau nach seinen künstlerischen Grundsätzen*[14] aufgestellt hatte. Sitte griff darin das Rastersystem an, nach dem die Stadterweiterung erfolgt war, und beklagte das Primat der Straße und die vielen öden Plätze. Natürlich gewachsene mittelalterliche Städte, Plätze des Barock, die »malerische« Blickpunkte ermöglichten, waren seine Vorbilder. Sittes Konzept, das viel Unterstützung fand, verfolgte eine neue Romantik, die den Rationalismus, wie ihn vor allem Wagner vertrat, bekämpfte.

Würde man das architektonische Geschehen Wiens in den letzten Jahrzehnten der Monarchie nur mit dem Werk von Otto Wagner, Josef Hoffmann, Adolf Loos oder Joseph Maria Olbrich usw. gleichsetzen, wäre dies eine Verfälschung der tatsächlichen Lage. Die Moderne kam keineswegs so zum Zuge, wie es ihre Verfechter für wünschenswert hielten. Gegenüber dem sonstigen Bauaufkommen lag sie stets im Hintertreffen. Während die Secession nur einem intellektuell geschulten Nobelpublikum zugänglich blieb, hielten sich die Bauherrn zumeist an jene Architekten, die dem Historismus verpflichtet blieben. Die Spätphase des Historismus in den neunziger Jahren bedeutete insofern eine Wandlung, als die Neorenaissance zugunsten barockisierender Formen zurücktrat.[15]

248 Karl König, Palais Herberstein; 1894–1897. Foto. Historisches Museum der Stadt Wien
Karl König ist ein typischer Vertreter jener Architekten, die sich dem Barock zuwandten. Ihnen wurde, auch offiziell, jene Anerkennung gezollt, auf die man in der Secession vergeblich wartete.

Spätphase des Historismus

Während sich die Secession mit zeitgenössischen Tendenzen der westeuropäischen Kunst, insbesondere mit England, auseinandersetzte und sich um internationale Kontakte bemühte, führte ein anderer Weg in die eigene Vergangenheit. Nachdem das Barock lange als Verfallskunst angesehen worden war, begann man sich nun mit seinen Leistungen zu beschäftigen. Die von Albert Ilg 1880 unter Pseudonym verfaßte Schrift *Die Zukunft des Barockstils* war diesbezüglich von größter Bedeutung. Weitere Publikationen vermehrten das Wissen um die österreichische Barockkunst, die nun viele Neubauten prägte. Nicht unwesentlich bei der Hinwendung zu diesem Stil war die patriotische Komponente. Je mehr der Staat in Krisen schlitterte, umso willkommener mußte den Offiziellen das Aufgreifen jenes Stils sein, der Österreichs große Zeit symbolisierte. Vorbildlich war dabei der Entschluß gewesen, die stadtseitige Front der kaiserlichen Hofburg gegen den Michaelerplatz, seit fast zweihundert Jahren ein Torso, im Sinne der Pläne Fischer von Erlachs zu vollenden.

Ein vielbeschäftigter Vertreter des barockisierenden Historismus war Karl König.[16] Sein in unmittelbarer Nähe zum Michaelertrakt der Hofburg gelegenes, 1894–1897 errichtetes Palais Herberstein kann als typisch gelten und zeigt, wie das monumentale Pathos des Barock dem Geschmack repräsentativ denkender Bauherrn entgegenkam. Die Kuppel über der abgerundeten Ecke war ein seit langer Zeit verwendetes Motiv, das Wiens Stadtbild stark prägte.

Die ständigen Schwierigkeiten der Secessionsmitglieder, ihre künstlerischen Ziele zu verwirklichen, Wagners Scheitern beim Stadtmuseum, der Abgang Olbrichs nach Darmstadt und die Polemik gegen das Looshaus am Michaelerplatz lassen erkennen, daß die Moderne gewichtige Gegner hatte. Die ablehnende Haltung des Publikums, das gegen alles Ungewohnte Sturm lief, fand in der Person des Thronfolgers Unterstützung.[17] Franz Ferdinand, der in den letzten Jahren vor dem Krieg immer mehr auf aktuelle Kunstfragen Einfluß nahm, trat nachdrücklich für die Beibehaltung historischer Stile ein.

Der Architekt, der Franz Ferdinand in dieser Hinsicht am meisten entgegenkam, war Ludwig Baumann.[18] Als Chefarchitekt des Industriellen Arthur Krupp hatte er in Berndorf neben zahlreichen Gebäuden eine Kirche, Ableger der Karlskirche, gebaut. Nachdem Baumann für die Pariser Weltausstellung 1900 und in Wien 1902 bei der Konsularakademie mit Bauten im Stil der Zeit Maria Theresias hervorgetreten war, übertrug ihm Franz Ferdinand 1908 die Leitung des Burgbaus. Es war der letzte Versuch, dieses Herzstück der Ringstraße zu vollenden. 1870–1871 hatten Semper und Hasenauer das »Kaiserforum« als idealtypische Anlage im Raum zwischen der alten Hofburg und den Hofstallungen entworfen, um die Idee des Kaisertums Österreich zu veranschaulichen. In den neunziger Jahren geriet der Bau ins Stocken, Symbol des erlahmenden Staatsgedankens. Trotz Reduktion des ursprünglichen Programms verzögerte sich der Weiterbau. 1916 stellte Baumann den Corps-de-Logis-Trakt fertig. Dank Franz Ferdinands Aufgeschlossenheit gegenüber der Idee der Denkmalpflege unterblieb die vorher geplante Verbauung der barocken und klassizistischen Teile der Hofburg.

Für die umgeschlagene Stimmung typisch war der Ausgang der Konkurrenz für das Kriegsministerium 1907–1908. Die Projekte von Wagner und Loos wurden verworfen, Baumanns barockisierender Entwurf kam zur Ausführung. Dieser letzte Monumentalbau der Ringstraße symbolisierte die Rückkehr alter Kräfte in moderner, bürokratischer Form.[19] Der Mittelteil des langgestreckten Gebäudes erhielt eine pathetische Bekrönung, Zeichen militärischen Machtanspruches, der schon bald in die Katastrophe führte.

Betonte Monumentalität, um die wirtschaftliche Bedeutung zu unterstreichen, zeigten auch einige Neubauten Wiener Banken, die nach der Jahrhundertwende ent-

249 Ludwig Baumann, Kriegsministerium; 1909–1913. Foto. Historisches Museum der Stadt Wien
Ludwig Baumann konnte den letzten Monumentalbau an der Ringstraße errichten. Von Thronfolger Franz Ferdinand gefördert, der auf Kunstangelegenheiten starken Einfluß nahm, trug er in der Konkurrenz den Sieg über Wagner und Loos davon.

250 Ernst von Gotthilf und Anton Neumann, N.-Ö. Escompte Gesellschaft (Länderbank); 1913–1915. Nach *Die bildenden Künste und Der Architekt*, I, 1916–1918, Abb. 11
In den letzten Jahren der Monarchie entstanden noch einige Neubauten von Wiener Banken. Ihre Monumentalität, für die man meist klassizistische Gestaltungselemente einsetzte, sollte die wirtschaftliche Bedeutung der Institute herausstreichen.

251 Wasserturm auf dem Wienerberg; 1898. Foto. Historisches Museum der Stadt Wien
Abseits repräsentativer Rücksichtnahme entstanden während des 19. Jahrhunderts zahlreiche Industrie- und Nutzbauten in Wien, deren Form nur der funktionellen Aufgabe unterworfen war. Auch sie leisteten ihren Beitrag zur Entwicklung der modernen Architektur.

standen.[20] Da in der Innenstadt keine Bauplätze verfügbar waren, mußten meist ältere Gebäude weichen, wie das alte Kriegsministerium Am Hof, das 1913–1915 durch den Bau der N.-Ö. Escompte-Gesellschaft ersetzt wurde. Die Architekten Ernst von Gotthilf und Alexander Neumann, Spezialisten in solchen Bauaufgaben, vertraten den für die Zeit typischen Klassizismus.

Die Einsetzung klassizistischer Gestaltungsmittel erfolgte auch 1912–1914 bei der Errichtung des Konzerthauses in der Lothringerstraße durch das Architekturbüro Fellner und Helmer, das nicht nur in Wien, sondern in allen Teilen der Monarchie und in anderen Ländern Europas Theaterbauten errichtet hatte.

Die Verwirklichung der Ringstraße hatte die Entwicklung neuer Bauverfahren und neuer Baustoffe beschleunigt. Eiserne Dachstühle in monumentalen Gebäuden wurden selbstverständlich. Die Entwicklung geschah allerdings »im geheimen«, da das Repräsentationsbedürfnis des 19. Jahrhunderts, zumindest in Wien, ein Hervortreten konstruktiver Teile nicht gestattete. Erst Otto Wagner brachte die Wende, doch auch er band die Technik künstlerisch ein.

Industrie- und Nutzbauten

Anders verhielt sich dies bei jener Gruppe von Gebäuden, bei denen repräsentative Rücksichtnahme entfiel, den Industrie- und Nutzbauten, die in Wien in reicher Zahl entstanden waren.[21] Die fortschreitende Industrialisierung und die vielfältigen Aufgaben der Großstadt erforderten Ökonomie in Material und Technik. Rohziegel, Eisen, später auch Beton bildeten die am meisten eingesetzten Baustoffe. Der Wiener Nutzbau wurde stark von englischen Vorbildern geprägt. Die führende Industrienation beherrschte die modernen Technologien und ihre optimale Umsetzung in Bauformen. Dies kam nicht nur dem Nutzbau zugute, sondern auch Konstruktionen, die dem Vergnügen dienten, wie das 1896–1897 anläßlich der Ausstellung »Venedig in Wien« von einer englischen Firma gefertigte Riesenrad. Auch bei den 1898–1899 errichteten Gaswerken in Simmering waren englische Ingenieure tätig. Die für solche Bauten typischen kubischen Formen zeigte beispielsweise auch der 1898 entstandene Wasserturm auf dem Wienerberg.

Während in der damaligen Zeit der künstlerische Wert solcher Bauten überhaupt nicht zur Debatte stand, begann man später ihre spezifische Ästhetik zu schätzen und ihre Bedeutung für die moderne Architektur zu erkennen, auch in Wien.

ANMERKUNGEN

1 Heinz Geretsegger u. Max Peintner, Otto Wagner, Salzburg 1964

2 Joseph M. Olbrich, Ausstellungskatalog Darmstadt, Wien, Berlin u. Darmstadt 1967
Joseph Maria Olbrich, Die Zeichnungen in der Kunstbibliothek Berlin, Kritischer Katalog, Berlin 1972

3 Damjan Prelovšek, Josef Plečnik, Wiener Arbeiten von 1896 bis 1914, Wien 1982

4 Marco Pozzetto, Max Fabiani – Ein Architekt der Monarchie, Wien 1983

5 Marco Pozzetto, Die Schule Otto Wagners 1894–1912, Wien – München 1979 (deutsche Auflage 1980)

6 Die Türken vor Wien, Europa und die Entscheidung an der Donau 1683, Katalog der 82. Sonderausstellung des Historischen Museums der Stadt Wien, Wien 1983, Kat. Nr. 29/61 (Selma Krasa)

7 Der Hagenbund, Katalog der 40. Sonderausstellung des Historischen Museums der Stadt Wien, Wien 1975

8 Renate Wagner-Rieger, Wiens Architektur im 19. Jahrhundert, Wien 1970, S. 248ff.

9 Eduard F. Sekler, Josef Hoffmann, Das Architektonische Werk, Salzburg u. Wien 1982

10 Ludwig Münz u. Gustav Künstler, Der Architekt Adolf Loos, Wien u. München 1964
Burkhardt Rukschcio u. Roland Schachel, Adolf Loos, Leben und Werk, Salzburg u. Wien 1982

11 Ferdinand von Feldegg, Friedrich Ohmann's Entwürfe und ausgeführte Bauten, Sonderdruck aus: Der Architekt, Wien 1906

12 Maria Pötzl-Malikova, Die Plastik der Ringstraße 1890–1918, Wiesbaden 1976 (Die Wiener Ringstraße – Bild einer Epoche, Bd. IX, 2), S. 37ff.

13 Hans Tietze, Friedrich Ohmanns Entwurf für eine Neugestaltung des Votivkirchenplatzes, in: Die bildenden Künste, I (1916–1918), S. 161 (Der Architekt)

14 Camillo Sitte, Der Städtebau nach seinen künstlerischen Grundsätzen, Wien 1889

15 Renate Wagner-Rieger, Wiens Architektur im 19. Jahrhundert, Wien 1970, S. 231ff.

16 Bauten und Entwürfe von Carl König, hg. von seinen Schülern, Wien 1910

17 Elisabeth Springer, Geschichte und Kulturleben der Wiener Ringstraße, Wiesbaden 1979 (Die Wiener Ringstraße – Bild einer Epoche, Bd. II)

18 Ludwig Baumann, Mein Lebenslauf und meine Tätigkeit, hg. von L. Baumann, Wien 1931

19 Carl E. Schorske, Wien, Geist und Gesellschaft im Fin de siècle, Frankfurt am Main 1982 (ursprünglich: Fin de siècle-Vienna, London 1979, New York 1980)

20 Karl Holey, Neubauten Wiener Banken, in: Die bildenden Künste, I (1916–1918), S. 1 (Der Architekt)

21 Robert Waissenberger, Wiener Nutzbauten des 19. Jahrhunderts als Beispiele zukunftsweisenden Bauens, Wien u. München 1977 (Wiener Schriften, Heft 38)

MUSIK UND MUSIK-THEATER

Kurt Blaukopf

In der bildenden Kunst und der Literatur machte sich in der Zeit um die Jahrhundertwende das Bestreben geltend, österreichische Eigenständigkeit zu finden und zu manifestieren. So meldete die Wiener Literatur-Zeitung *Neue Revue* schon 1894 die Forderung an, »die österreichische Literatur von der deutschen wieder völlig zu emanzipieren«,[1] und *Ver Sacrum*, das offizielle Organ der Vereinigung bildender Künstler Österreichs, verkündete das Ziel, »Österreich als selbständigen künstlerischen Factor erscheinen zu lassen«.[2]

Im Bereich der Musik fehlte es, soweit ich sehen kann, an Deklarationen ähnlicher Art. Es bedurfte offenbar keiner Rhetorik, um Österreichs musikalische Identität einsichtig zu machen: Das in der kompositorischen Tradition, im Standard des Musikbetriebs und vor allem in der Dichte musikalischen Dilettantentums verankerte Selbstbewußtsein war ungetrübt. Von den neun Symphonien Anton Bruckners waren bis zum Jahrhundertende acht veröffentlicht. Das Œuvre des Wahlwieners Johannes Brahms hatte schon vor Beginn der hier behandelten Epoche längst Publikum und Anerkennung gefunden. Zu diesen für uns heute gleichermaßen erlauchten Namen gesellten sich andere, denen epochaler Nachhall zwar versagt geblieben ist, die jedoch als »Kleinmeister« das Musikleben der Stadt bereicherten: Johann Nepomuk Fuchs, Robert Fuchs – zu dessen Schülern Gustav Mahler gehört hatte –, Hermann Grädener, Karl Goldmark und einige andere.

252 Ludwig Michalek, Johannes Brahms. Kohlezeichnung, 44 x 30 cm. Historisches Museum der Stadt Wien
Johannes Brahms war zum Unterschied von Anton Bruckner der von Eduard Hanslick favorisierte Musiker. Seine Kompositionen wurden als volles Bekenntnis zur Wiener Klassik verstanden. In Wien hat man sein Werk immer geschätzt, seine 2. und seine 3. Symphonie wurden von den Wiener Philharmonikern unter Hans Richter uraufgeführt.

Brucknerianer und Brahminen

Obgleich nun dem musikalischen Schaffen der neunziger Jahre die Identitätssuche, die sich in anderen Künsten äußerte, fremd blieb, und obzwar es in der Wiener Musik keinen so frühen Innovationsstoß gab, der demjenigen der Secession vergleichbar gewesen wäre, griff doch musikalischer Parteienstreit um sich, der sich an der Einstellung zu Bayreuth und Richard Wagner entzündete. Es war eine der Funktionen des 1872 von Karl Goldmark mitbegründeten Wiener Akademischen Wagner-Vereins, diesen Zwist wachzuhalten, der die Protagonisten der »Musik der Zukunft« und des Wagnerschen Gesamtkunstwerkes den Verfechtern der in der Wiener Tradition verwurzelten Autonomie der Instrumentalmusik gegenüberstellte. Die Vorkämpfer der von Eduard Hanslick entwickelten Autonomie-Ästhetik hoben Brahms auf ihren Schild, während die Wagnerianer sich zu Bruckner bekannten. Manches Scharmützel, das die »Brahminen« und die »Brucknerianer« einander geliefert haben, scheint uns heute kaum mehr verständlich, denn für unser Empfinden sind die beiden B längst in die Eintracht jenes symphonischen Pantheons eingerückt, in dem ein anderer B – nämlich Beethoven – den prominentesten Platz innehat.

Mitstreiter in der Schar der Brucknerianer war auch Hugo Wolf. Es wird uns heute wohl kaum gelingen, aus Wolfs Liederzyklen herauszuhören, daß er gegen die Brahminen Front machen mußte. Allein, die kritischen Essays, die Hugo Wolf als Rezensent verfaßte, sprechen eine deutliche Sprache. Erst die Heftigkeit von Wolfs Eintreten für Wagner, Liszt und Bruckner und Wolfs Unmut gegen Brahms lassen uns auch jetzt noch verstehen, warum sich all jene vor Wolf verschlossen, die den traditionellen Wiener Formungsprinzipien der absoluten Musik und damit auch der Musik von Brahms zugetan waren. Einen Begriff von der Kampfeslust Hugo Wolfs mag seine in einem Brief vom 21. März 1890 an Hermann Bahr geäußerte These geben, daß »unter den lebenden Komponisten nur zwei der Ehre…, besprochen zu werden, würdig sind, und diese zwei heißen: Anton Bruckner und Hugo Wolf.«[3]

253 Hugo Wolf. Foto. Historisches Museum der Stadt Wien
Hugo Wolf ist dem Publikum vor allem als bedeutender Liederkomponist bekannt geworden. Wie Bruckner hatte auch dieser Bewunderer des Werkes Richard Wagners mit der Gegnerschaft eines Teils der Wiener Musikwelt zu kämpfen. Wolf lebte in äußerst bescheidenen finanziellen Verhältnissen. Er starb 1903 geisteskrank in einer Wiener Privatklinik.

Die Vorkämpfer der Musik Bruckners (und Wagners) verstanden sich als Partei des Fortschritts, der es freilich nicht gelingen wollte, den um Brahms gescharten Traditionalisten den Boden zu entziehen, denn in Wien, so meinte Richard Strauss damals bedauernd, herrschten »leider noch die ewigen Schönheitsgesetze, die unsereins auch gern einmal zu Gesicht bekäme, die aber bis heute als rätselhafte Geheimnisse im Busen der Herren Hanslick und Genossen schlummern«.[4]

Tönend bewegte Form

Eduard Hanslick galt vielen als unfehlbares Oberhaupt einer musikästhetischen Kirche. Seine Schrift »Vom Musikalisch-Schönen«, ein Credo des musikalischen Traditionalismus, erschien zuerst 1854 und erreichte 1891 schon die achte Auflage. Darin war jene ureigene, spätestens mit der Wiener Klassik etablierte Auffassung bekräftigt, die Musik als »tönend bewegte Form« verstand und die in der formalen

254 Ferry Bératon, Anton Bruckner; 1889. Öl auf Leinwand, 86 x 75,5 cm. Historisches Museum der Stadt Wien
Anton Bruckner, zu Recht auch als Erneuerer der Musik verstanden, hatte anfangs ein durchaus gutes Verhältnis zur Wiener Musikwelt, doch zog er sich durch sein Bekenntnis zum Werk Richard Wagners vor allem die Gegnerschaft des Wiener Musikkritikers Eduard Hanslick zu, wodurch ihm manche Erfolge verwehrt wurden. Erst allmählich und nach großen Triumphen seines Schaffens in Deutschland setzte sich sein Werk auch in Wien durch.

Ferry Bératon 89

Ausarbeitung musikalischer Gedanken, vor allem in der »Durchführung« dieser Gedanken, das höchste Ziel erblicken wollte. Diesem Erbstück der Wiener Überlieferung begegnen wir später noch im Musikdenken von Arnold Schönberg, der sich – trotz und vielleicht sogar wegen der Umwälzung, die er einleiten sollte – zur Faktur der Brahms'schen Instrumentalmusik bekannt hat. Ja, sogar bei Johann Strauß ist zu verspüren, wie sehr er der Dominanz der »tönend bewegten Form« zugetan war. Nicht nur das anspruchsvoll symphonische Gehaben der Einleitungen zu seinen Walzerketten deutet dies an, sondern auch die Vokalkompositionen, in denen der Wortakzent so oft dem musikalischen Akzent geopfert wird: die spezifisch wienerische Majestät des Walzerkönigs verrät sich unter anderem auch darin, daß Strauß in der »Fledermaus« das Wort »Majestät« nicht auf der letzten, sondern auf der ersten Silbe betont, weil das musikalische Konzept es so fordert: »Die Májestät wird anerkannt.«

Weniger berührt von der Spannung zwischen Tradition und Fortschritt vollzog sich das Operngeschehen. Das Hofoperntheater stand von 1881 bis 1897 unter der Leitung von Wilhelm Jahn, einem Dirigenten, der das Musiktheater zumindest teilweise als einen Ort gefälliger Schaukunst begriff. Das hinderte ihn nicht, Werke von Mascagni, Leoncavallo, Cornelius oder Humperdinck dem Repertoire einzuverleiben und das musikalische Schauspiel »Der Evangelimann« des Österreichers Wilhelm Kienzl in den Spielplan aufzunehmen. Die bahnbrechende Moderne – das hieß zu jener Zeit vor allem: die Werke Richard Wagners – überantwortete Jahn jedoch seinem mit Wagner-Weihen versehenen Kapellmeister Hans Richter, der im Opernhaus und auch als Dirigent der Philharmonischen Konzerte (bis 1898) das Wiener Musikleben entscheidend prägte.

1892: Hauptstadt der Musik

Im Jahre 1892 dokumentierte Wien als Hauptstadt des Vielvölkerstaates seinen musikalischen Rang durch eine Monster-

255 Peter Halm, Eduard Hanslick. Radierung, 16,8 x 25 cm. Historisches Museum der Stadt Wien
Eduard Hanslick, Kritiker und später auch Professor an der Wiener Universität, schrieb ein vielbeachtetes Buch mit dem Titel *Vom Musikalisch-Schönen*, in dem er seine Ansichten darlegte. Nicht in der Darstellung von Gefühlen erblickte Hanslick den Inhalt der Musik, sondern in »tönend bewegten Formen«. Diese Auffassung machte ihn zu einem Gegner der Musikdramen Richard Wagners.

256 Johannes Brahms, Johann Strauß und Hans Richter beim Kartenspiel. Silhouette, Postkarte von Otto Böhler, 9,2 x 14,2 cm. Historisches Museum der Stadt Wien
Johannes Brahms und Johann Strauß waren befreundet, und jeder schätzte sehr die Arbeit des anderen. Brahms bewunderte insbesondere die Walzer von Strauß.

257 Franz von Lenbach, Johann Strauß; 1895. Öl auf Leinwand, 98 x 73,5 cm. Museen der Stadt Wien (Johann Strauß-Wohnung)
Johann Strauß war zeitlebens ein gefeierter und berühmter Komponist, der unbestrittene »Walzerkönig«, obwohl er nicht der einzige Musiker war, der Walzer komponierte. Er war aber auch ein gut aussehender Mann, was seinen Ruhm keineswegs beeinträchtigte.

veranstaltung: die Internationale Musik- und Theaterausstellung, die auf dem Ausstellungsgelände im Prater stattfand.[5] Der fast 600 Seiten starke Katalog dieser Schau verzeichnete 7149 Exponate. Ähnlich eindrucksvoll waren die mit der Exposition verbundenen Veranstaltungen, die am 7. Mai mit einem Festkonzert der Philharmoniker unter Hans Richters Leitung in der neu errichteten Musikhalle eröffnet wurden. Neben den Festkonzerten gab es nicht weniger als dreißig »Populäre Symphoniekonzerte«, bei denen das Publikum, an Tischen und mit »Bier und Braten« versehen, den Darbietungen des »Ausstellungsorchesters« lauschte. Zeitgenössischen Zeugnissen zufolge soll diese Hörerschaft unter dem Eindruck von Anton Bruckners Dritter Symphonie (die am 9. Juli 1892 unter Ferdinand Löwe erklang) die kulinarische Attraktion vergessen und der Musik ungebrochene Aufmerksamkeit geschenkt haben.

Dieses musikalische Volksfest, das erst im Herbst 1892 zu Ende ging, ist in der neueren Literatur zur Wiener Musikgeschichte meist nur am Rande vermerkt. Die Bedeutung solcher Veranstaltungen für das Wiener und zum Teil auch für das internationale Musikleben ist jedoch hoch zu veranschlagen. Das gilt vor allem für die Darbietungen in dem für den festlichen Anlaß erbauten Ausstellungstheater, die aus Gesamtgastspielen fremder Theatertruppen bestanden. »Halka«, die polnische Nationaloper von Stanislaw Moniuszko, die vom Lemberger Stadttheater gezeigt wurde, fand nicht ganz den Widerhall, der der »veristischen« Stagione des italienischen Musikverlegers Sonzogno mit Werken von Mascagni und Leoncavallo beschieden sein sollte. Den Höhepunkt dieser Opernaufführungen jedoch bildeten die Darbietungen des Prager tschechischen Nationaltheaters. Es war vor allem Smetanas »Verkaufte Braut«, die hier akklamiert wurde und die nun von Wien aus – mehr als ein Vierteljahrhundert nach der Prager Uraufführung! – ihren Siegeszug antrat. Schon im Januar 1894 nahm der erste Kapellmeister des Hamburger Stadttheaters sich der »Verkauften Braut« an. Dieser Kapellmeister, Gustav Mahler, verfolgte das Wiener Musikgeschehen mit ganzer Anteilnahme, denn er träumte seit Jahr und Tag von einer Berufung nach Wien, von seiner Heimkehr in die Stadt, in der er seine musikalische und geistige Bildung erfahren hatte. Wien, so pflegte er zu sagen, sei sein letztes Ziel; er könne sich nirgends sonst heimisch fühlen.

258 Ernst Klimt, Plakat für die Internationale Ausstellung für Musik und Theaterwesen in Wien; 1892. Wien, Bildarchiv der Österreichischen Nationalbibliothek
Das Plakat wurde in der Zeit um 1900 zu einem wichtigen Werbeträger und gewann zunehmend an Bedeutung. Anfangs fand es vor allem für kulturelle Veranstaltungen Verwendung.

259 Internationale Ausstellung für Musik und Theaterwesen, Tonhalle. Foto. Wien, Bildarchiv der Österreichischen Nationalbibliothek

Gustav Mahlers Einzug

Gustav Mahler war nicht der Künstlertypus, der seiner Berufung zum »Gott der südlichen Zonen« (wie er sich auszudrücken pflegte) bloß in stiller Erwartung entgegengesehen hätte. Mahler hat seine Position in der Wiener Hofoper als Dirigent (Mai 1897) und schließlich als Direktor (Oktober 1897) durch mannigfache Kunstgriffe erobert. Das taktische Geschick des sonst so weltentrückten, der »Welt abhanden gekommenen« Künstlers ist durch die jüngste Forschung eindrücklich belegt.

Als Mahler seine Tätigkeit in Wien aufnahm, hatte sich das musische Klima der Stadt eben verändert. Bruckner war 1896 dahingegangen. Brahms starb am 3. April 1897. Am selben Tag konstituierte sich unter Gustav Klimt die Vereinigung bildender Künstler Österreichs (Secession). Als Mahler am 11. Mai 1897 seine erste Vorstellung in der Hofoper dirigierte (»Lohengrin«), waren schon neue ästhetische Devisen im Schwange. Mahler nahm von diesen Innovationen allmählich Notiz, doch ohne sich ihnen blindlings auszuliefern. Zwar neigte Hanslick bald dazu, die Kompositionen Mahlers dem Stil der Secession zuzurechnen, doch ging das, was Mahler in seinen Werken anstrebte, weit über eine einzige stilistische Orientierung hinaus. Seine musikalische Sprache inkorporiert den liedhaften Volkston ebenso wie die harmonische und formale Neuerung; seine Schreibweise tendiert gleichermaßen zu durchhörbarer Transparenz wie zu kontrapunktischer Dichte; seine Instrumentation vermag bruchlos von Schlichtheit zu exaltierter Expression überzugehen – und all das in einem Tonfall, der in jedem Augenblick Mahlers unverwechselbares Idiom verrät. Mahler gehörte keiner der beiden »Musikparteien« an. Sein Eintreten für die Musik Bruckners vertrug sich durchaus mit hohem Respekt für Brahms, den er gern in dessen Ferienquartier in Ischl besuchte.

Mahler wirkte in Wien als Hofoperndirektor von 1897 bis 1907. Doch Wien war nicht der Ort, an dem er die Werke entwarf, die in dieser Zeit entstanden: die Symphonien Nr. 4 bis 8, die Rückert-Lieder und die Kindertotenlieder. Das restlose Aufgehen im Theaterdienst galt ihm als unvereinbar mit kompositorischer Anspannung. Er war »Ferienkomponist«, der fernab der Stadt, in der Stille von eigens für ihn errichteten »Komponierhäuschen« seine musikalischen Entwürfe zu Papier brachte, die freilich danach an anderem Ort ausgearbeitet werden mochten. Wir kennen deswegen, anders als im Falle Mozarts, Beethovens oder Schuberts, keine Wiener Wohnstätte Mahlers, der die Weihe kompositorischer Inspiration zugesprochen werden könnte. Mahler war mit dieser Stadt auf andere Weise verbunden: durch seine musiktheatralischen Taten. Er diente der Oper nicht nur als Musiker, sondern ebenso – und auch das macht Mahlers künstlerischen Rang aus – als »ernstgesinnter Opernregisseur«, wie es ihn damals, nach Bruno Walters Wort, höchst selten gab.[6] Voraussetzung hiefür war ein vorbehaltloses Einfühlen in das jeweils zu gestaltende Werk, die Identifikation mit Opern der unterschiedlichsten Stilrichtungen. Anno 1900 meinte ein Kritiker

260 Emil Orlik, Gustav Mahler; 1916. Radierung, 47,3 x 31,5 cm. Historisches Museum der Stadt Wien
Gustav Mahler, der als Komponist und als Dirigent in gleichem Maß erneuernd wirkte, übte von 1897 bis 1907 auch die Tätigkeit eines Dirigenten und Direktors an der Wiener Hofoper aus. Er war ein kompromißloser, nach dem Höchsten strebender Künstler, dessen Schöpfungen besonders stark den Charakter der Zeit, in der sie entstanden, widerspiegeln.

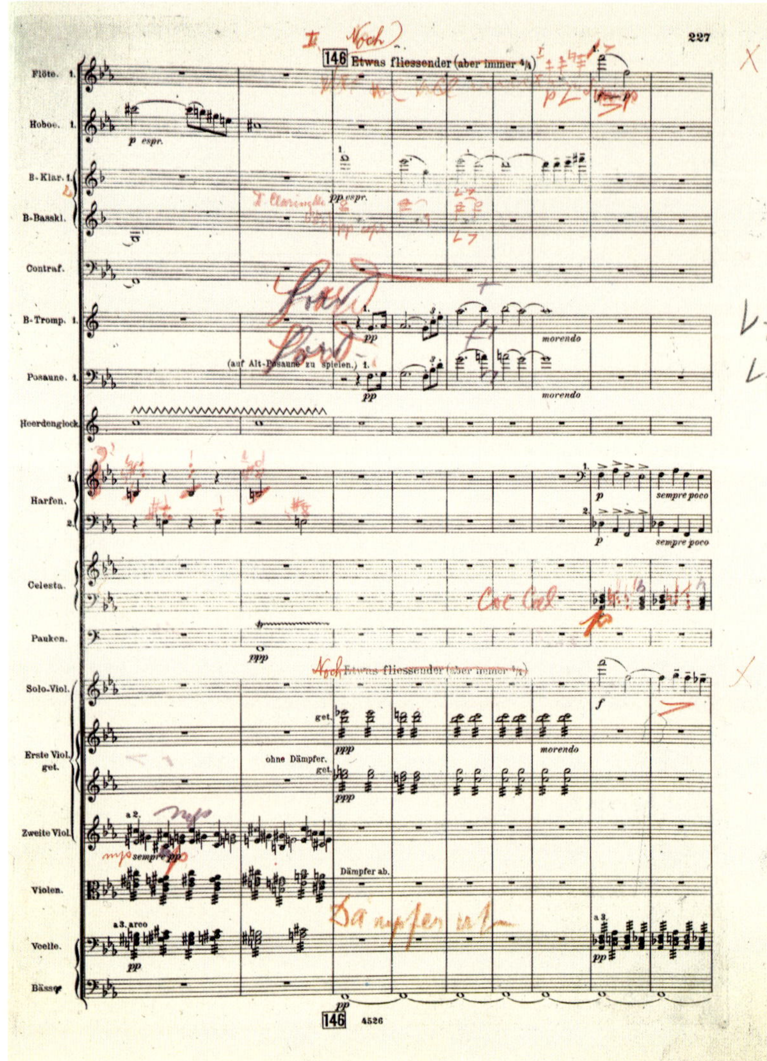

261 Gustav Mahler, 6. Symphonie, eigenhändige Eintragungen in der Partitur. Wien, Gustav Mahler-Gesellschaft
Gustav Mahler komponierte seine 6. Symphonie in den Sommerferien der Jahre 1903 und 1904. Mit der ungewöhnlichen Besetzung des Schlagwerks, bei dem auch Herdenglocken und Xylophon verwendet wurden, erntete er vielfach auch Spott.

262 Theaterzettel zur Neuinszenierung von »Tristan und Isolde« am 21. Februar 1903 in der Wiener Hofoper. Wien, Bildarchiv der Österreichischen Nationalbibliothek
Die Aufführung von Richard Wagners »Tristan und Isolde« an der Wiener Hofoper gestaltete sich als triumphaler Höhepunkt der Direktionsära Gustav Mahlers. Dazu trug auch die Gestaltung der Bühnenbilder des »Secessionisten« Alfred Roller bei.

263 Alfred Roller, Bühnenmodell zu »Tristan und Isolde«, 3. Akt, an der Wiener Hofoper 1903

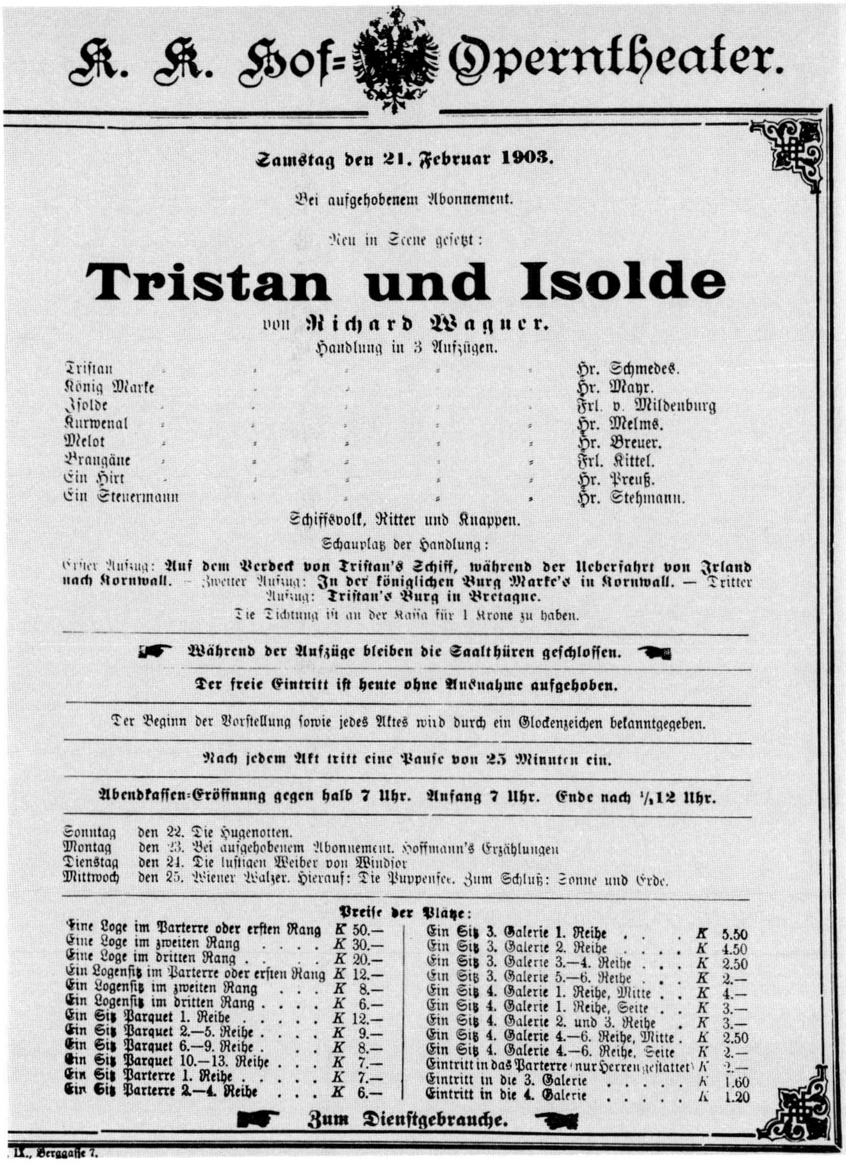

K. K. Hof-Operntheater.

Samstag den 21. Februar 1903.

Bei aufgehobenem Abonnement.

Neu in Scene gesetzt:

Tristan und Isolde

von **Richard Wagner.**

Handlung in 3 Aufzügen.

Tristan	Hr. Schmedes.
König Marke	Hr. Mayr.
Isolde	Frl. v. Mildenburg
Kurwenal	Hr. Melms.
Melot	Hr. Breuer.
Brangäne	Frl. Kittel.
Ein Hirt	Hr. Preuß.
Ein Steuermann	Hr. Stehmann.

Schiffsvolk, Ritter und Knappen.

Schauplatz der Handlung:

Erster Aufzug: **Auf dem Verdeck von Tristan's Schiff, während der Ueberfahrt von Irland nach Kornwall.** – Zweiter Aufzug: **In der königlichen Burg Marke's in Kornwall.** — Dritter Aufzug: **Tristan's Burg in Bretagne.**

Die Dichtung ist an der Kassa für 1 Krone zu haben.

Während der Aufzüge bleiben die Saalthüren geschlossen.

Der freie Eintritt ist heute ohne Ausnahme aufgehoben.

Der Beginn der Vorstellung sowie jedes Aktes wird durch ein Glockenzeichen bekanntgegeben.

Nach jedem Akt tritt eine Pause von 25 Minuten ein.

Abendkassen-Eröffnung gegen halb 7 Uhr. Anfang 7 Uhr. Ende nach ½12 Uhr.

Sonntag den 22. Die Hugenotten.
Montag den 23. Bei aufgehobenem Abonnement. Hoffmann's Erzählungen
Dienstag den 24. Die lustigen Weiber von Windsor
Mittwoch den 25. Wiener Walzer. Hierauf: Die Puppenfee. Zum Schluß: Sonne und Erde.

Preise der Plätze:

Eine Loge im Parterre oder ersten Rang	K 50.—	Ein Sitz 3. Galerie 1. Reihe	K 5.50
Eine Loge im zweiten Rang	K 30.—	Ein Sitz 3. Galerie 2. Reihe	K 4.50
Eine Loge im dritten Rang	K 20.—	Ein Sitz 3. Galerie 3.—4. Reihe	K 2.50
Ein Logensitz im Parterre oder ersten Rang	K 12.—	Ein Sitz 3. Galerie 5.—6. Reihe	K 2.—
Ein Logensitz im zweiten Rang	K 8.—	Ein Sitz 4. Galerie 1. Reihe, Mitte	K 4.—
Ein Logensitz im dritten Rang	K 6.—	Ein Sitz 4. Galerie 1. Reihe, Seite	K 3.—
Ein Sitz Parquet 1. Reihe	K 12.—	Ein Sitz 4. Galerie 2. und 3. Reihe	K 3.—
Ein Sitz Parquet 2.—5. Reihe	K 9.—	Ein Sitz 4. Galerie 4.—6. Reihe, Mitte	K 2.50
Ein Sitz Parquet 6.—9. Reihe	K 8.—	Ein Sitz 4. Galerie 4.—6. Reihe, Seite	K 2.—
Ein Sitz Parquet 10.—13. Reihe	K 7.—	Eintritt in das Parterre (nur Herren gestattet)	K 2.—
Ein Sitz Parterre 1. Reihe	K 7.—	Eintritt in die 3. Galerie	K 1.60
Ein Sitz Parterre 2.—4. Reihe	K 6.—	Eintritt in die 4. Galerie	K 1.20

Zum Dienstgebrauche.

IX., Berggasse 7.

über den Operngestalter Mahler: »Vielleicht noch größer als seine Energie ist die Geschmeidigkeit und Biegsamkeit seines Geistes, die es ihm erlaubt, sich von Werk zu Werk, von Künstler zu Künstler derart zu verwandeln, daß er Werke und Künstler mit den feinsten Zeit- und Stileigentümlichkeiten zu reproduzieren imstande ist.«[7]

Ein solches Konzept war dazu angetan, von verallgemeinernder Routine abzugehen und das jeweils ästhetisch Besondere zum Ereignis werden zu lassen. Das Musiktheater verwandelte sich zur Weihestätte. Von überlieferten Kürzungen in der Wiedergabe der Werke Wagners wurde abgegangen; die Suche nach dem von jedem Einzelwerk geforderten Klangideal führte zur Flexibilität der Orchesterbesetzung und -aufstellung; der Sängerstar, dem der szenische Sinn gleichgültig sein mochte, wurde durch den Singschauspieler ersetzt. Entscheidend für die Verwirklichung von Mahlers szenisch-musikalischem Konzept wurde die Zusammenarbeit mit einem Künstler der Secession, mit Alfred Roller, dem er von 1903 an die Bühnenausstattung und den Entwurf der Kostüme anvertraute. Die Inszenierungen von »Tristan und Isolde« (1903) und von »Fidelio« (1904) sind die herausragenden Zeugnisse dieser Kooperation, deren historischen Rang wir nur indirekt – aus den begeisterten Kundgebungen der Zeitgenossen – erschließen können.

Weniger nachhaltig war der Einfluß des Dirigenten Mahler auf das Wiener Konzertleben, obwohl er 1898 die Leitung der Philharmonischen Konzerte übernahm, die in den vorangegangenen 23 Jahren bei Hans Richter gelegen war. Mahler behielt diese Position eines ständigen Dirigenten nur bis zum Beginn des Jahres 1901. Seine Beziehung zu der Musikerschar, die aus Mitgliedern des Hofopernorchesters bestand und sich außerhalb des Operndienstes unter dem Namen »Wiener Philharmoniker« gerade in diesem Zeitabschnitt mehr und mehr als souveräne Orchesterrepublik zu verstehen begann, war nicht störungsfrei. In der Folge erkoren die Philharmoniker eines ihrer Mitglieder, Josef Hellmesberger junior, zu ihrem Dirigenten (1901–1902), kamen für kurze Zeit von der Idee eines

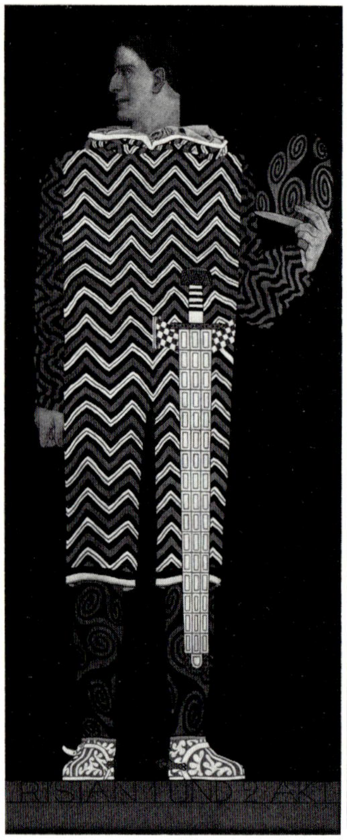

264, 265 Carl Otto Czeschka, Kostümentwürfe für Tristan in »Tristan und Isolde«, 1. und 2. Akt, und für Wotan in »Die Walküre«, 2. Akt; Tempera, 200 x 89 cm. Wien, Österreichisches Museum für angewandte Kunst

266 Heinrich Lefler (Ausführung Kostümatelier Wien), Figurinen zu Richard Wagners »Parsifal«, 1913

267 Das Musikvereinsgebäude. Foto. Wien, Bildarchiv der Österreichischen Nationalbibliothek
Das von Theophil Hansen am 6. Jänner 1870 eröffnete Musikvereinsgebäude ist bis heute eine der wichtigsten Stätten der Musikpflege in Wien. Die Akustik des »Goldenen Saales« wurde zu jeder Zeit gerühmt. Viele Werke der Musik sind hier zum ersten Mal aufgeführt worden.

268 Max Oppenheimer, Streichquartett. Öltempera auf Leinwand, 71 x 80 cm. Wien, Österreichische Galerie
Max Oppenheimer, der sich »Mopp« nannte, war einer der interessantesten Wiener Maler der Nachkriegszeit. Er machte sich vor allem als Porträtist einen Namen und schuf auch eine ganze Reihe von Bildern mit »musikalischen Themen«.

ständigen Leiters ab und kehrten zu diesem Konzept erst wieder im Dezember 1909 zurück, indem sie die Lenkung ihres künstlerischen Schicksals von da an bis 1927 in die Hände von Felix von Weingartner legten.

Entfaltung der Orchesterkultur

Die musikalische Kompetenz des 1842 gegründeten Wiener philharmonischen Orchesters erklärt sich in erheblichem Maße auch durch die feste Verankerung der Musiker im Opernbetrieb, die jedem einzelnen wachsende soziale Sicherheit und der Gesamtheit spieltechnische Kontinuität und Homogenität einbrachte. Die Verpflichtung zum Operndienst brachte es freilich mit sich, daß die Zahl der Konzerte begrenzt und daß diese auf den Nachmittag des Samstags und den Vormittag des Sonntags beschränkt bleiben mußten. Die Entfaltung des Wiener Musiklebens hing darum auch davon ab, ob es gelingen würde, neue und stabile professionelle Orchestervereinigungen zu etablieren. Es scheint geradezu paradox, daß Wien, die Stadt der Symphonie schlechthin, bis zur Jahrhundertwende über kein stabiles Berufsorchester dieser Art verfügte. Im Jahre 1899 bildete sich ein »Neues philharmonisches Orchester«, dem es nicht sogleich gelang, die wirtschaftlichen Grundlagen seiner Existenz zu schaffen. Bald darauf kam es zur Gründung eines »Comités von Musikfreunden«, das an die Institutionalisierung eines Konzertunternehmens gehen sollte. Das Ergebnis war die Gründung des Wiener Concert-Vereins im Jahre 1900, der die Mitwirkung der Musiker sicherstellte und eine neuartige Maxime verkündete, nämlich »solche Kreise der Bevölkerung dem Konzertsaale zuzuführen, welche demselben bis jetzt ferngeblieben waren«.[8] So entstand das der Leitung von Ferdinand Löwe anvertraute Konzertvereins-Orchester, das Jahrzehnte später, nach mannigfachen rechtlichen und organisatorischen Wandlungen, zum Orchester der »Wiener Symphoniker« wurde, jenem Klangkörper, der noch heute besteht und die Hauptlast der symphonischen Darbietungen in Wien trägt.

269 Franz Schmidt. Foto. Historisches Museum der Stadt Wien
Der Komponist Franz Schmidt stand mit seiner Musik der Neuromantik nahe. Seine Instrumentalwerke jedoch knüpfen formal an die Wiener Tradition der absoluten Musik an.

Dem Konzertvereins-Orchester war es auch vorbehalten, die Aufmerksamkeit auf einen jungen Wiener Komponisten zu lenken, auf Franz Schmidt, der in bezug auf die Formgestaltung mit gutem Recht als einer der letzten echten Symphoniker bezeichnet worden ist. Der zu jener Zeit als Violoncellist im Hofopernorchester tätige Schmidt, dessen spätere Opernwerke sich nicht dauernd behaupten konnten, hat mit seiner Kammermusik und seinen vier Symphonien einen mehr als achtenswerten Beitrag zum Wiener Repertoire der absoluten Musik geleistet. Die oft verwendete Etikettierung seines Stils als »neuromantisch« scheint uns fragwürdig. Sie könnte eher auf das Schaffen von Josef Marx passen. Im übrigen aber sind die Grenzen, die eine so verstandene Neuromantik von der Avantgarde

270 Alexander von Zemlinsky. Foto. Historisches Museum der Stadt Wien
Der Komponist Alexander von Zemlinsky, dessen Werk lange Zeit fast vergessen war, schuf Opern, Symphonien und Kammermusik und wirkte vor allem auch als Dirigent. Er war Lehrer von Arnold Schönberg, der später Zemlinskys Schwester heiratete.

271 Oskar Kokoschka, David Josef Bach; 1920. Kreidezeichnung, 48,2 x 31,5 cm. Historisches Museum der Stadt Wien
Der Musikschriftsteller und Kritiker David Josef Bach führte in Wien die später von Anton von Webern musikalisch betreuten Arbeiter-Symphonie-Konzerte ein.

des beginnenden Jahrhunderts abheben, nicht mit genügender Trennschärfe angebbar. Das erweist sich etwa bei Franz Schreker, dessen Schaffen heute wieder Anteilnahme erweckt, ebenso bei Alexander Zemlinsky, der nach 1900 als Opernkomponist Anklang gefunden hat und heute weit mehr Interesse findet durch seine eher an Schönberg gemahnende Instrumentalmusik. Zemlinsky war der Lehrer Arnold Schönbergs. Im Jahre 1904 wurde er als Dirigent an die Wiener Volksoper verpflichtet, jenes Haus, das, 1898 als Kaiser-Jubiläums-Stadttheater erbaut, vornehmlich dem Sprechstück zugedacht gewesen war und das sich nun als zweites Zentrum des Wiener Opernlebens entwickeln sollte.

Als Dirigent hat Zemlinsky durch sein praktisches Wirken auch eine für Wien eigentümliche Unternehmung vorbereitet. Wir meinen die 1905 geschaffenen Arbeiter-Sinfonie-Konzerte. Den Anstoß hierzu gab die »Schiller-Gedenkfeier der Wiener Arbeiterschaft« anläßlich der hundertsten Wiederkehr von Schillers Todestag, bei der Zemlinsky die Dritte Symphonie von Beethoven, ausgeführt vom Orchester der Wiener Volksoper, dirigierte (Mai 1905). Die Veranstaltung zeigte, für manche unerwartet, die innige Anteilnahme eines vornehmlich aus Arbeitern bestehenden Publikums und ermutigte zur Einrichtung der Arbeiter-Sinfonie-Konzerte, deren erstes am 29. Dezember 1905 im Großen Musikvereinssaal stattfand.

Initiator der Arbeiter-Sinfonie-Konzerte war David Josef Bach, ein Jugendfreund Arnold Schönbergs, von dem der Komponist später meinte, er habe großen Einfluß auf die Entwicklung seines Charakters gehabt. D. J. Bach, obzwar damals Musikrezensent der *Arbeiter-Zeitung*, betrachtete die Musikkritik in der Tagespresse als ein zweifelhaftes Unterfangen: »Nicht durch Betrachtungen, sondern durch die Tatsachen der Kunst kann der Arbeiter an die Musik herangebracht werden. Das Kunstmonopol muß ein Ende haben. Es ist möglich, diese Arbeit mit der Musik zu beginnen.«[9]

Daß volkstümliche Konzerte neuen Typs gerade in dieser Zeit entstanden, begreift sich auch aus den neuen politischen Verhältnissen. In dieser Ära wurden die Forderungen des sogenannten Vierten Standes stärker erhoben als zuvor, und das Jahr 1905 war das Jahr des Kampfes um das allgemeine und gleiche Wahlrecht. Auch unter den schöpferischen Musikern fand der Gedanke einer Öffnung der Kunst zum Volk seine Vertreter. Arnold Schönberg, Alexander Zemlinsky und auch Anton von Webern standen diesen Ideen nahe, wenngleich nicht verschwiegen sein soll, daß solche Affinität primär nicht etwa politische Ursachen hatte, sondern eher praktisch-musikalische und musikpädagogische Motive. Nicht anders ist es zu verstehen, daß Schönberg 1895–1896 als Dirigent eines Metallarbeiter-Sängerbundes wirkte und danach sich als Chormeister mit dem Mödlinger Arbeitergesangverein befaßte. Die Freundschaft mit David Josef Bach mag zu dem Entschluß, auf solche Weise pädagogisch zu wirken, beigetragen haben. Auch Webern gehörte zum Freundeskreis von D. J. Bach.

Die breitere Basis, die das öffentliche Musikleben Wiens nach der Jahrhundertwende gewann, bot auch den aufstrebenden Talenten neue Chancen. Allein der Repertoirebedarf der Orchester – zu denen 1907 noch das von Oscar Nedbal geleitete Tonkünstler-Orchester hinzutrat – mußte die Wirkungsmöglichkeiten verbessern. Zusätzliche Verdichtung erfuhr das Konzertleben noch durch die Gründung von Vereinen, die sich für das zeitgenössische Musikschaffen einsetzten: der Ansorge-Verein (gegründet 1903), die unter der Ehrenpräsidentschaft Gustav Mahlers stehende Vereinigung schaffender Tonkünstler (1904) und der Akademische Verein für Literatur und Musik (1908). Diese Bereicherung des Wiener Musiklebens konnte auf die Entfaltung des schöpferischen Potentials der jungen Komponisten nicht ohne Einfluß bleiben.

Die Rolle Arnold Schönbergs

Dies gilt auch für Arnold Schönberg, der als Autodidakt begonnen hatte, erst in seinem zwanzigsten Lebensjahr von Zemlinsky zu systematischem Musikstudium ermuntert wurde und sehr bald selbst zum Lehrer einer ganzen Schar von Komponisten werden sollte. Obgleich von Wagner zutiefst beeindruckt, blieb Schönberg doch den kompositorischen Konzepten von Brahms zugetan. Zeugnis davon legt auch das 1897 geschaffene und im selben Jahr in Wien aufgeführte Streichquartett in D-Dur (ohne Opuszahl) ab. Um die Jahrhundertwende begann Schönberg mit der Komposition des monumentalen Chorwerks »Gurrelieder« nach Gedichten von Jens Peter Jacobsen. Die Vollendung dieser Partitur gelang ihm erst 1911, denn vorerst mußte er sein Brot als Dirigent im Berliner »Überbrettl« und mit der Instrumentation fremder Operetten und Unterhaltungsmusik verdienen. Die Rückkehr nach Wien im Jahre 1903 eröffnete Schönberg die Möglichkeit, Kurse für musikalische Komposition an der Wiener Schwarzwald-Schule abzuhalten. Zu seinen Schülern gehörten bald Alban Berg, Anton von Webern, Egon Wellesz und einige andere Musiker, die durch ihr zum Teil höchst profiliertes Schaffen das Repertoire des neuen Jahrhunderts bereichern sollten. Hier, rund um Schönberg, formierte sich die Allianz jener, die kompromißlos und zugleich durchaus traditionsbewußt neue Wege des musikalischen Schaffens suchten und fanden.

Eine verklärende Darstellung könnte den Eindruck erwecken, daß die Wiener Musikkultur insgesamt den Boden für das Wirken dieser Neuerer abgegeben hätte. Tatsache ist jedoch, daß auch die Förderung Schönbergs durch Gustav Mahler und Richard Strauss

272 Richard Gerstl, Bildnis Arnold Schönberg; um 1907–1908. Öl auf Leinwand, 121 x 181 cm. Historisches Museum der Stadt Wien
Tragische menschliche Verbindungen bestanden zwischen dem jungen, revoltierenden Maler Richard Gerstl und dem Komponisten Arnold Schönberg, dem eigentlichen Mittelpunkt der als »Wiener Schule« bekannten Richtung moderner Musik.

nichts an dem zu Beginn bloß peripheren Charakter der neuen Bewegung zu ändern vermochte. Selbst Schönbergs zeitweise Abwendung von der Monumentalität des orchestralen und vokalen Einsatzes und die Hinwendung zu den Mitteln der Kammermusik fanden nicht sogleich jenes positive Echo, das man – rückblickend – in einer dem »obligaten Akkompagnement« verpflichteten Metropole der absoluten Musik vermuten würde. Weder die Aufführungen der Streichquartette op.7 und op.10 (1905, 1909) noch die Darbietung der Kammersymphonie op.9 brachten dem Komponisten mehr als die Zustimmung des engsten Kreises. Die für 15 Soloinstrumente geschriebene Kammersymphonie löste 1906 sogar einen Konzertskandal aus. Der verständnisvollen Aufnahme der Musik stand entgegen, daß das von der Tonart E-Dur ausgehende Werk nur der Schriftform nach als »tonal« gelten konnte und daß die schillernde Vieldeutigkeit der Akkorde und die Pluralität der Leittöne weit über die vertrauten tonalen Relationen hinausschossen. Daß Schönberg dabei an den traditionellen Formprinzipien festhielt, mußte einer vom Klanglichen befremdeten Hörerschaft entgehen.

Mit der Vertonung von 15 Gedichten aus Stefan Georges *Buch der hängenden Gärten* für Singstimme und Klavier betrat Schönberg musikalisches Neuland. Bei der Uraufführung im Wiener Ehrbar-Saal im Januar 1910 bekannte der Komponist, mit diesem Werk »alle Schranken einer vergangenen Ästhetik durchbrochen zu haben«.[10] Dieser Vorstoß brachte auch formale Freiheit mit sich: in den Klavierstücken op.11 und in den Fünf Orchesterstücken op.16, deren drittes – mit seiner wechselnden klanglichen Beleuchtung eines einzigen Akkords – experimentellen Stellenwert hat und die Ausführungen über »Klangfarbenmelodie«, die Schönberg in seiner 1911 publizierten »Harmonielehre« machen sollte, auf eindrucksvolle Weise antizipiert.

Die Schrift über Harmonielehre hat Schönberg dem Andenken Gustav Mahlers gewidmet. Mahler starb in Wien am 18. Mai 1911. Unter dem Eindruck der Bestattung Mahlers auf dem Grinzinger Friedhof soll Schönberg das letzte seiner Klavierstücke, op.19, geschaffen haben. Mit Mahlers Hingang schien sich Schönbergs Bindung an Wien zu lösen. Allzuweit hatte sich der Komponist von den ästhetischen Normen entfernt, die in Wien noch als verbindlich galten. Sein Monodram »Erwartung«, nach einer Dichtung von Marie Pappenheim, war schon im September 1909 abgeschlossen, doch mußte es wegen seiner eigenwilligen, expressionistischen, auf musikalische Prosa abgestellten Faktur noch 15 Jahre warten, ehe es von Zemlinsky in Prag aufgeführt werden konnte. Auch der Versuch, dem Kompositionslehrer Schönberg ein angemessenes Feld in Wien einzuräumen, brachte keinen Erfolg, obgleich Gustav Mahler empfohlen hatte, Schönberg eine Dozentur an der Musikakademie anzubieten. 1911 wandte sich Schönberg wieder nach Berlin. Einer, der zu den Freunden der neuen Musik gehörte, schrieb im März 1912: »Die zukunftsverheißende Kunst ist unbeliebt. Zwar einem, der gestorben ist, verzeiht man manches (Fall Mahler)... Aber die Lebenden! Die Vertreibung Schönbergs war ein böses Zeichen. Gewiß, man hatte eine Dozentur für ihn. Aber keine Bezüge, keine Preise, keine Mittel. Anderswo schafft man Platz für das Genie. Bei uns ebnet man ihm den Weg in die Fremde...«[11]

Anton von Webern

Eine vereinfachende Betrachtungsweise könnte dazu verführen, die Wiener Musikkultur dieser Ära in zwei einander gegensätzliche Bereiche zu gliedern: hier das dem Neuen abholde, selbstgefällige Festhalten am Herkömmlichen, dort die genialische, verkannte Innovation. Daraus ergäbe sich jene verklärende Darstellungsart, die aus den Neuerern jener Jahre eine innig verbundene Gemeinde von Jüngern macht, die sich am Geist ihres »Heiligen«, am Geist Gustav Mahlers, orientiert. Wenngleich nun die enge ästhetische Beziehung der Schönberg-Schule zu Gustav Mahler – spätestens seit Ernst Kreneks emphatischer Darstellung[12] – durchaus einsichtig ist, darf doch nicht übersehen werden, daß diese Relation nicht von

273 Marie Arnsburg, Eingang zum Bösendorfersaal. Aquarell, 37 x 28,5 cm. Historisches Museum der Stadt Wien
Im alten Bösendorfersaal hörte Gustav Mahler die Uraufführung eines Quartetts von Schönberg. Als es zu einem Tumult im Publikum kam, ergriff er enthusiastisch Partei für Schönberg.

TS
Ren
6

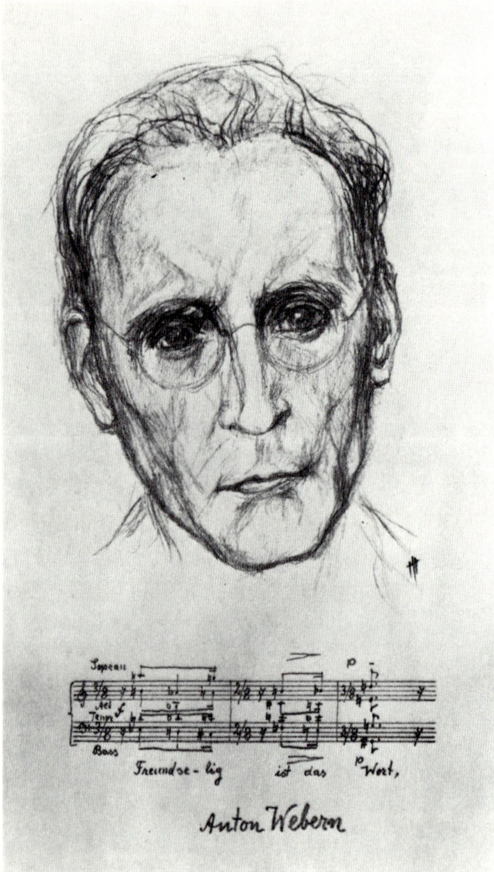

274 Hildegard Jone, Anton von Webern. Lithographie, 35,1 x 24,5 cm. Historisches Museum der Stadt Wien
Anton von Webern wurde in Wien als Dirigent der Arbeiter-Symphonie-Konzerte bekannt. Seine Bedeutung als Komponist und Hauptvertreter der »Wiener Schule« ist jedoch weit größer. Sein Bestreben ging danach, knappe, konzentrierte musikalische Formen zu schaffen, womit er die Weiterentwicklung der Musik wesentlich beeinflußte.

Anfang an konfliktfrei gewesen ist. Schönberg hat selbst erklärt, daß er sich in bezug auf Mahler erst allmählich von einem Saulus zu einem Paulus gewandelt habe. Und im Jahre 1901 schrieb ein damals 18jähriger Musikenthusiast nach dem Studium einer Mahlerschen Partitur, diese mache »förmlich einen kindlichen Eindruck, trotz des ungeheuren Orchesteraufwands«.[13] Der dies damals dachte, hieß Anton von Webern.

Webern ist später zu einem glühenden Verfechter der Musik Mahlers geworden. Doch in dem zitierten Wort ist auch schon eine Grundrichtung seiner späteren musikalischen Denkweise angedeutet, die letztlich auf Verringerung redundanter Redseligkeit, auf radikale Ökonomie der Mittel und auf Verknappung der Form hinauslief.

Weberns Berufswahl war auf praktische musikalische Betätigung als Dirigent gerichtet, für die er sich freilich auch theoretisch rüsten wollte durch das Studium an der Wiener Universität bei dem Begründer der österreichischen Musikwissenschaft, Guido Adler, einem Mann, der zeitlebens Mahler in Freundschaft zugetan war. Folgenschwerer für Weberns künstlerische Entwicklung aber war wohl die Teilnahme an Schönbergs Kursen über Harmonielehre und Kontrapunkt, die im Herbst 1904 einsetzte. Als Webern die Kammersymphonie op.9 von Schönberg kennenlernte, meinte er zu sich: »So was mußt du auch machen!«[14] Die Ergebnisse solcher Bemühung erschöpften sich keineswegs in bloßer Nachahmung, denn der Lehrer zwang dem Schüler seine Komponierweise nicht auf, sondern handelte nach einem hohen pädagogischen Prinzip: Er setzte das schöpferische Potential Weberns frei. Die auf diese Weise entfesselte kompositorische Energie schoß so sehr über die Intentionen Schönbergs hinaus, daß Webern eine auch für seinen Mentor verblüffende Klavierkomposition vorlegte, die – wie Webern später rückblickend gemeint hat – zur »schwebenden Tonalität« führte und den Grundton am Erklingen hinderte, obgleich er als Bezugspunkt noch zu entdecken war. Der Eigenart der Webernschen Konzeption wurden nur wenige gewahr. Dies zeigte sich, als ein Klavierquintett Weberns 1907 öffentlich aufgeführt wurde. In diesem Konzert erklangen Werke von acht Schülern Schönbergs. Der Kritiker der *Neuen Zeitschrift für Musik* hielt nur zwei von diesen (Webern und Berg) für erwähnenswerte Talente, doch meinte er, daß sich auch bei ihnen der »verderbliche Einfluß der Kompositionen Schönbergs« geltend mache. Erst Weberns als op.1 bezeichnete Komposition, eine Passacaglia für Orchester, die im November 1908 der Wiener Öffentlichkeit präsentiert wurde, fand differenziertere Würdigung, wenngleich noch 14 Jahre verstreichen mußten, bis dieses »Meisterwerk vollster Authentizität« (Adorno) auch im Druck vorgelegt werden konnte.

Mit den Liedern op.3 auf Texte von Stefan George verzichtete Webern darauf, eine Bezeichnung der Tonart an den Anfang zu setzen, denn das tonale Zentrum war aufgegeben. Damit mußten sich auch die Form-

275 Arnold Schönberg, Selbstbildnis; 1909(?). Öl auf Karton, 69 x 49 cm. Historisches Museum der Stadt Wien
Angeregt von der Tätigkeit seines Freundes Richard Gerstl als Maler, begann der Komponist Arnold Schönberg selbst zu malen und zu zeichnen. Er schuf Porträts und in späteren Jahren vor allem visionäre Bilder.

276 Arnold Schönberg, Bildnis Alban Berg; um 1910(?). Öl auf Leinwand, 177,5 x 85 cm. Historisches Museum der Stadt Wien
Von allen Komponisten des 20. Jahrhunderts in Österreich erlangte Alban Berg den größten Erfolg, vor allem mit seiner Oper »Wozzek«: Als Hermann Scherchen drei Stücke aus diesem Werk in einem Konzert in Frankfurt aufführte, wurde der Komponist mit einem Schlag bekannt.

strukturen auflösen, die sich aus dem harmonisch-tonalen Kalkül ergeben hatten. Das Formdefizit wurde durch verdichtete motivische Arbeit gedeckt. Das erregende Dilemma, das sich aus dem Verzicht auf die formbildende Kraft der Tonalität ergab, hat Webern viele Jahre danach mit überzeugender Eindringlichkeit charakterisiert: »Als wir die Tonalität allmählich aufgaben, da kam die Idee auf: Wir wollen nichts wiederholen, es soll immer etwas Neues kommen! – Es ist selbstverständlich, daß das nicht geht, da es die Faßlichkeit zerstört.«[15]

In textgebundener Musik war diesem Dilemma gewiß leichter zu entkommen als in reiner Instrumentalmusik. Denn wenn in absoluter Musik die Repetition als Schaffensprinzip und damit das Wiedererkennen als Rezeptionsweise wegfallen, dann muß es zu einer Konzentration und Dichte der musikalischen Faktur kommen, die wiederum konzentriertes Lauschen bei der Hörerschaft voraussetzt. Konzentration dieser Art führt notwendigerweise zur Verkürzung des musikalischen Ablaufs, zur radikalen Verknappung, wie sie Webern in den Sechs Stücken für Orchester op.6 (1909) oder in den Sechs Bagatellen für Streichquartett op.9 (1913) praktizierte.

Als Weberns Bagatellen op.9 publiziert wurden (1924), stellte ihnen Schönberg einen kennzeichnenden Kommentar voran: »Man bedenke, welche Entschlossenheit dazu gehört, sich so kurz zu fassen. Jeder Blick läßt sich zu einem Gedicht, jeder Seufzer zu einem Roman ausdehnen. Aber: einen Roman durch eine einzige Geste, ein Glück durch ein einziges Aufatmen auszudrücken: solche Konzentration findet sich nur, wo Wehleidigkeit in entsprechendem Maße fehlt.« Dieses Wort gilt auch für Weberns Fünf Stücke für Orchester op.10, die zwischen 1911 und 1913 entstanden sind. Das längste dieser Stücke dauert 105 Sekunden, das kürzeste 14 Sekunden.

Aphoristische Dichte ist das Signum der Musik Weberns. Ihre enthaltsame Knappheit ermöglicht es, alle mit Opuszahlen versehenen Werke Weberns (op.1–31) auf nicht mehr als vier Langspielplatten unterzubringen. Es widerspräche dem Geist ihres Schöpfers, all diese Werke sozusagen in einem Zug zu hören, denn jedes einzelne Werk, ja jeder Werkabschnitt vermittelt – in der Sprache der Informationstheorie ausgedrückt – ein Maximum an originaler Botschaft unter bewußtem Verzicht auf das banal Redundante. Aus solcher Askese, die den Durst nach Wiederholung, nach Imitation, nach Variation, nach Stretta und Coda nicht stillen will, rührt die Problematik her, die sich bei der Rezeption der Musik Weberns eingestellt hat. Diese Musik fordert bedingungslose Einstimmung des Hörers, innige Hingabe, ungebrochene Aufnahme und vertiefende Reflexion.

Alban Berg

Im Jahre 1904 trat Alban Berg in den Bannkreis Schönbergs. Seine frühen Kompositionsversuche hafteten noch an der Liedmelodik, der die »Begleitung« wenig mehr als klangliche Einstimmung hinzufügte. Bei Schönberg lernte der junge Berg, die motivische Arbeit und die Form zu beherrschen. Die Klaviersonate op.1 und das Streichquartett op.3, die zum ersten Mal 1911 im Wiener Ehrbar-Saal erklangen, legen davon Zeugnis ab. Das Quartett überraschte sogar den Lehrer »durch die Fülle und Ungezwungenheit seiner Tonsprache, die Kraft und Sicherheit der Darstellung, die sorgfältige Durcharbeitung und die bedeutende Originalität«.[16]

Manche Zeichen sprachen zu dieser Zeit dafür, daß sich den Neuerern der Wiener Musik stärkere Anteilnahme zuwenden würde. Gustav Mahlers früher Tod schien die musikalische Öffentlichkeit auch für das Ungewohnte zu sensibilisieren. Die im Juni 1912 veranstaltete »Wiener Musikfestwoche« schloß sogar die Uraufführung von Mahlers Neunter Symphonie unter der Leitung von Bruno Walter ein. Alban Berg arbeitete zu dieser Zeit an der Erstellung des Klavierauszugs von Schönbergs Monumentalwerk »Gurrelieder«, das im Februar 1913 unter Franz Schrekers Leitung und in Anwesenheit des Komponisten in Wien aufgeführt wurde. Das mochte die Hoffnung erwecken, der Einzug der Schönberg-Schule in das Wiener Konzertleben würde glük-

277 E.F. Hofecker, Ansicht des Konzerthauses; 1913. Aquarell, 24,5 x 34,5 cm. Historisches Museum der Stadt Wien
Das Gebäude des Konzerthauses wurde 1912–1913 auf den Gründen, wo kurz zuvor die Kunstschau zu sehen gewesen war, von den Architekten Ferdinand Fellner und Hermann Helmer erbaut und am 19. Oktober 1913 eröffnet. Es dient seither als Zentrum der Musikpflege und für zahlreiche gesellschaftliche Veranstaltungen. Vor allem hier wurden immer wieder neuere Werke der Musik aufgeführt.

278 E.F. Hofecker, Innenansicht des Konzerthauses; 1913. Aquarell, 24,5 x 34,6 cm. Historisches Museum der Stadt Wien

E.F. Hofecker 13.

Hofecker 13.

279 László, Wiener Musikfestwoche 1912. Plakat. Wien, Graphische Sammlung Albertina

ken. In dieser Erwartung setzte der Akademische Verein für Literatur und Musik für den 31. März 1913 ein Konzert unter der Leitung Schönbergs im Großen Musikvereinssaal an, dessen Programm neben Schönbergs Kammersymphonie Werke von Zemlinsky, Webern und Berg aufwies. Die Reaktion eines Teils der Hörerschaft – es kam zu einer Saalschlacht – mußte entmutigen. Die Stunde der Wiener Avantgarde war noch nicht gekommen. Zwar mochte die Sattheit des orchestralen Aufgebots der »Gurrelieder« noch einige Resonanz finden, doch dem Wagnis, Schönheit durch Wahrheit zu ersetzen, stand das Wiener Publikum insgesamt noch fremd gegenüber. Richard Strauss verstand die Zeichen der Zeit auf seine Weise und zollte dem beharrlichen Konservatismus Wiens seinen Tribut mit einem »Festlichen Präludium«, das er für die feierliche Eröffnung des neuerbauten Konzerthauses (19. Oktober 1913) komponierte. Auch an dieser Musikstätte blieb es in der ersten Saison (1913/1914) bei der Saturiertheit herkömmlicher Programme.

Weltpolitische Konflikte warfen zwar schon manchen Schatten auf das Wiener Musikleben,[17] doch das Bewußtsein einer zu Ende gehenden Ära – über das die Historiker gerne post festum mutmaßen – hatte sich noch keineswegs eingestellt. Selbst manch feinnervige Künstlernatur registrierte nichts unmittelbar von dem Vorbeben, das auf kommende Erschütterungen hätte schließen lassen. Was die Künstler zutiefst bewegte, rührte nicht unvermittelt aus der sozialen Wirklichkeit her, sondern aus literarischer Spiegelung der Realität. Erst auf dem Umweg über Ibsen, Dostojewskij und Strindberg war die Problematik des Weltzustands auch für die meisten Künstlerseelen spürbar. So wurde etwa Alban Berg mit ganzer Macht vom Werk eines Dramatikers berührt, den die meisten – in Unkenntnis von dessen Biographie – für einen »Modernen« hielten: von Georg Büchner, dessen Drama »Woyzeck« Berg am 5. Mai 1914 in einer Aufführung der Wiener Residenzbühne (später Kammerspiele genannt) erlebte. Dieses Stück zu komponieren, war für ihn sogleich »beschlossene Sache«. An diesem Werk sollte Berg mit Unterbrechungen jahrelang arbeiten. Die Komposition (ohne Instrumentation) wurde erst im Oktober 1921 beendet; sie erstreckte sich also auf die Jahre des Krieges, des Zusammenbruchs der Habsburgermonarchie und des Elends der ersten Nachkriegsjahre. Bergs Erleben dieser Epoche ist in die Oper »Wozzeck«, die Oper des »sozialen Mitleids«, eingegangen.

Über Erwerbung und Vererbung des musikalischen Talentes

Von Paul Kammerer

Theod. Thomas Verlag · Leipzig

Geschäftsstelle der Deutschen Naturwissenschaftlichen Gesellschaft e. V.

280 Paul Kammerer, *Über Erwerbung und Vererbung des musikalischen Talentes,* Leipzig o.J., Titelblatt. Wien, Archiv der Internationalen Gustav Mahler-Gesellschaft
Der Biologe Paul Kammerer suchte experimentell die Vererbbarkeit erworbener Eigenschaften nachzuweisen.

»Wozzeck« und der Krieg

Es liegt uns fern, die widrigen Zeitumstände für das Gelingen der Oper »Wozzeck« primär verantwortlich zu machen. Die Bedeutung der äußeren Bedingungen besteht vielmehr darin, daß sie in dem Komponisten jenes soziale Engagement verstärkten, das der Eindringlichkeit der musikalischen Gestaltung günstig war, und daß sie die Entfaltung einer inneren ästhetischen Qualität Bergs förderten. Diese besondere Qualität, die Affinität Bergs zum Musiktheater, muß seinem Mentor schon früh bewußt geworden sein, denn schon 1912 hatte Schönberg seinen Schüler ermutigt, »etwas für das Theater zu schreiben«,[18] weil er das Gelingen eines solchen Versuchs erwartete.

Es war tragisch für Berg, daß er für einige Zeit zum Soldatendasein verurteilt wurde; es war ein Glücksfall für sein Schaffen, daß er sich auf diese Weise in die Lage versetzt sah, das Schicksal Wozzecks nachzuempfinden und musikalisch zu gestalten. Trotz angegriffener Gesundheit hatte sich Berg bei Ausbruch des Krieges freiwillig zum Militärdienst gemeldet. Er wollte nach Kräften das tun, was er für seine Pflicht hielt. Aus den Briefen, die er in dieser Zeit schrieb,[19] geht hervor, daß er das Militärleben bald als »moralisches Inferno« empfand. Anstrengender Wachdienst führte 1915 zum physischen Zusammenbruch und zur Überstellung Bergs in ein Militärspital. Aus den an seinen Schüler Gottfried Kassowitz gerichteten Briefen wissen wir, daß die dumpfe Kasernenatmosphäre und das Schnarchen der schlafenden Soldaten ihn zum Klangbild der fünften Szene des zweiten Aktes seiner Oper inspiriert haben.

Sogar einem Gegenstück zur Gestalt des Doktors der Büchnerschen Dichtung begegnet Berg während des Militärdienstes: dem Militärarzt, der den Patienten nicht hilft, sondern ihnen mit der Abkommandierung droht. Einige Änderungen, die Berg an Büchners Text vorgenommen hat, deuten ebenfalls an, daß die Figur des Wozzeck, wie sie in der Oper erscheint, auch autobiographische Züge des Komponisten trägt. Bergs Briefe aus der Kriegszeit bezeugen überdies, daß er allmählich die Haltung weltfremder Pflichterfüllung durch kritisches Interesse am politischen Geschehen ersetzte. In einem Schreiben an Gottfried Kassowitz beschwerte er sich darüber, daß dieser in seinen Briefen nichts von dem schriebe, was ihn, Berg, am meisten interessiere, nämlich vom Krieg.

Das Kriegserlebnis hat Berg jene Empathie verschafft, die ihn zur musikalischen Gestaltung der Büchnerschen Tragödie prädestinierte. Was er schließlich zustande gebracht hat, war – in den Worten Schönbergs – »echte Theatermusik«.[20] Den Historiker muß überraschen, daß das Wiener Musikklima nach mehr als einem Jahrhundert (d.h. seit »Fidelio«) der Welt ein Werk des Musiktheaters bescherte, das später seine Stellung im Repertoire erringen und behaupten konnte. Wien, eine Metropole der absoluten, textlosen Musik, scheint lange Zeit nicht der ideale Boden für die Entstehung von Opern gewesen zu sein, die ihrem ästhetischen Rang nach an die Seite der in dieser Stadt komponierten Werke der Symphonik oder Kammermusik gestellt werden dürften. Alban Berg hat auch als Musikdramatiker auf ureigene Art seinen Tribut an die Ästhetik der »tönend bewegten Form« geleistet, indem er, bei voller Erfüllung der dramatischen Anforderungen, auch die musikalische Eigenbedeutung jeder Szene und jeder Zwischenaktmusik sicherstellte unter »Heranziehung alter und neuer musikalischer Formen, und zwar auch solcher sonst nur in der absoluten Musik verwendeten«.[21]

Diese spezifische Qualität sichert der Oper »Wozzeck« ihren ästhetischen Rang und bezeugt zugleich, wie sehr der Komponist dieses Werkes – auch dort, wo die musikdramatischen Aufgaben im Vordergrund stehen – der Wiener Tradition des Denkens in Tönen, der Ästhetik der »tönend bewegten Form« verbunden blieb. Die historische Bedeutung des »Wozzeck« und ein Gutteil der Wirkung dieses Werkes rühren jedoch auch daher, daß diese Oper als künstlerische Gestaltung des Weltkriegserlebnisses verstanden werden kann, als ethische Enunziation, die den »Letzten Tagen der Menschheit« nicht nachsteht und die an sozialer und ästhetischer Resonanz – wenn nicht alle Zeichen trügen – das Werk von Karl Kraus noch übertrifft.

Operette

»Wenn jetzt nur kein Operettenkomponist aus mir wird!« Alban Berg soll diesen Ausspruch wenige Tage vor seinem Tod getan haben, als er der Blutspende eines ihm unbekannten Mannes teilhaftig wurde.[22] In dem seltsamen Scherz steckt etwas von der Ideologie, die ernsthafte Kunst vor der Ansteckung durch die »leichte Muse« gefeit wissen will. Die Etablierung dieses Gedankens ist das Ergebnis eines Prozesses, der sich gegen Ende des 19. Jahrhunderts angebahnt hatte: das Ablösen kompositorischer Konzeption von der musikalischen Praxis und die Spezialisierung musikalischer Tätigkeitsfelder. Hinzu kam, daß sich – in der ästhetischen Reflexion mehr noch als im musikalischen Handeln – der Antagonismus zwischen musikalischer Sinnlichkeit einerseits und künstlerischer Wahrheit andererseits herauszubilden begann. So verkümmerten allmählich die Mechanismen der Transfusion, die jahrhundertelang die fruchtbare Wechselwirkung von lebensgebundener und ästhetisch autonomer Musik gewährleistet hatten. Pionierhafte Neuerungen der Kunstmusik wurden dadurch

K. k. pr. Theater an der Wien.
Direktion: Wilhelm Karczag und Karl Wallner.

Samstag den 30. Dezember 1905.
4. Premieren-Abonnement.
Unter persönlicher Leitung des Komponisten.
Novität! Zum 1. Male: Novität!
Die lustige Witwe.
Operette in 3 Akten (teilweise nach einer fremden Grundidee) von Viktor Léon und Leo Stein.
Musik von Franz Lehár.

Baron Mirko Zeta, pontevedrinischer Gesandter in Paris . Siegmund Natzler.
Valencienne, seine Frau . Annie Wünsch.
Graf Danilo Danilowitsch, Gesandtschaftssekretär, Leut. d. Kav. i. R. . Louis Treumann.
Hanna Glawari . . . Mizzi Günther.
Camille Rosillon . . . Karl Meister.
Vicomte Cascada . . . Leo v. Keller.
Raoul de Saint-Brioche . Carlo Böhm.
Bogdanowitsch, pontevedrinischer Konsul . . . . . Fritz Albin.
Sylviane, seine Frau . Bertha Ziegler.
Kromov, pontevedrinischer Gesandtschaftsrat . . Heinrich Pirk.
Olga, seine Frau . . . Minna Schütz.
Pritschitsch, pontevedrinischer Oberst in Pension . . Julius Bramer.
Praskowia, seine Frau . Lili Wiska.
Njegus, Kanzlist bei der pontevedrinischen Gesandtschaft . . . Oskar Sachs.
Lolo . . . . Mizzi Swoboda.
Dodo . . . . Mizzi Dotzauer.
Jou-Jou . . . . . Annie Kienberger.
Frou-Frou . . . . . Lina Bauer.
Clo-Clo . . . . . . Herma Cursa.
Margot . . . . . . Helene Neumayer.
Ein Diener . . . . Karl Beller.
Pariser und pontevedrinische Gesellschaft, Guslaren, Musikanten, Dienerschaft.

Spielt in Paris heutzutage, und zwar: der 1 Akt im Salon des pontevedrinischen Gesandtschaftspalais, der 2. und 3. Akt im Schlosse der Frau Hanna Glawari.

Die neuen Dekorationen sind aus den Malerateliers Burghart & Frank und Theatermaler Zabransky. — Die neuen Kostüme teils von Maison Hoffmann, teils von Frau Skrejschofsky und Obergarderobier Staray. Die Tänze hat Herr Professor van Hamme einstudiert.

Die Beleuchtungsgegenstände des 2. Aktes wurden von der Bronzewarenfabrik Erdmann & Kleemann geliefert.

Nach dem 2. Akt ist eine größere Pause.

Operngläser sind bei den Billeteuren und in den Garderoben gegen eine Leihgebühr von 20 Hellern zu haben.

Kassa-Eröffnung 1/2 7 Uhr. Anfang 7 Uhr. Ende 10 Uhr.

Sonntag den 31. Nachmittags halb 3 Uhr bei ermäß. Preisen (ohne Vormerkgebühr): Der Zigeunerbaron. Abends 7 Uhr: Die lustige Witwe.
Montag den 1. Jänner 1906. Nachmittags halb 3 Uhr bei ermäßigten Preisen (ohne Vormerkgebühr): Vergeltsgott. Abends halb 8 Uhr: Die lustige Witwe.
Dienstag den 2. Die lustige Witwe.

Die Tageskassen: I. Rothenthurmstraße 16 (Bazar) und VI. Millöckergasse (Theatergebäude) sind täglich von 9 Uhr früh bis 5 Uhr nachmittags geöffnet und werden Karten zu jeder im Repertoire angekündigten Vorstellung abgegeben.

K. k. Hoftheater-Druckerei, IX., Berggasse 7.

281 Theaterzettel der Erstaufführung der Operette »Die lustige Witwe« von Franz Lehár am 30. Dezember 1905, Wien, Bildarchiv der Österreichischen Nationalbibliothek
Den höchsten Triumph des »silbernen Zeitalters« der Operette erlebte Lehárs »Lustige Witwe«. Die leichtsinnige Lebensauffassung, die im Textbuch dieses Werkes zum Ausdruck kommt, und die schwungvollen, leicht ins Ohr gehenden Melodien sicherten diesem Werk den größten Erfolg.

282 »Ja, das Studium der Weiber ist schwer«, 2. Akt der Operette »Die lustige Witwe« von Franz Lehár. Künstlerpostkarte nach einem Foto der 400. Aufführung am 24. April 1907 im Theater an der Wien. Wien, Bildarchiv der Österreichischen Nationalbibliothek
Abgebildet sind L. Treumann, F. Glawatsch, O. Sachs, J. Bramer, F. Mainau, F. Albin, H. Pirk und M. Ranier.

„Ja, das Studium der Weiber ist schwer –"
„Die lustige Witwe"
12

stärker als je zuvor von der gesellschaftlichen Praxis abgekapselt.

Schönberg und seine Schüler waren – so paradox dies klingen mag – dieser Selbstabschirmung keineswegs verfallen. Nicht nur die Berliner Kabarettkompositionen Schönbergs und die »6000 Seiten Partitur von Operetten, die Schönberg instrumentieren mußte«,[23] legen davon Zeugnis ab, sondern auch die aufführungspraktischen und musikpolitischen Bemühungen, die für ihn kennzeichnend sind. Das Instrumentieren fremder Unterhaltungsmusik galt ihm gewiß als peinliche Brotarbeit, die jedoch zeigt, wie souverän sich Schönberg auf diesem Gelände zu bewegen wußte.

Auch Weberns Fähigkeit, sich auf diesem Feld zu behaupten, muß beachtlich gewesen sein, denn als Theaterkapellmeister in Teplitz, Danzig und Stettin fiel ihm in den Jahren 1910 bis 1912 die Aufgabe zu, nicht nur Operetten von Johann Strauß (»Zigeunerbaron«, »Fledermaus«) zu dirigieren, sondern auch Lehárs »Lustige Witwe«, Oscar Straus' »Walzertraum« oder Leo Falls »Dollarprinzessin« – Werke also, die nicht mehr

283 Mizzi Zwerenz und Arthur Guttmann in der Operette »Der Walzertraum« von Oscar Straus. Foto. Wien, Bildarchiv der Österreichischen Nationalbibliothek

STADTTHEATER

284 Die Volksoper. Xylographie. Wien, Bildarchiv der Österreichischen Nationalbibliothek
Nach einer Bauzeit von nur zehn Monaten wurde das »Kaiserjubiläumsstadttheater«, später »Volksoper« genannt, 1898 eröffnet. Das Theater diente anfangs dem Schauspiel, später dem Singspiel und der Oper. Unter der Direktion Rainer Simons erlebte die Oper in diesem Theater eine Blütezeit.

285, 286 Bürgertheater, Zuschauerraum und Bühne; 1906. Fotos. Historisches Museum der Stadt Wien
Das Bürgertheater, das sich nahe dem Stadtpark befand, wurde zunächst als Sprechbühne verwendet und sehr bald in eine Operettenbühne verwandelt, die das wachsende Publikumsinteresse an Werken dieses Genres befriedigte.

287 Hans Schließmann, Original-Schrammeln. Postkarte, 10 x 15 cm. Historisches Museum der Stadt Wien
»Schrammelquartette« spielten in den Weinlokalen, wo man den jungen Wein genoß. Zwei Violinen, Gitarre und Klarinette (später durch das Akkordeon ersetzt) bildeten den volkstümlichen Ensembletypus, der von den Brüdern Johann und Josef Schrammel entwickelt wurde.

288 Die Damenkapelle G. Richter im Restaurant Prohaska im Wiener Prater; um 1890. Foto. Wien, Bildarchiv der Österreichischen Nationalbibliothek
In den diversen Lokalen des Wiener Praters spielten vielfach Musikkapellen auf, die mitunter sogar hohes künstlerisches Niveau hatten. Eine Besonderheit waren »Damenkapellen«.

für das »goldene Zeitalter« der Wiener Operette einstehen, sondern schon der Verfallsperiode des »silbernen Zeitalters« zugerechnet werden. Welch imponierender Verfall, der von den Zeitgenossen als Wachstum des musikalischen Brutto-Nationalprodukts empfunden wurde! Gewiß, die klassischen Repräsentanten der Wiener Operette waren dahingegangen: Franz von Suppé war 1895, Johann Strauß und Karl Millöcker waren 1899 gestorben; doch das institutionalisierte Operettenwesen Wiens expandierte. An die Seite der traditionellen Operettenbühnen (Theater an der Wien, Carltheater) traten weitere Stätten: Die Volksoper und das Raimundtheater wandten sich der Operette zu, das Bürgertheater wandelte sich 1910 zu einer Operettenbühne, während des Weltkriegs entstand im Prater das später Metropoltheater genannte Bundestheater, und daneben gab es eine Fülle von kleinen und kleinsten Etablissements.

Wien wurde zum Standort der Operettenindustrie, denn die hier entwickelten Prototypen wurden nicht nur an Ort und Stelle, sondern auch im weiten Bereich der Monarchie und darüber hinaus der Serienproduktion überantwortet, die die gesellschaftliche Nachfrage befriedigen konnte. Zu den prominentesten Protagonisten dieses Genres gehörten Franz Lehár, Leo Fall, Oscar Straus, Edmund Eysler und Emmerich Kálman.

Keinem von diesen freilich glückte es in dieser Zeit, jener höheren Weihen teilhaftig zu werden, die Johann Strauß mit dem Zugang seiner Werke zur Hofoper empfangen hatte. Seine Oper »Ritter Pazman« wurde 1892 im Hofoperntheater aufgeführt, die »Fledermaus« fand hier 1894 Eingang, und während der Direktionszeit von Gustav Mahler gab es in der Oper sogar eine Festaufführung der »Fledermaus« aus Anlaß der 25. Wiederkehr des Tages der Uraufführung.

289 Die Wiener Hofoper. Foto. Wien, Bildarchiv der Österreichischen Nationalbibliothek
Das 1869 eröffnete Haus war Schauplatz großer künstlerischer Ereignisse, aber auch gewaltiger Querelen und Intrigen. In der Direktionsära Gustav Mahlers (1897–1907) erlebte die Hofoper große, unvergleichliche künstlerische Höhepunkte.

290, 291 Zwei Seiten mit Anzeigen aus der *Neuen Freien Presse* vom 11. November 1910
Wien hatte in dieser Zeit ein besonders lebendiges kulturelles Leben. Die Menschen besuchten Theater und Ausstellungen, zumal man von dieser Stadt, dem Mittelpunkt der Monarchie, besonders viel an Abwechslung, Erlebnis und Unterhaltung erwartete.

Theater und Vergnügungen.

Wiener Volksoper.

Zum erstenmal:

Ernani.

Oper in vier Aufzügen von Giuseppi Verdi. Dichtung nach Viktor Hugos Drama „Hernani" von Francesco Maria Piave. Deutsch von Josef Ritter v. Seyfried.

Ernani, der Bandit . Hr. Schütz.
Don Carlos, König von Spanien . . Hr. Schützendorf.
Don Ruy Gomez de Silva, Grand von Spanien . . . . Hr. Zec.
Elvira, seine Nichte und Verlobte . . Frl. Wenger.
Giovanna, i. Gesellschafterin . . . . Fr. v. Kellersperg.
Don Riccardo, Waffenträger des Königs . . . . Hr. Strack.
Jago, Waffenträger des Don Ruy . . Hr. Markowsky.

Anfang 7 Uhr.

Ende 10 Uhr.

Samstag den 12.: „Quo vadis?"
Sonntag den 13., nachmittags 2 Uhr: „Carmen." Abends halb 8 Uhr: „Quo vadis?"
Montag den 14.: „Carmen."
Dienstag den 15., nachmittags halb 3 Uhr: „Die lustigen Weiber von Windsor." Abends halb 8 Uhr: „Quo vadis?"
Mittwoch den 16.: „Quo vadis?"
Donnerstag den 17.: „Ernani."

Theater in der Josefstadt.

Hohe Politik.

Schwank in 3 Akten von Richard Skowronnek.

Ottomar . . . . Hr. Höbling.
v. Pfundtmann . Hr. Binder.
Adalgisa . . . Frl. Schadler.
Dr. Billing . . . Hr. Bleake.
Marie, s. Frau . Frl. Steckelberg
Merk . . . . Hr. Zettl.
Jonas . . . . Hr. Jarno.
Schöpfle . . . . Hr. Ecker.
Rosa . . . . . Frl. Krüger.
Ein Lakai . . . Hr. Pöltner.

Anfang 8 Uhr.

Ende vor 10 Uhr.

Samstag den 12.: „Hohe Politik."
Sonntag den 13., nachmittags 3 Uhr: Freie Volksbühne. Abends 8 Uhr: „Ein Doppelleben."

Graben-Kino-Theater

I., Graben 17.

La Morte civile.

Drama von Giacometti.
(Hauptrolle: Ermete Novelli.)

Die abessinische Armee . . . . Ethn.-Militärstück.
Das Lama als Lasttier Original-Aufn.
Im Märchenlande . Ballet v. Belle.
Les Martignes . Reise-Sportstück.
Das zerflossene Lissabon . . . Aktualität.
Der Hagestolz . Komödie v. Herter
Versailles . . . Parisstück.
Hämolyse . . . Mikrosk. Studie.
Winterbad in Westfalen . . . Naturstück.
Aktualitätenrevue . Spezialaufnahme.
Aufgesessen . . . Schnurre.

Vorstellungen an Wochentagen 5 Uhr nachm., ½8 Uhr abends; an Sonn- und Feiertagen ½11 Uhr vorm., 3 u. 5 Uhr nachm. u. ½8 Uhr abends

Johann Strauss-Theater.

Telephon 5021 und 16814.

Das erste Weib.

Operette in drei Akten von Victor Léon. Musik von Bruno Hartl.

Prinz Palmers . . Hr. Höfle.
Alfons Graf Dyllenau auf Dullendorff . . Hr. Treumann.
Franz Graf Wilkin en . . . Hr. Carlo.
Johann Graf Bärenburg . . Hr. Sachs.
Alex Graf Dengenbach . . . . Hr. Jung.
Kornel Graf Bitássy Hr. Bastars.
Reichsfreiherr von Sturzhausen . Hr. Neumann.
Moritz Baron v. Feldberg . . Hr. Brod.
Ernestine, s. Frau Fr. Gibl.
Melitta, s. Tochter Fr. Günther.
Erni, sein Sohn . Hr. Haren.
Fürstin Dyr . . . Fr. v. Henrici.
Prinzessin Clementine . . . Frl. Bernay.
Prinzessin Philomena . . . Frl. Suchy.
Miß Ripson . . . Fr. Sonius.
Dr. Rohrer . . . Hr. Moser.

Anfang ½8 Uhr.

Ende nach 10 Uhr.

Samstag den 12.: „Das erste Weib."
Sonntag den 13., nachmittags halb 3 Uhr: „Der Bettelstudent." Abends halb 8 Uhr: „Das erste Weib."
Montag den 14.: „Das erste Weib."
Dienstag den 15., nachmittags halb 3 Uhr: „Die Fledermaus." Abends halb 8 Uhr: „Das erste Weib."

Lustspiel-Theater.

Zum erstenmal:

Die Jammerpepi.

Komödie in 3 Akten von Alexander Engel.

Karl Boller . . . Hr. Maran.
Frau Therese Boller Frl. Josefsy.
Ida . . . . . . Frl. [illegible]ona.
Steffi . . . . . Frl. Bock.
Josefine Boller . . Fr. Riese.
Dr. Boleslav Smircawinsky . Hr. Knüpfer.
Eduard Kranzl . Hr. [illegible]iet
Lotti . . . . . Frl. Werbezirk
Die Friseurin . . Frl. [illegible]
Enserl . . . . . Frl. Erben.
Hans . . . . . Hr. [illegible]
Fritz . . . . . Hr. Butschek
Mizzi . . . . . Frl. Berger.

Anfang 7 Uhr.

Ende vor ½10 Uhr.

Samstag den 12.: „Die Jammerpepi."
Sonntag den 13., nachmittags 3 Uhr: Freie Volksbühne. Abends halb 8 Uhr: „Die Jammerpepi."

Carl-Theater.

Telephon 1649, 12880.

Das Puppenmädel.

Vaudeville in drei Akten (mit Benützung eines Lustspieles von Flers und Caillavet) von Leo Stein und Dr. A. M. Willner. Musik von Leo Fall.

Madame Prunier Fr. Keplinger.
Yvette, d. Tochter Frl. Weise
Marquis de la Tourelle . . . Hr. Waldemar.
Tiborius, s. Neffe Hr. Marischka.
Ruffou . . . . Hr. Blaiel
Rosalilla . . . . Fr. Zwerenz.
Reinwald Talmi . Hr. König.
Der Pfarrer . . Hr. Göttler.
Mademoiselle Poche Frl. Wilere
Madame Merlin . Frl. Halme.
Madame Bichon . Frl. Delorm.
Monsieur Daudalong Hr. Hartl.
Pierre, Diener . . Hr. Leichter.

Anfang ½8 Uhr.

Ende nach ¼11 Uhr.

Samstag den 12.: „Das Puppenmädel."
Sonntag den 13., nachmittags halb 3 Uhr: „Die geschiedene Frau." Abends halb 8 Uhr: „Das Puppenmädel."

Residenzbühne

I., Rotenturmstrasse 20.

Der Liebestrank.

Schwank in 3 Akten von Frank Wedekind.

Anfang 8 Uhr.

Ende vor 10 Uhr.

Intimes Theater

(II., Praterstrasse Nr. 34, gegenüber dem Carltheater).

Paris und Menelaus.

Lustspiel in einem Akt von Pierre Chaine und José du Cerys.

Wer andern eine Grube gräbt . . .

Schwank in einem Akt von Adolf Glaß.

Schlafe patent.

Schwank in einem Akt von J. Lind Brammer und Alfred Grünwald.

Die nackte Dame.

Schwank in einem Akt von Julius Horst.

Anfang 8 Uhr.

Ende vor 10 Uhr.

Wiener Urania (I., Aspernplatz).

Telephon 3702

½6 Uhr, großer Vortragssaal:

Kinematogramme mit belehrendem Vortrag.

Orchesterbegleitung: Kapelle Karl Komzak.

½8 Uhr, großer Vortragssaal:

Kais. Rat Ernst Kraul:

Der Harz.

½8 Uhr, kleiner Vortragssaal

Kurs: Dozent Dr. Franz Strunz:

Die Philosophie des Lebens.

Stadttheater in St. Pölten.

Ein Herbstmanöver.

Stadttheater in Brünn.

Madame Butterfly.

Theater und Vergnügungen.

K. k. Hofburgtheater.

Ansk.- u. Bestell-Bureau: Tel. 8596

Ein idealer Gatte.

Ein Spiel in vier Akten von Oskar Wilde.

Der Earl v. Caversham . . . . Hr. Hartmann.
Lord Arthur Goring, sein Sohn . . . Hr. Korff.
Sir Robert Chiltern Unterstaatssekretär Hr. Devrient.
Lady Gertrud, seine Frau . . . . Frl. Hönigswald.
Miß Mabel Chiltern seine Schwester . Fr. Albach-Retty.
Vicomte de Nanjac, Attaché d. franz. Botschaft . . . Hr. Balch.
Mr. Montford . . Hr. Müller.
Lady Markby . . Fr. Lewinsky.
Lady Olivia v. Basildon . . Frl. Wilke.
Mrs. Margaret Marchmont . . . Fr. Eisenberg.
Mrs. Cheveley . . Fr. Devrient-Reinhold.
Mason, Kammerdiener bei Sir Robert Chiltern Hr. Ruß.
James, Diener bei Sir Robert Chiltern Hr. Elmhorst.
Harold, Diener bei Lord Goring . . Hr. Gehrs.
Phipps, Kammerdiener bei Lord Goring . . . Hr. Sommer.

Regie: Herr Hartmann

Anfang 7 Uhr.

Ende ¾10 Uhr.

Samstag den 12.: „Rosenmontag." (Anfang 7 Uhr.)
Sonntag den 13.: „Monna Vanna." (Anfang 7 Uhr.)
Montag den 14.: „Die Welt, in der man sich langweilt." (Anfang 7 Uhr.)
Dienstag den 15. (der Aushilfskasse des k. u. k. Militärinvalidenhauses in Wien ist ein Teil des Ertrages gewidmet): „Egmont." (Anfang 7 Uhr.)

Wiener Bürgertheater.

Telephon 3476, 19161.

Der unsterbliche Lump.

Altwiener Stück in drei Akten von Felix Dörmann. Musik von Edmund Eysler.

Florian . . . . Hr. Bauer.
Der Bürgermeister, sein Vater . . . Hr. Marson.
Sepp . . . . . Hr. Ludwig.
Loisl . . . . . Hr. Berger.
Hans Ritter . . . Hr. Storm a. G.
Baumgartner . . Hr. Jules.
Ein alter Harfenist Hr. Letten.
Die Enkelin des Harfenisten Luisel Freitag . . . Frl. Markowa a. G.
Anna Reisleitner . Frl. Marion a. G.
D. alte Reisleitner Hr. Weidinger
D. alte Reisleitnerin Fr. Baue.
Rosa Zankl . . . Fr. Pohl-Meiser.
Herr Rumpelmaher Hr. Straßmeyer.
Herr Trampler . Hr. Schöntag.
Frau Trampler . . Frl. Stopal.

Anfang ½8 Uhr.

Ende 10 Uhr.

Samstag den 12., nachmittags halb 3 Uhr: „Der dicke Klaus und der lange Hans." Abends halb 8 Uhr: „Der unsterbliche Lump."
Sonntag den 13., nachmittags halb 3 Uhr: „Der Hüttenbesitzer." Abends halb 8 Uhr: „Der unsterbliche Lump."
Montag den 14.: „Der unsterbliche Lump."
Dienstag den 15., nachmittags halb 3 Uhr: „Kean." Abends halb 8 Uhr: „Der unsterbliche Lump."

K. k. Hofoperntheater.

Ansk.- u. Bestell-Bur.: Tel. 476, 475 und 262.

Der Ring des Nibelungen.

Ein Bühnenfestspiel für drei Tage und einen Vorabend von Richard Wagner.

Erster Tag.

Die Walküre.

In drei Aufzügen.

Siegmund . . . . Hr. Schmedes.
Hunding . . . . Hr. Mayr.
Wotan . . . . . Hr. Weidemann.
Sieglinde . . . . Fr. Förster-Lauterer.
Brünhilde . . . . Fr. Baur-Mildenburg
Fricka . . . . . Fr. Hilgermann.

Walküren:
Gerhilde . . . Fr. Kiurina.
Ortlinde . . . Fr. Pohlner.
Waltraute . . . Fr. Bardo
Schwertleite . . Frl. Kittel.
Helmwige . . . Fr. Elizza.
Siegrune . . . Frl. Morawetz.
Roßweiße . . . Frl. Litschka.
Grimmgerde . . Frl. Paalen.

Anfang 7 Uhr.

Ende 11 Uhr.

Samstag den 12.: „Die Bohème." (Anfang halb 8 Uhr.)
Sonntag den 13.: „Die verkaufte Braut." (Anfang 7 Uhr.)
Montag den 14.: „Siegfried." (Anfang 7 Uhr.)
Dienstag den 15., nachmittags 3 Uhr (bei aufgehobenem Jahres- und Saisonabonnement und zu ermäßigten Preisen): „Exzelsior."

Theater an der Wien.

Teleph.: Tageskassen 13180, 5245 Abendkasse 86.

Der Graf von Luxenburg.

Operette in drei Akten von A. M. Willner und R. Bodanzky. Musik von Franz Lehár.

René Graf von Luxenburg . . . Hr. v. d. Bruch.
Fürst Basil Basilowitsch . . . . . Hr. Langer.
Gräfin Stasa Kokozew . . . . Frl. Schütz.
Armand Brissard Hr. Bötel.
Angèle Didier . Frl. Mahrbach.
Juliette Bermont Frl. Petrovits.
Sergei Mentschikoff Hr. Schütz.
Pawel Pawlowitsch Hr. Paul.
Pelegrin . . . . Hr. Hansen.
Anatole Saville . Hr. Albin.

Anfang ½8 Uhr.

Ende nach 10 Uhr.

Samstag den 12., nachmittags 3 Uhr: „Gänseliesel." Abends halb 8 Uhr: „Der Graf von Luxenburg."
Sonntag den 13., nachmittags halb 3 Uhr: „Die Dollarprinzessin." Abends halb 8 Uhr: „Der Graf von Luxenburg."
Montag den 14.: „Der Graf von Luxenburg."
Dienstag den 15., nachmittags halb 3 Uhr: „Ein Herbstmanöver." Abends halb 8 Uhr: „Die Dollarprinzessin."

Kleine Bühne

I., Wollzeile 34. Tel. 3368.
Anfang 8 Uhr Ende 11 Uhr.
Man steigt nach.

Die kleine Passion v. Dörmann.

Mitzi Freller a. G.

Mella Mars.

Dr. Egon Friedell a. G.

Rudolf Meinhardt a. G.

Die Dame im Kamin.

Groteske in einem Akt v. Fr. Freksa Musik. Leitung A. Bela Laszky.

Jed. Sonn- u. Feiertag Nachmittagsvorst. ½4 Uhr b. ermäßigten Preisen.

Deutsches Volkstheater.

Telephon 3006.

Das kleine Schokoladenmädchen.

Lustspiel in 4 Aufzügen von Paul Gavault, deutsch von S. v. Schönthan.

Lapistolle . . . . Hr. Schreiber
Benjamine s. Tochter Frl. Müller.
Hector de Pavezac Hr. Fürth.
Mingasson . . . Hr. Kirchner.
Hortense, s. Tochter Frl. Rueder.
Felicien Bedaride Hr. Kramer.
Rosette, ein Modell Frl. Pellar.
Paul Normand . . Hr. Etroser.
Loupet . . . . . Hr. Leopold.
Boisty . . . . . Hr. Huber.
Julie . . . . . Frl. Menari.
Pinglet, Chauffeur Hr. Brady.
Casimir . . . . Hr. Breu.
Ein Kellner . . . Hr. Göttler.
Ein Diener . . . Hr. Fricke.

Anfang ½8 Uhr.

Ende vor 10 Uhr.

Samstag den 12.: „Hasemanns Töchter."
Sonntag den 13., nachmittags halb 3 Uhr: „Das vierte Gebot." Abends halb 8 Uhr: „Das kleine Schokoladenmädchen."
Montag den 14. (bei ermäßigten Preisen): „Weh' dem, der lügt."
Dienstag den 15., nachmittags halb 3 Uhr: „Ihr Korporal." Abends halb 8 Uhr: „Das kleine Schokoladenmädchen."
Mittwoch den 16., nachmittags halb 3 Uhr: „Minna von Barnhelm." Abends halb 8 Uhr: „Das Konzert."
Donnerstag den 17.: „Liebelei." „Komtesse Mizzi."

Raimund-Theater.

Gastspiel Alexander Girardi.

Das Glücksmädel.

Operette in 3 Akten von Robert Bodanzky und F. Thelen. Musik von Robert Stolz.

Baron Fritz v. Waldhofen . Hr. Rohr.
Erich Heinlein . . Hr. Flemming.
Andras Enchuber Hr. Girardi.
Anna, s. Tochter . Frl. Ruska.
Franz Mitterer . . Hr. Glawatsch.
Resi Famm . . Frl. Waide.
Rudi v. Feldbach . Hr. Werner.
Mufi . . . . . Hr. Svon er.
Gigi . . . . . . Hr. Gerhardt.
Willy . . . . . . Hr. Natkes.
Mizzi . . . . . . Frl. Ernst.
Hedi . . . . . . Frl. Hallada.
Gretl . . . . . . Frl. Tirich.
Pauline . . . . . Frl. Tolsner.
Aristides Berneck . Hr. Lürer.

Anfang ½8 Uhr.

Ende 10 Uhr.

Samstag den 12.: „Das Glücksmädel."
Sonntag den 13., nachmittags halb 3 Uhr: „Die sieben Schwaben." Abends halb 8 Uhr: „Das Glücksmädel."
Montag den 14.: „Das Glücksmädel."
Dienstag den 15., nachmittags halb 3 Uhr: „Wiener Blut." Abends halb 8 Uhr: „Das Glücksmädel."

Neue Wiener Bühne

(ehem. Danzers Orpheum). Tel. 14101

Der Herr Verteidiger.

Groteske in drei Akten von Franz Molnar und Alfred Halm.

Anfang ½8 Uhr.

Ende nach ½10 Uhr.

Das 20. Jahrhundert festigte die Sonderung des Heiteren vom Ernsten. Allmählich und für viele wohl unmerklich verfiel die Oper (ist auch das Verfall zu nennen?) zum Pantheon des ästhetisch Erhabenen.

Hofoper – Staatsoper

Die Hofoper, die nach dem Abgang Mahlers unter die Leitung Felix von Weingartners gelangt war, erhielt 1911 einen neuen Direktor, Hans Gregor, der das Institut durch die Fährnisse der Kriegszeit zu lenken hatte. Seine Ära begann mit der Wiener Erstaufführung des »Rosenkavalier« von Richard Strauss und brachte als letzten Höhepunkt im Oktober 1918 Straussens »Salome« – jenes Werk, dessen Aufführung Mahler gegen den Widerstand der Hofzensur nicht hatte durchsetzen können. Die alten Mächte waren längst ins Wanken geraten; im November 1918 ging das Habsburgerreich in Trümmer, die kleine Republik Österreich entstand, und die Hofoper erhielt am 4. Dezember 1918 den Namen »Staatsoper«. Ihr Schicksal wurde der Doppeldirektion Richard Strauss – Franz Schalk anvertraut.

Der Aufwand des zuvor aus der Schatulle des Herrschers dotierten Opernhauses schien manchem Republikaner nun unangemessen und für einen Kleinstaat, zumal in wirtschaftlicher Notzeit, nicht vertretbar. Mit allem Ernst wurde hier und dort die Meinung vertreten, daß mit dem kaiserlichen Hof auch die Hoftheater ihre Legitimation eingebüßt hätten. Schließlich aber siegte der Wille zur Bewahrung, und die österreichische Bundesverfassung von 1920 verankerte die ehemaligen Hoftheater in der Kompetenz – und damit im Budget – des Staates. Die Bewußtseinswandlung, die sich damals vollzog, ist in einem Gedicht von Max Kalbeck dokumentiert, das im April 1919 entstand:[24]

Der Musen Tempel bist du einst gewesen,
Dann ihr Palast, und nun –
ergib dich drein –
Sollst du, von deinem Größenwahn
genesen,
Nur noch ihr bürgerliches Wohnhaus sein.

Der Schönberg-Verein

Das Ende des Krieges und die Ausrufung der Republik wurden allenthalben als Moment des Neubeginns, auch als geeigneter Zeitpunkt für den Entwurf kunstpolitischer Pläne mit zuweilen utopischem Einschlag empfunden. Ideen zur Reform des Kunstbetriebes traten in den Vordergrund. So entstanden die von Adolf Loos entworfenen »Richtlinien für ein Kunstamt«,[25] deren musikalischen Abschnitt Arnold Schönberg[26] verfaßte. Darin verfocht der Komponist die These, daß das Konzertwesen dem Geschäftsbetrieb entzogen werden müsse und daß die schöpferischen Kräfte in genossenschaftlichem Zusammenschluß und »auch ohne staatliche Hilfe« sich direkt an das Publikum wenden sollten.

Der Verwirklichung dieser Ideen diente der von Schönberg und seinen Mitstreitern geschaffene »Verein für musikalische Privataufführungen«, der sich am 6. Dezember 1918 konstituierte und der bis zum Ende seiner Tätigkeit (Dezember 1921) 117 Konzerte mit 154 zeitgenössischen Werken veranstalten konnte. Zu den leitenden Personen dieses Vereins gehörten Schönberg, Berg, Webern, Max Deutsch, Eduard Steuermann, Erwin Ratz, Erwin Stein und andere. Der Verein betrachtete als seine Aufgabe,

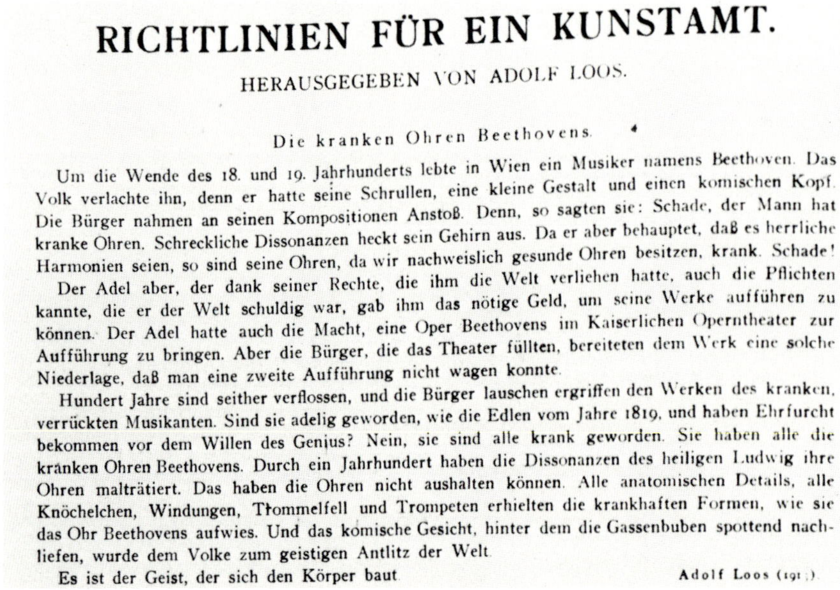

RICHTLINIEN FÜR EIN KUNSTAMT.

HERAUSGEGEBEN VON ADOLF LOOS.

Die kranken Ohren Beethovens.

Um die Wende des 18. und 19. Jahrhunderts lebte in Wien ein Musiker namens Beethoven. Das Volk verlachte ihn, denn er hatte seine Schrullen, eine kleine Gestalt und einen komischen Kopf. Die Bürger nahmen an seinen Kompositionen Anstoß. Denn, so sagten sie: Schade, der Mann hat kranke Ohren. Schreckliche Dissonanzen heckt sein Gehirn aus. Da er aber behauptet, daß es herrliche Harmonien seien, so sind seine Ohren, da wir nachweislich gesunde Ohren besitzen, krank. Schade!

Der Adel aber, der dank seiner Rechte, die ihm die Welt verliehen hatte, auch die Pflichten kannte, die er der Welt schuldig war, gab ihm das nötige Geld, um seine Werke aufführen zu können. Der Adel hatte auch die Macht, eine Oper Beethovens im Kaiserlichen Operntheater zur Aufführung zu bringen. Aber die Bürger, die das Theater füllten, bereiteten dem Werk eine solche Niederlage, daß man eine zweite Aufführung nicht wagen konnte.

Hundert Jahre sind seither verflossen, und die Bürger lauschen ergriffen den Werken des kranken, verrückten Musikanten. Sind sie adelig geworden, wie die Edlen vom Jahre 1819, und haben Ehrfurcht bekommen vor dem Willen des Genius? Nein, sie sind alle krank geworden. Sie haben alle die kranken Ohren Beethovens. Durch ein Jahrhundert haben die Dissonanzen des heiligen Ludwig ihre Ohren malträtiert. Das haben die Ohren nicht aushalten können. Alle anatomischen Details, alle Knöchelchen, Windungen, Trommelfell und Trompeten erhielten die krankhaften Formen, wie sie das Ohr Beethovens aufwies. Und das komische Gesicht, hinter dem die Gassenbuben spottend nachliefen, wurde dem Volke zum geistigen Antlitz der Welt.

Es ist der Geist, der sich den Körper baut.

Adolf Loos (191?)

292 Adolf Loos, Richtlinien für ein Kunstamt; 1913
Der Architekt Adolf Loos machte immer wieder durch seine polemischen Schriften von sich reden, die sich mit ästhetischen Problemen sowie mit Fragen der Kunstförderung und der Rezeption des Künstlerischen durch die Öffentlichkeit befaßten.

293 Carry Hauser, Josef Matthias Hauer; 1922. Lithographie, 47,6 x 31,5 cm. Historisches Museum der Stadt Wien
Der Maler und Graphiker Carry Hauser und der Komponist Josef Matthias Hauer trafen einander um 1920 sehr oft zu freundschaftlichem Gedankenaustausch. Hauer entwickelte unabhängig von Schönberg eine »Zwölftontechnik« des Komponierens.

genaue Kenntnis der modernen Musik zu vermitteln. Die Methoden, die zum Erreichen dieses Ziels angewandt werden sollten, wurden in dem von Alban Berg formulierten Vereinsprospekt vom 16. Februar 1919 dargelegt: »Klare, gut studierte Aufführungen; 2. oftmalige Wiederholungen; 3. die Aufführungen müssen dem korrumpierenden Einfluß der Öffentlichkeit entzogen werden, das heißt, sie dürfen nicht auf Wettbewerb gerichtet und müssen unabhängig sein vom Beifall und Mißfallen«.[27]

Die Forderung nach »gut studierten Aufführungen« verweist auf die ungewöhnlich intensive Probenarbeit. So wurden zum Beispiel für die Aufführung von Mahlers Siebenter Symphonie in einem Arrangement für Klavier zu vier Händen nicht weniger als zwölf mehrstündige Proben abgehalten. Die im Prospekt angedeutete Abwendung von der Öffentlichkeit führte dazu, daß nur Mitglieder Zutritt zu den Konzerten hatten, und daß etwa zugelassene Rezensenten sich schriftlich verpflichten mußten, in ihren Zeitungen über die Veranstaltungen des Vereins nichts zu berichten. Dennoch hatten die Musikprogramme dieser verschworenen Gemeinde keineswegs Sektencharakter. Kompositionen Schönbergs wurden zu Beginn überhaupt nicht aufgeführt, und das Spektrum der vorgestellten Stilrichtungen war so breit, daß es Werke von Skrjabin und Reger, Mahler und Debussy, Busoni und Bartók, Schreker und Richard Strauss einschloß.

Entdeckung einer neuen Kompositionsmethode

Zu den Komponisten, deren Werke in den Konzerten des »Vereins für musikalische Privataufführungen« unter der Studienleitung von Webern und Schönberg erklangen, gehörte auch eine der eigentümlichsten Gestalten der neuen Wiener Musik: Josef Matthias Hauer. Hauers philosophische Überlegungen, die in die Begründung einer »Zwölftontechnik« mündeten, liefen offenbar zeitlich parallel zu den Gedankenketten Schönbergs. Im Juli 1921 machte Schönberg

dem damals als Sekretär des Vereins wirkenden Josef Rufer die Mitteilung, er »habe etwas gefunden, das der deutschen Musik die Vorherrschaft für die nächsten hundert Jahre sichere«.[28] Schönberg meinte damit die Methode der Komposition mit zwölf nur aufeinander bezogenen Tönen, die er zuerst in seinen 1920 begonnenen Fünf Klavierstücken op.23 angewandt hatte.

Diese Methode war die Frucht langen Suchens nach einem Kompaß, der gefunden werden mußte, sobald auf die formbildenden Energien des Tonal-Harmonischen Verzicht geleistet worden war. Die Frage der ästhetischen Ergiebigkeit dieser Komponierweise steht auf einem anderen Blatt, denn sie weist weit über die hier behandelte Epoche hinaus. Als Schönberg diese Methode entwickelt hatte und der Konvergenz seiner Idee mit Hauers Zwölftontechnik gewahr wurde, schrieb er an Hauer die stolzen Worte: »Zeigen wir der Welt, daß die *Musik* wenigstens ohne die Österreicher zunächst nicht weiter gefunden hätte, während wir Fortsetzung wissen.«[29]

1 S. Rubinstein in der Wiener Literatur-Zeitung *Neue Revue* Jg. 5, Nr. 5, 17. Januar 1894; zitiert nach: Jugend in Wien, Katalog Nr. 24 der Sonderausstellung des Schiller-Nationalmuseums, München 1974, S. 232

2 Prospekt der Vereinigung bildender Künstler Österreichs in der Zeitschrift *Ver Sacrum* 1898, 1; zitiert nach: Ver Sacrum, Die Zeitschrift der Wiener Secession 1898–1903, Katalog der 77. Sonderausstellung des Historischen Museums der Stadt Wien 1982, S. 44

3 Hugo Wolf, Brief an Hermann Bahr vom 21. Mai 1890; zitiert nach: Rudolf Flotzinger und Gernot Gruber (Hg.), Musikgeschichte Österreichs, Band II, Graz 1979, S. 374

4 Richard Strauss, Schreiben an die *Grazer Tagespost,* zitiert nach: Eduard Hanslick, Aus neuer und neuester Zeit, Berlin [2]1900, S. 49

5 Vgl. Oskar Fleischer, Die Bedeutung der internationalen Musik- und Theaterausstellung in Wien für Kunst und Wissenschaft der Musik, Leipzig 1894

6 Bruno Walter, Thema und Variationen, Frankfurt/Main 1960, S. 86f.

7 Max Graf, Wagner-Probleme und andere Studien, Wien o.J. (1900), S. 124

8 Jahresbericht des Wiener Concert-Vereines 1900/1901, Wien 1901, S. 6

9 David Josef Bach, Brief an Victor Adler; zitiert nach: Henriette Kotlan-Werner, Kunst und Volk/David Josef Bach 1874–1947, Wien 1977, S. 23f.

10 Arnold Schönberg im Vorwort zum Programm des Konzerts vom 14. Januar 1910 im Ehrbar-Saal; zitiert nach: Ernst Hilmar (Hg.), Arnold Schönberg Gedenkausstellung 1974 (Katalog), Wien 1974, S. 201

11 Paul Stefan, Frühling, in: Der Ruf, Ein Flugblatt an junge Menschen, Wien–Leipzig, 2. Heft, März 1912; zitiert nach: Ernst Hilmar (Hg.), Arnold Schönberg Gedenkausstellung 1974, Wien 1974, S. 26

12 Diese Darstellung findet sich in einem biographischen Essay, der die erste amerikanische Ausgabe von Bruno Walter, Gustav Mahler, New York 1941 ergänzte. Bruno Walter hat gegen diesen von ihm nicht autorisierten Beitrag Einspruch erhoben (vgl. Bruno Walter, Briefe 1894–1962, S. 262). Dies hatte zur Folge, daß der lesenswerte Aufsatz in späterer Ausgabe von Walters Schrift nicht mehr erscheint.

13 Anton von Webern, Brief an Diez vom 20. Februar 1902; zitiert nach: Walter Kolneder, Anton Webern, Rodenkirchen 1961, S. 13

14 Webern berichtete dies ein Vierteljahrhundert danach. Siehe Hans und Rosaleen Moldenhauer, Anton von Webern, Zürich 1980, S. 76

15 Zitiert nach: Walter Kolneder, Anton Webern, Rodenkirchen 1961, S. 50

16 Schönberg über Alban Berg (1936), zitiert nach: Willi Reich, Alban Berg, Zürich 1963, S. 28

17 Vgl. Jahresbericht des Wiener Concert-Vereins über das dreizehnte Vereinsjahr 1912/13. Wien 1913, S. 9

18 Brief Schönbergs an Berg vom 3. Oktober 1912; zitiert nach: Ernst Hilmar, Wozzeck von Alban Berg, Wien 1975, S. 10

19 Zu den Ausführungen in diesem und dem folgenden Absatz vgl. Kurt Blaukopf, Autobiographische Elemente in Alban Bergs »Wozzeck«, in: Österreichische Musikzeitschrift 9 (1954), Heft 5, S. 155f., und Kurt Blaukopf, New Lights on »Wozzeck«, in: Saturday Review, New York, 26. September 1953

20 Brief Schönbergs an Emil Hertzka vom 24. Oktober 1921; zitiert nach Ernst Hilmar, Wozzeck von Alban Berg, Wien 1975, S. 26

21 Alban Berg, Das Opernproblem, in: Neue Musik-Zeitung 49 (1928), Heft 9; zitiert nach: Willi Reich, Alban Berg, Zürich 1963, S. 61

22 Willi Reich, Alban Berg, Zürich 1963, S. 96

23 Paul Stefan, Neue Musik und Wien, Wien 1921, S. 56

24 Max Kalbeck, Facsimile einer handschriftlichen Widmung, in: Alois Przistaupinsky, 50 Jahre Wiener Operntheater, Wien 1919, S. 7

25 Adolf Loos, Richtlinien für ein Kunstamt, in: Der Friede, Wochenschrift für Politik, Volkswirtschaft und Literatur, 3 (1919), Nr. 62, S. 232–240

26 Ebd. S. 239f.

27 Walter Szmolyan, Schönbergs Wiener Verein für musikalische Privataufführungen, in: Ernst Hilmar, Arnold Schönberg Gedenkausstellung 1974, Wien 1974, S. 73

28 Josef Rufer, Das Werk Arnold Schönbergs, Kassel 1959, S. 26

29 Brief Arnold Schönbergs an J. M. Hauer vom 1. Dezember 1923, zitiert nach: Walter Szmolyan, Josef Matthias Hauer, Wien 1965, S. 45

LITERATUR UND THEATER

Wendelin Schmidt-Dengler

Das Junge Wien

»Die fröhliche Apokalypse Wiens um 1880« – mit dieser Signatur versah Hermann Broch in seinem Essay »Hofmannsthal und seine Zeit« (entstanden 1947/48) jene Epoche, die für die Autoren der Jahrhundertwende Kindheit und Jugend bedeutete, so für Peter Altenberg, Arthur Schnitzler, Hermann Bahr, Richard Beer-Hofmann, Hugo von Hofmannsthal, Karl Kraus und Leopold von Andrian, eine Epoche, die dem Wirken der Genannten voranging und für deren Literatur Hermann Broch das vernichtende Verdikt bereit hat: »An literarischer Produktion war außer einem gefälligen Feuilletonismus so viel wie nichts vorhanden; ... Dichtung war eine Angelegenheit von Goldschnittbänden auf dem Salontisch.« So hart dieses Urteil auch sein mag, es trifft doch ins Schwarze und macht verständlich, daß diejenigen Autoren, die um 1890 mit ihrer literarischen Produktion hervortraten, im Lande keine Tradition vorfanden, an die sie anknüpfen, aber auch keine Opposition, gegen die sie anschreiben konnten. Jene Dekorativität, die nach Broch an die Stelle der Kunst trat, war Garant für das »Wert-Vakuum«, in dem eben diese Autoren aufwuchsen und in dem sich – vorausdeutend auf die nun folgende Epoche – das Museale »als österreichisches Verfallszeichen« (Hermann Broch) etabliert hatte und als Ersatz für künstlerische Produktivität genommen worden war.

Auch wenn die Autoren, die das Bild der Wiener Moderne um 1900 prägten, in dieser Stadt des Dekorums keine adäquate Tradition vorfanden, so ist doch die Erfahrung der Kindheit und Jugend in ihr Werk eingegangen. Der Titel des Brochschen Essays, »Hofmannsthal und seine Zeit«, soll nun nicht nahelegen, in Hofmannsthal den dominierenden Dichter der Periode von 1890 bis 1920 zu sehen, sondern will vielmehr ein Paradox bewußt machen: Hugo von Hofmannsthal, der sich zu sozialen und politischen Problemen behutsam auf Distanz hielt und jedes allzu direkte Wort in dieser Hinsicht mied, gewährt durch sein Werk, das sich sorgsam auf das nur Ästhetische und geradezu Esoterische zu beschränken scheint, Zugang zu allen Bereichen unserer Lebenswelt. Es gilt nur, diese Schriften nicht abgehoben von ihrem gesellschaftlichen Kontext zu verstehen und sie gerade dort, wo sie sich diesem zu verweigern scheinen, nach den Gründen dafür zu befragen.

Auch wenn es viele nicht wahrhaben wollten: Selbst die achtziger Jahre des vorigen Jahrhunderts standen im Zeichen der ökonomischen Krise. Der Börsenkrach von 1873 hatte den Ruin vieler bedeutet, die sich in Sicherheit wähnten. Die Eltern Hofmannsthals mußten nach der Rückkehr von der Hochzeitsreise erfahren, daß ihr Vermögen durch diesen Krach zu einem großen Teil dahin war. Zwar wurden die Vermögensverhältnisse der Familie in der Folge saniert, das Erlebnis des Schocks jedoch hat die Mutter nie ganz überwinden können.

»Tobt der Pöbel in den Gassen, ei mein Kind, so laß ihn schrein'n. / Denn sein Lieben und sein Hassen ist verächtlich und gemein! / Während sie uns Zeit noch lassen, wollen wir uns Schönerm weih'n. / Will die kalte Angst dich fassen, spül sie fort in heißem Wein! / Laß den Pöbel in den Gassen: Phrasen, Taumel, Lügen, Schein. / Sie verschwinden, sie verblassen – Schöne Wahrheit lebt allein.«

Es wäre unbillig, wollte man von diesen bedenklich naiven Versen des sechzehnjährigen Hofmannsthal zum 1. Mai 1890 her das Gesamtwerk des Autors lesen wollen, indes ist es durchaus gerechtfertigt, sie als Symptom zu nehmen für diese Jugend aus Wien. Wer Schnitzlers postum erschienene Autobiographie *Jugend in Wien* (1968) liest, wird unschwer erkennen, wie trotz des Scharfblicks im psychologischen Detail das, was die Massen bewegen mußte, in den toten Winkel des Referenten geriet. Und Hugo von Hofmannsthal schrieb 1895 an den Freund Edgar Karg von Bebenburg: »Über diese Dinge, was man so gewöhnlich die sociale Frage nennt, hört man recht viel reden, oberflächliches Zeug, auch besseres, aber alles so entfernt und unlebendig, wie wenn man durch ein Fernrohr von ganz weit einer Gamsherde grasen zusieht; es kommt einem gar nicht wirklich vor. ... Mit einzelnen kann ich was anfangen, einzelnen vielleicht helfen, einzelne begreifen, und ich glaub, auch nur darauf kommts an. Wenigstens bei uns, wie einmal dieses merkwürdige schwer zu verstehende Österreich ist. Im Westen können die anderen Worte mehr Sinn haben, da sind denk ich die Massen wirklich mehr ausgeglichen. Ich bin aber froh, daß es bei uns nicht so ist.«

Gültig ist für ihn nur eine Lösung der Probleme, die dem Individuum hilft, nicht eine solche, die auf ein abstraktes Allgemeines zielt, eine Position, an der Hofmannsthal bis an sein Lebensende festhielt.

Trotz der Krise war für eine Exklusivität gesorgt, die sich nicht allein aus der ökonomischen und sozialen Besserstellung ergab. Denn die Gorgo der Pauperisierung lähmte zwar die Aktivitäten der Klasse, der Autoren wie Hofmannsthal angehörten, doch wurden andere Privilegien, die an die Stelle der rein materiellen traten, verbindlich.

Zunächst das Privileg der Bildung. Hofmannsthal, Beer-Hofmann, Schnitzler, Andrian, Karl Kraus und tutti quanti – sie waren Absolventen humanistischer Gymnasien, die drei Erstgenannten sogar des renommierten Akademischen Gymnasiums in Wien, also von Bildungsanstalten, die damals ausschließlich den Zugang zu den Universitäten eröffneten. Auch wenn die meisten Autoren sich dieser Phase ihres Bildungsganges nur herablassend erinnern oder gar wie Stefan Zweig in *»Die Welt von Gestern. Erinnerungen eines Europäers«* (erste Ausgabe Stockholm 1942) als unwesentlich hinstellen: Durch diese Schulung war nicht nur die solide Grundlage einer hi-

294 Hugo von Hofmannsthal; 1895. Foto. Wien, Österreichische Nationalbibliothek, Theatersammlung
Gleichsam als Wunderkind erschien Hugo von Hofmannsthal in der Welt der Literatur: Er veröffentlichte zunächst unter dem Namen »Loris« Gedichte und kleine Dramen, die großes Aufsehen erregten. Trotz seiner Vorliebe für alles Ästhetische hat sein Werk aber doch auch Bezüge zur realen Lebenswelt.

storisch orientierten Bildung gegeben, sondern auch die gesellschaftlich wirksame Schranke errichtet worden, welche die Absolventen des Gymnasiums von jenen trennte, denen der Zugang zu diesen Schulen aus verschiedenen Gründen nicht möglich war. Die intensive Auseinandersetzung mit der Literatur der Antike, die meist über den Originaltext erfolgte, wäre ohne die überakzentuierte Ausbildung im Lateinischen und Griechischen nicht möglich gewesen. Am Rande ist zu notieren, daß auch Sigmund Freud bei seiner Maturitätsprüfung im Jahre 1873 aus der Tragödie »Oedipus Tyrannos« des Sophokles übersetzen mußte...

Diese Bildungsgrundlagen schufen die Möglichkeit für einen Diskurs, der seinen Abstand von allzu beklemmenden Fragen des Alltags zu halten und die aktuellen Probleme ins Überzeitliche zu erheben verstand. Ohne die Salons, in denen einander die Repräsentanten verschiedener Generationen trafen, wäre die Wiener Literatur der Jahrhundertwende nicht denkbar. Allen voran ist der Döblinger Salon der Josephine von Wertheimstein zu erwähnen, wo einander Eduard von Bauernfeld oder Ferdinand von Saar auf der einen Seite oder der junge Hofmannsthal auf der anderen treffen konnten. Nicht nur Literaten waren Gäste dieser Salons, auch Maler, Musiker, Schauspieler, Industrielle, Techniker, Ärzte und Geisteswissenschaftler, wie etwa der berühmte Altphilologe Theodor Gomperz. Immer wieder rekurrieren die Autoren der Wiener Moderne auf den Dramaturgen und Philosophen Alfred von Berger, dessen Schriften zur Ästhetik viel beachtet und dessen Vorlesungen unter anderem von Hugo von Hofmannsthal besucht wurden. Die Zeugnisse der Autoren geben auch beredt darüber Auskunft, wie ihnen durch den Umgang an diesen Stätten nicht nur schwacher Tee und unbeteiligtes Hinhören für einige Aperçus geboten, sondern sehr oft reges Interesse und konkrete Hilfe zuteil wurden.

295 Ferdinand von Saar.
Foto. Historisches Museum der Stadt Wien
Mit seinen Novellen vor allem, die gleichsam eine Art Vorstufe zu den Arbeiten Schnitzlers bilden, aber auch mit seinen Gedichten verstand es Ferdinand von Saar glänzend, die Mentalität des Wieners und der Wiener Gesellschaft darzustellen.

Indes war man in dieser Welt unter sich. Die Hermetik der Salons wurde zur Voraussetzung für das Schreiben, und zwar im positiven wie im negativen Sinne. An die Stelle der Salons traten in der Folge die Cafés. Das Wiener Literatencafé, das dessen Besucher bis zum heutigen Tag beharrlich zum Mythos machen, darf nicht als austauschbares Lokal gewertet werden. Von den Salons ist es durch Inkonstanz seiner Besucher, durch die heterogene Zusammensetzung der Gruppe, die sich dort einstellte, unterschieden. Gestalten wie Peter Altenberg, denen das Café zur Heimstätte wurde, hätten in das distinguierte Ambiente der Salons kaum gepaßt. Von anderen Organisationsformen unterscheidet sich das Café zudem durch die Unregelmäßigkeit des Zusammentreffens, durch das Fehlen von Grundsätzen, auf welche die Mitglieder eingeschworen sein müßten. Daß die Teilnehmer an solchen Kaffeehausrunden keinen vereinsmäßigen Satzungen verpflichtet waren und auf kein Programm nach Art eines soliden Stammtisches festgelegt werden konnten, förderte das Moment der Spontaneität, das nicht zuletzt für die zuvor angedeutete Mythisierung sorgte.

Vor allem das 1847 gegründete Café Griensteidl (am Michaelerplatz, Ecke Herren- und Schauflergasse gelegen, heute eine Bankfiliale) hatte den Ruf des ersten Literatencafés. Schon nach der Revolution von 1848 – damals in der Begeisterung zum »National-Café« umbenannt – war es zum Treffpunkt führender Persönlichkeiten aus dem Bereich der Politik und Kunst geworden. In den neunziger Jahren wurde es von Andrian, Bahr, Beer-Hofmann, Felix Dörmann, Hofmannsthal, Karl Kraus, Schnitzler, Felix Salten und vielen anderen frequentiert. Nicht nur verklärt wurde das Café von den zeitgenössischen Kritikern; »das Wiener Kaffeehaus verschlingt unsere Intelligenz und unsere Bildung«, proklamierte der Journalist Edmund Wengraf 1891 und nahm die Blasiertheit der dort disputierenden Schöngeister aufs Korn. »Café Größenwahn« war folgerichtig der Spottname für das Griensteidl. So wichtig das Café im allgemeinen auch für die Schriftsteller als Kommunikationszentrum wurde, so problematisch ist auch die Beschränkung auf diesen Ort allein. Nochmals Edmund Wengraf: »Hier sitzt nicht der verborgene Keim, wohl aber der sichtbare Ursprung des Übels. Aus der harmlos scheinenden braunen Mischung steigen die Dünste auf, die unsern Blick umnebeln und uns blind und stumpf machen für einen der edelsten und lautersten Genüsse des Daseins.« Ungerecht aber wäre es zu verkennen, daß dieser Rückzug in die dekorativen Salons und in die Cafés der Bohème nicht auch sein Positives hatte. Er förderte die Konzentration auf die Literatur als Literatur, auf die Produktion und Rezeption einer hochspezialisierten Literatur, auf die Erprobung neuer Macharten.

Am greifbarsten wird die Relevanz der Literatur in den neunziger Jahren in der Fülle literarischer Zeitschriften, die ein breites Forum für die Dispute bereitstellten. Allen voran ist in diesem Zusammenhang die am 1. Januar 1890 gegründete Revue *Moderne Dichtung* zu nennen, die ab 1891 *Moderne Rundschau* hieß und worin sich die Autorengruppe, die man gemeiniglich als »Jung Wien« zusammenfaßte, präsentieren und selbst kommentieren konnte. Neben dieser verdienen noch die *Wiener Literatur-Zeitung*, die *Wiener Rundschau*, *Die Zeit* und die sozialkritisch wichtige *Wage* Erwähnung. Als Höhepunkt dieser Entwicklung kann die kurzlebige und exquisite Zeitschrift der Secession *Ver Sacrum* gelten, die bildnerische und literarische Beiträge von hohem Rang vereinigte. Wer sich einen Überblick über die Fülle von Publikationsorganen verschaffen will, sei auf die von Gotthart Wunberg mustergültig edierte Anthologie *Das Junge Wien* (1976) verwiesen, woraus sich ein zutreffendes Bild der hier nur angedeuteten Vielfalt von Positionen ergibt.

Wahrheit und Impression

Mit dem 1. Januar 1890 ist nicht nur das Erscheinen der *Modernen Dichtung*, sondern auch eine Zäsur in der Entwicklung der österreichischen Literatur markiert. Denn von da an begann sich diese Literatur mehr und mehr in ihrer Sonderentwicklung zu begreifen und auch in dieser Richtung zu kommentieren. Die theoretische Anwaltschaft für diese Identitätsbestimmung übernahm Hermann Bahr. Seine Essays kommentieren jegliche Tendenz, und zwar so schnell und in so geringem Abstand zur Veröffentlichung der Texte, daß der Kommentar den Eindruck erweckt, hier würde weniger ein Vorgang begleitet als vorausgesagt. Unschätzbar sind jedoch die Essays und Feuilletons als Dokumente, in denen das wenigstens zum Teil explizit wird, was in Lyrik, Epik und Drama implizit gestaltet worden war. Bahr brachte auf die Formel, was andere komplexer sagten. Daß er mitunter vereinfachte, ist ihm zurecht vorgehalten worden, doch lenkten seine oft emphatischen Äußerungen den Blick auch des Auslandes auf diese junge Literatur Österreichs. »Die Moderne« lautet der Titel eines Essays im ersten Heft der *Modernen Dichtung*. Auf diesen Namen sollte nun die Literatur der Folgezeit getauft sein: »Wir haben keine großen Worte und Wunder sind uns versagt. Wir können kein Himmelreich versprechen. Wir wollen nur, daß das Lügen aufhöre, das tägliche Lügen, in den Schulen, von den Kanzeln, auf den Thronen, welches häßlich und schlecht ist. – Wir haben kein anderes Gesetz als die Wahrheit, wie jeder sie empfindet. Der dienen wir. Wir können nichts dafür, wenn sie rauh und gewaltthätig ist und oft höhnisch und grausam. Wir sind

296 Reinhold Völkel, Im Café Griensteidl; 1896. Aquarell, 23 x 34,3 cm. Historisches Museum der Stadt Wien
Das Café Griensteidl hatte schon seit den Revolutionstagen des Jahres 1848 den Ruf, Treffpunkt bedeutender Persönlichkeiten zu sein. Vor der Jahrhundertwende wurde es zum eigentlichen Mittelpunkt der Wiener Literatur. Später nannten manche es auch »Café Größenwahn«.

297 Hermann Bahr; 1891. Foto. Historisches Museum der Stadt Wien
Hermann Bahr, ein außerordentlich vielseitiger Schriftsteller, ist für die moderne österreichische Literatur vor allem durch seine Essays, in denen er sich kritisch mit seiner Gegenwart auseinandersetzte, von Bedeutung. Mit ihnen lenkte er vielfach erst den Blick der Interessierten auf die modernen Tendenzen in der österreichischen Dichtung.

nur ihr gehorsam, was sie verlange.« Diese Worte bezeichnen »die Nahtstelle zwischen Naturalismus und fin de siècle« (Gotthart Wunberg): einerseits das Bekenntnis zur ungeschminkten Wahrheit, andererseits das Zugeständnis an subjektive Impression dessen, der diese Wahrheit empfindet. Noch deutlicher wird Bahr in der Programmschrift *Die Überwindung des Naturalismus* (1891), den er als eine »Besinnung des Idealismus auf die verlorenen Mittel« geradezu diskreditiert. Im Gegenzug proklamiert er die Befreiung des Künstlers: »Es war ein Wehklagen des Künstlers im Naturalismus, weil er dienen mußte; aber jetzt nimmt er die Tafeln aus dem Wirklichen und schreibt darauf seine Gesetze.« Befreiung im Zeichen des Vagen, Befreiung im Zeichen der Sinnlichkeit, Hingabe an den Augenblick – »wenn die entzügelten Nerven träumen«. Für die Werke, die um die Jahrhundertwende entstanden, war damit eine Devise gefunden, der viele Autoren auch bewußt–unbewußt zu folgen vermochten. Bezeichnend für die konkrete Einstellung zur naturalistischen Praxis ist auch die schleppende Aufnahme der Werke Hauptmanns, sieht man von der begeisterten Besprechung der »Weber« durch Karl Kraus (1892) einmal ab.

Ähnlich ambivalent wie zum Naturalismus war auch das Verhältnis zu einem so schwer klassifizierbaren Denker wie Friedrich Nietzsche, der die Literatur im deutschen Reich nachhaltig beeinflußte. An ihm konnte niemand vorbei. Hofmannsthals Äußerung in einem Brief an Salten mag für diesen »Nietzsche-Rummel« (Heinrich Gomperz) stehen: »Wir erleben bei drei Seiten Nietzsche viel mehr als bei allen Abenteuern unseres Lebens.« Gegen Ende der neunziger Jahre erfolgte die Distanzierung von Nietzsche, doch je mehr man in ihm den falschen Propheten zu erkennen meinte, umso mehr begann man den Künstler Nietzsche zu bewundern: »Was bleibt also von Nietzsche?«, fragt Friedrich Michael Fels 1894 und antwortet: »Wir suchen und suchen überall und finden nichts als den Stil.« Und Alfred von Berger hielt 1900 dem Toten einen wenig rühmlichen Nachruf: »Ein innerlich verunglückter, der Natur mißlungener Künstler, das war Nietzsche.« Der Sohn des Philologen Theodor Gomperz, Heinrich, hatte einen seltsam esoterischen Klub gegründet, der sich einer neusokratischen Lehre verschrieb und dem sokratische Ironie als Grundlage einer von Gemütsruhe geprägten Lebenshaltung dienen sollte. Nietzsche hatte hingegen in Sokrates »den großen Verderber der alten Cultur durch den Verstand« gesehen und ihn als den »Hanswurst bezeichnet, der sich ernstnehmen machte«. Die Ablehnung Nietzsches wird aus dieser Sicht verständlich, denn sein Urteil mußte diejenigen Décadents treffen, die sich Sokrates zur Identifikationsfigur erkoren hatten.

Nietzsche und der Naturalismus sind in jedem Fall als unabdingbare Voraussetzungen zu begreifen und auch in die Literatur des Fin de siècle eingegangen. Bestimmender jedoch wurde ein Dichter, der von Nietzsche ebenfalls als Décadent par excel-

298 Leopold von Andrian-Werburg. Foto. Wien, Bildarchiv der Österreichischen Nationalbibliothek
Leopold von Andrian-Werburg gehörte wie Hugo von Hofmannsthal, dessen Schulfreund er war, zum Kreis der jungen Literaten. Er trat als Erzähler, Essayist und Lyriker hervor und war kurze Zeit auch Generalintendant der Hoftheater.

lence bezeichnet worden war: Charles Baudelaire. Und mit ihm der französische Symbolismus. Es war Felix Dörmann, der 1891 in der *Wiener Rundschau* – etwa gleichzeitig mit der Teilübertragung Stefan Georges aus den *Fleurs du mal* – eine Übersetzung von Baudelaires Gedicht »Le Balcon« vorgelegt hatte. Dörmann und Baudelaire wurden öfters miteinander verglichen. Was für diesen *»spleen«* und *»ennui«* sind, seien – so Alfred Gold (1895) – für jenen »Tollheit« und »Schalheit«. Wie sehr die Ästhetik des Häßlichen eines Baudelaire in der Dichtung des Jung Wien nachwirkt, wird evident in den Versen Dörmanns in seinem Gedicht »Was ich liebe« aus den *Sensationen* (1892). Die provokante Programmatik verstört noch heute:

Ich liebe, was niemand erlesen,
Was keinem zu lieben gelang:
Mein eigenes, urinnerstes Wesen
Und alles, was seltsam und krank.

Es war nicht nur Baudelaire, dessen Texte so intensiv rezipiert wurden: Auch Joris Karl Huysmans und Maurice Maeterlinck wurden zu wiederholten Malen als Kronzeugen für die eigenen Schaffensprinzipien bemüht.

Hofmannsthal, Schnitzler und Altenberg

Mit den Einflüssen, die hier freilich nicht alle einzeln aufgezählt werden konnten, ist zwar eine Voraussetzung zur Beschreibung dieser Epoche geschaffen, nicht aber ihre Eigenheit dargestellt worden. Es sei nun der Blick auf einige wenige Texte gelenkt, die als repräsentativ für diese Periode gelten können. »Modern sind alte Möbel und junge Nervositäten«, schrieb Hofmannsthal 1893, und sein Drama »Der Tor und der Tod« aus demselben Jahr ist die sinnfälligste Exemplifikation dieser selbstkritischen Pointe. Claudio, der Held dieses lyrischen Dramas, ist mit sich selbst beschäftigt, seine Hauptsorge ist – um nochmals Dörmann zu zitieren – sein »eigenes, urinnerstes Wesen«. In dem gepflegten Empire-Schlößchen in einem durch und durch historischen Ambiente voller alter Möbel kann er sich seinen jungen Nervositäten hingeben. »Ego Narcissus« – so lautete eines der Motti zu der Erzählung »Der Garten der Erkenntnis« (1895) von Hofmannsthals Jugendfreund Leopold von Andrian. Doch meint dies nicht nur Selbstbespiegelung, sondern auch Selbstkritik. Claudio muß erkennen, wie falsch die Flucht in die eigene Kunstwirklichkeit war: »Wo andre nehmen, andre geben, / blieb ich beiseit, im Innern stummgeboren.« Der Tod, der als freundlich-antikischer Gott auftritt, macht Claudio eindrücklich bewußt, daß dieses Leben ein verfehltes war. Er führt dem verträumten Helden drei Menschen vor, denen Claudio und denen das Leben etwas bedeutete: die Mutter, das junge Mädchen und den Freund, die sich alle konkret engagieren konnten. Der Freund, der für ein Ziel starb, verflucht trotz seines eigenen unseligen Endes Claudio: »Und dreimal selig dennoch gegen dich, / Der keinem etwas war und keiner ihm.« Claudio stirbt, und – das ist die dramatische Pointe dieses Stückes – der Tod hält ihm eine rätselhafte, doch rühmende Nachrede, die das Erstaunen des Todes über die Menschen enthält:

Wie wundervoll sind diese Wesen,
Die, was nicht deutbar, dennoch deuten,
Was nie geschrieben wurde, lesen,
Verworrenes beherrschend binden,
Und Wege noch im Ewig-Dunkeln finden.

Man bedenke, daß diese Verse von einem noch nicht zwanzigjährigen Dichter stammen. So jung diese Autoren waren, so war ihnen doch keine Vorstellung so vertraut wie die des Todes. Es ist ein Tod vor der Zeit, ein Tod, der daran hindert, zum Leben in einen unmittelbaren Bezug zu treten. »So starb der Fürst, ohne erkannt zu haben«, lautet der Schlußsatz von Andrians Novelle »Der Garten der Erkenntnis«. »Der Tod Georgs« (1897/1900) von Richard Beer-Hofmann handelt von dem Sterben einer Frau, die dem Helden Paul im Traum als seine Frau vertraut ist. Zugleich löst sich Paul von seinem Freund Georg, der, eben zum Professor berufen, jäh sterben mußte. Die Qualität des Textes beruht auf der Verflechtung von Leitmotiven, der Integration der Träume und der kritischen Prüfung der ästhetischen Scheinexistenz, deren sich Paul eben durch Georgs Tod bewußt wird.

Arthur Schnitzlers dubioser Held Anatol aus der gleichnamigen lockeren Szenenfolge (1892) gehört ebenfalls zur Sippe Claudios. Anatol kann keine Bindung eingehen, auch er ist angewiesen auf das historische Dekorum, auch bei ihm offenbaren sich »die destruktiven Tendenzen des Idealismus in leerem und aggressivem Selbstwertgefühl« (Hartmut Scheible). Auch er spielt mit den Frauen und wird zugleich von ihnen als Spielzeug betrachtet. Er ist ein Narziß, doch schreckt er vor der Wahrheit zurück. Anatol stirbt nicht, aber er heiratet, was in diesem Fall das Ende zwar nicht eines Lebens, aber doch einer Lebensform bedeutet. Wie fragwürdig diese Ehe allerdings ist, geht aus dem vorläufigen Abschluß des Zyklus »Anatols Hochzeitsmorgen« hervor. Die kurzen Szenen, die allesamt entweder den

299 Richard Beer-Hofmann; 1937. Foto. Historisches Museum der Stadt Wien
Richard Beer-Hofmann war Erzähler und Dramatiker; auch er gehörte zum Kreis um Hermann Bahr. Seine dichterische Sprache zeichnete sich durch Kultiviertheit und große Melodik aus.

300 Arthur Schnitzler; um 1910. Foto von J. Löwy. Historisches Museum der Stadt Wien
Arthur Schnitzler war im Kreis der jungen Wiener Literaten jener Schriftsteller und Dramatiker, dessen Wirkung sich vielleicht am nachhaltigsten zeigte. In aller Munde kam er durch seine Szenenfolge »Anatol«, und seiner Kunst blieb es vorbehalten, besonders die Psyche der Menschen der Jahrhundertwende zu durchleuchten.

301 Moritz Coschell, Anatol verabschiedet sich von Gabriele (Weihnachtseinkäufe); um 1900. Bleistift, 37,2 x 46,2 cm. Historisches Museum der Stadt Wien

302 Moritz Coschell, Cora in Hypnose (Die Frage an das Schicksal); um 1900. Bleistift, 29,4 x 40,1 cm. Historisches Museum der Stadt Wien

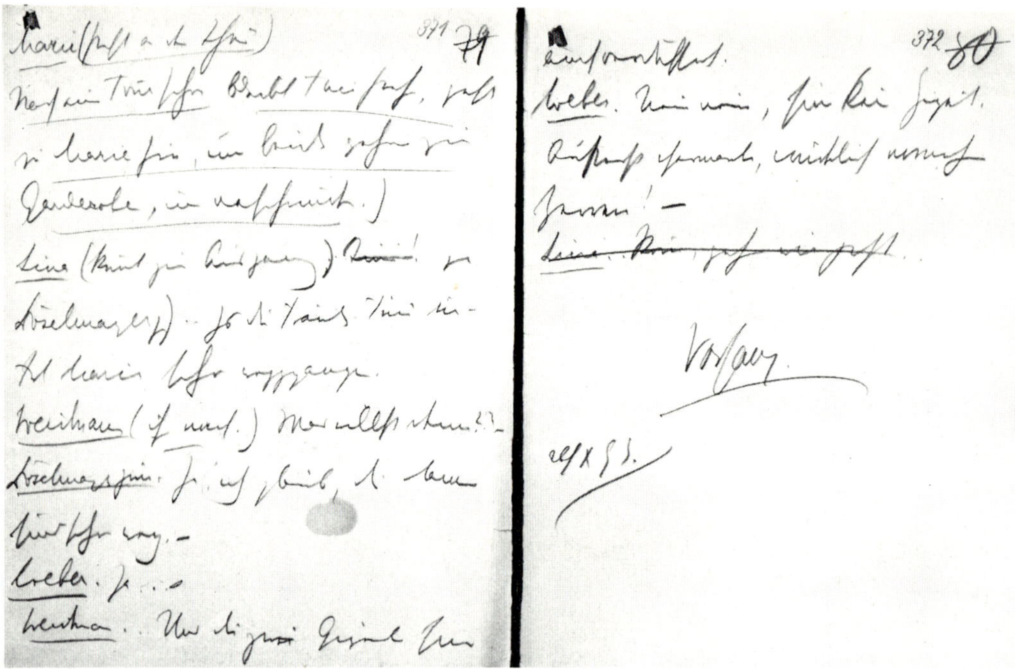

303 Manuskriptseiten aus »Liebelei« von Arthur Schnitzler; Schluß der Vorfassung mit dem Titel »Armes Mädel«. Wien, Österreichische Nationalbibliothek, Handschriftensammlung, Cod. ser. n. 25868, Blatt 79r und 80r Schnitzlers Drama »Liebelei« gehörte zu den erfolgreichsten Schöpfungen des Autors. Im Mittelpunkt steht das »süße Wiener Mädel«, das Opfer eines tragischen Schicksals wird.

Antihelden oder dessen jeweilige Partnerin auf die Probe stellen sollen, verraten deutlich den Zugriff des Mediziners Schnitzler, der gleichsam experimentell eine Situation herbeiführt, um die seelischen Voraussetzungen für Handeln oder Nichthandeln der Figuren darzustellen. (Daß Schnitzler hierin von Freud beeinflußt worden sei, ist nur eine Legende, die sich aber hartnäckig in verschiedenen Handbüchern hält.)

Die dramatische Form des Anatol ist typisch für die äußeren Gestaltungsprinzipien. Es fehlen die Großformen: Kein Roman von einiger Bedeutung wurde in den neunziger Jahren geschrieben, kein großes, wortreiches Drama, es sind vielmehr Novellen, denen freilich die strenge Architektonik der realistischen Novelle abgeht, es sind kurze Prosaskizzen und Einakter oder Dramolette. Die Struktur des »Anatol« weist voraus auf Schnitzlers von so vielen Skandalen begleitete Szenenfolge »Der Reigen« (1900/1903). Nicht in der Konstruktion von Zusammenhängen, nicht in der kontinuierlichen Entwicklung von Handlungskomplexen liegt der Reiz dieser Szenen, sondern in der Episode, in dem Aufweis des Diskontinuierlichen, im atmosphärischen Detail. In dem Drama »Liebelei« (1896) wird deutlich, daß jenes Leben, das sich so unreflektiert führen läßt und Liebe zur Liebelei deformiert, stets vom Tod bedroht ist, daß Lebenslüge und Leichtfertigkeit dazu dienen, die tragische Grundierung dieses Daseins zu übermalen.

Daß indes mit Intensität auch gelebt werden konnte, hat Peter Altenberg in seinen Prosaskizzen vorgeführt. Zwar ist auch er diesem Dezennium der Wiener Moderne verpflichtet, doch klammert er sich an die sinnlich faßbare Realität. »Nütz deine Augen, den Rothschildbesitz des Menschen!« fordert er. Für das von Andrian, Schnitzler, Beer-Hofmann und Hofmannsthal so schmerzhaft empfundene »Depersonalisationssyndrom« (Gotthart Wunberg) hat er eine Lösungsformel gefunden, die Kunst und Leben trennt und doch beide zu vereinigen imstande ist: »Die Kunst ist die Kunst, das Leben ist das Leben, aber das Leben künstlerisch zu leben, ist die Lebenskunst!« Ob Altenberg die Bilder einer Ausstellung beschreibt, ob er sich als Postkartenfanatiker erweist, ob er von einer Schallplatte mit Schuberts Forellenquintett erzählt, ob er von jungen Mädchen schwärmt oder von

304 Peter Altenberg. Foto. Historisches Museum der Stadt Wien
Der glänzende Feuilletonist, Aphoristiker und Meister der feuilletonistischen Prosa-Kleinkunst lebte als Bohemien, als Kaffeehausliterat schlechthin, für den er das eigentliche Musterbeispiel ist.

305 Karl Kraus; 1934. Foto. Historisches Museum der Stadt Wien
Der Schriftsteller Karl Kraus war ein unerbittlicher Kritiker seiner Zeit, vor allem aber seiner literarischen Gegenwart, und ein leidenschaftlicher Kämpfer gegen die »Verlotterung der Sprache«. Die von ihm herausgegebene Zeitschrift *Die Fackel* diente ihm als Sprachrohr für seine Ideen und Thesen.

Schmetterlingen und Muscheln phantasiert: Es bleibt bei der pointillistischen Erfassung und Erfahrung der Lebenswelt, beim Ausschnitt für das Ganze. An ihm werden die Widersprüche, die dieses Jung Wien prägten, radikalisiert. Seiner Sehnsucht nach einer unbeschädigten, unverbrauchten, reinen Natur steht seine an die Zivilisation gebundene Lebensführung gegenüber. Abhärtungsrituale und Diätvorschriften hat er selbst beobachtet und in seinen Schriften tradiert. Doch weist alles darauf hin, daß jene ursprüngliche Natur ihm nur vermittelt zufließt: einfach gebrochen auf der Postkarte, doppelt gebrochen durch Schuberts Forellenquintett und durch die Schallplatte. Wenn irgendwo, so wird in Altenbergs »Wie ich es sehe« (1896) die Überwindung des Naturalismus bei gleichzeitiger Wahrung seiner Vorzüge erkennbar.

Die demolierte Literatur

Die Kritik am Selbstverständnis des Jung Wien, die Hofmannsthal in seinem Drama »Der Tor und der Tod« geübt hatte – und manches wird man in den zahlreichen Dramoletten seiner Frühzeit ähnlich finden –, war eine sehr verhüllte, sehr zaghafte, kaum erkennbare. Zu einer kritischen Analyse dieser Literatur, als deren Geburtsort schon sehr früh eben das Kaffeehaus angesehen wurde, konnte nur jemand befähigt sein, der auch über sehr genaue Kenntnisse ihrer Voraussetzungen verfügte. Und das war Karl Kraus, der zuvor Kontakt mit Schnitzler und Hofmannsthal hatte. Das hinderte ihn aber nicht, in seiner Schrift *Die demolirte Litteratur* (1897) eben diese beiden und einige andere wie Andrian, Bahr und den einstigen Freund Salten zu attackieren. Anlaß war, daß das Café Griensteidl umgebaut und neuadaptiert werden sollte und einige den Verlust der Atmosphäre und eben des Dekorums befürchteten. Kraus legte den Finger an den wunden Punkt: An die Stelle der Literatur war ihr Surrogat, die Konversation im Café, getreten, an die Stelle des dichterischen Wortes die journalistische Phrase. Hermann Bahr wurde als »Herr aus Linz« apostrophiert, »der so tat, als ob Weimar und nicht Urfahr die Vorstadt von Linz wäre«. Von Hofmannsthal heißt es: »Er ging daran, ein Fragment zu schreiben, und war es seiner Abgeklärtheit schuldig, seine Ma-

nuskripte für den Nachlaß vorzubereiten.« Schnitzler soll der Harmlosigkeit überführt werden: »Zu gutmütig, um einem Problem nahetreten zu können, hat er sich eine Welt von Lebemännern und Grisetten zurechtgezimmert, um nur zuweilen aus diesen Niederungen zu falscher Tragik emporzusteigen. Wenn dann so etwas wie Tod vorkommt – bitte nicht zu erschrecken, die Pistolen sind mit Temperamentlosigkeit geladen.« Und Andrians »Garten der Erkenntnis« wurde zum »Garten der Unkenntnis«. Man kann diese Kritik in ihrer Schärfe verstehen und doch die von Kraus so heftig getadelten Schriften schätzen. Die Verve des Kritikers ist der Leistung jener Autoren mittelbar verpflichtet.

Mit dem Erscheinen seiner Zeitschrift *Die Fackel* im Jahre 1899 ist wiederum ein Datum genannt, das das Ende einer Periode bedeutet. Kraus nahm von Anfang an die Sprache der Journalisten (oder, wie es bei ihm heißt: der Journaille) aufs Korn. Kein gefälliges »Was wir bringen« sollte das Motto sein, sondern ein »ehrliches ›Was wir umbringen‹«. Die *Fackel,* die Kraus bis zu seinem Tod 1936 redigierte und die einen komplexen Kommentar zum Zeitgeschehen abgibt, hat in der Weltliteratur nichts Vergleichbares. Hier diente ein Mann der Sprache so absolut und kompromißlos, daß selbst die Widersprüche, die diesem Dienst entsprangen, Bewunderung abnötigen. Der Kampf, den er von allem Anfang an gegen die Presse (wir müßten heute sagen: die Medien) aufnahm, führte dazu, daß diese ihn totschwieg. Und doch war für viele Intellektuelle in Österreich gerade das, was er sagte, verbindlich. Sich heute den Urteilen von Kraus voll und ganz anzuschließen, fällt nicht leicht. Doch

306 Karl Kraus, *Die demolirte Litteratur*, 5. Auflage, Verlag von A. Bauer, Wien 1899. Mit Umschlagbild von Hans Schließmann
Anlaß zu dieser Satire von Karl Kraus war die Schließung des Café Griensteidl. Seine Kritik richtete sich vor allem gegen Hermann Bahr, den »Herrn aus Linz«, und später auch gegen den jungen Hugo von Hofmannsthal.

307 Karl Kraus, *Die Fackel*, Nr. 1, 1899
Karl Kraus gab seit 1899 die satirisch-kritische Zeitschrift heraus, die anfangs mit Mitarbeitern, später von ihm allein geschrieben wurde. Er bekämpfte darin die »Verwilderung der Sprache« durch den Journalismus und gewisse Strömungen in der Literatur.

schärft seine Sprachkritik den Blick. Mit den Décadents, mit der Gruppe des Jung Wien verfuhr er höchst unsanft. Eine Ausnahme gab es: Peter Altenberg. Kraus pries Wedekind und Strindberg, feierte Nestroy und verwarf Heine: Zeugnisse eines Engagements, das gegen eine überartifizielle Literatur eintrat und dem Leben, dem Ursprung dienen wollte.

Versuche einer Umorientierung

Das Auftreten des Kritikers Karl Kraus bedeutet zweifellos einen Einschnitt in der Entwicklung der Wiener Literatur. Auch Hermann Bahr hatte die Zeichen der Zeit erkannt. Die Umorientierung kann mit den Chiffren »Das unrettbare Ich« und »Die Entdeckung der Provinz« bezeichnet werden. In Ernst Machs *Beiträgen zur Analyse der Empfindungen* (1886) meinte Bahr das gefunden zu haben, was ihn schon drei Jahre quälte: »› Das Ich ist unrettbar. ‹ Es ist nur ein Name. Es ist nur eine Illusion. Es ist ein Behelf, den wir praktisch brauchen, um unsere Vorstellungen zu ordnen.« So schrieb Bahr 1904. Vor diesem Hintergrund etwa ist Schnitzlers Novelle »Leutnant Gustl« (1900) zu lesen: Die im inneren Monolog erzählte Handlung macht deutlich, aus wie vielen widersprüchlichen Momenten diese sonst wenig bedeutende Figur des Leutnants zusammengesetzt ist, der sich da in einen lächerlichen Ehrenhandel verstrickt sieht und meint, sich töten zu müssen. Der Leser bekommt den Strom der Assoziationen Gustls vor dem Selbstmord vorgesetzt, doch wird der Held davon dispensiert, da der Opponent einem Schlaganfall erlegen ist. Ein inhaltsleeres Leben wird weitergelebt... Diese Novelle Schnitzlers wirkte vor allem durch die künstlerische Innovation. Dank dem inneren Monolog wurde ein Höchstmaß von Authentizität erreicht, einer Authentizität, die damals verstören mußte: Schnitzler wurde von einem Ehrengericht wegen der Darstellung eines Leutnants der Offiziersrang abgesprochen.

Obwohl auf den ersten Blick die Thematik ganz woanders zu liegen scheint, so ist doch Hofmannsthals berühmter Text »Ein Brief« (1902) in diesem Zusammenhang zu sehen. Es ist das fiktive Schreiben des 26jährigen Lord Chandos an Francis Bacon, der Bericht einer Krise, die sehr gut den Gemütszustand Hofmannsthals um die Jahrhundertwende charakterisiert. Es ist vor allem eine Identitätskrise. Das wird deutlich, wenn Chandos an Bacon schreibt: »Kaum weiß ich, ob ich noch derselbe bin, an den Ihr kostbarer Brief sich wendet.« Die Inkonsistenz der Person wird durch eine Sprachkrise erfahren. Zunächst ist es dem jungen Chandos unmöglich, über ein abstraktes Thema zu sprechen, die Worte »Geist«, »Seele« oder »Körper« bereiten ihm ein »unerklärliches Unbehagen«. Die abstrakten Worte »zerfielen... im Munde wie modrige Pilze«. Auch in der Alltagsrede scheitert er. Dieser Chandos-Brief präludiert die für die österreichische Literatur auch unserer Tage thematisch so bedeutsame Sprachskepsis. Diese ist nun keinesfalls als Luxusproblem zu bezeichnen, das sich Dichter erkoren haben, um die Voraussetzungen ihres Tuns zu reflektieren, sondern trifft den Kern jeglicher Kommunikation. Trotz großer Divergenzen gehören Fritz Mauthners *Beiträge zu einer Kritik der Sprache* (1901f.) und Ludwig Wittgensteins *Tractatus logico-philosophicus* (1921) in den gleichen Zusammenhang. Ingeborg Bachmann und Peter Handke haben wichtige Werke mit der Signatur dieser Sprachskepsis versehen, der sich ein absolutes Sprachvertrauen gegenüberstellen läßt, als dessen wichtigster Exponent Karl Kraus gelten kann.

Am Chandos-Brief wird deutlich, daß die Dichtung des Jung Wien sich selbst fragwürdig geworden ist. Diejenigen, die in der Dichtung den Tod zelebrierten, hatten überlebt. Sie mußten eine neue Sprache finden. Das Verfügen über die Geschichte, über die verschiedenen Stile – von Hofmannsthal trefflich als »Stilverdrehungsmanie« suspekt gemacht – erwies sich als verhängnisvoll. Bezeichnend, daß Hofmannsthal auswich und jene höchst erfolgreichen Libretti für Richard Strauss verfaßte: »Elektra« (1904), »Der Rosenkavalier« (1910), »Ariadne auf Naxos« (1912), »Die Frau ohne Schatten« (1916), »Die ägyptische Helena« (1928) und »Arabella« (1933).

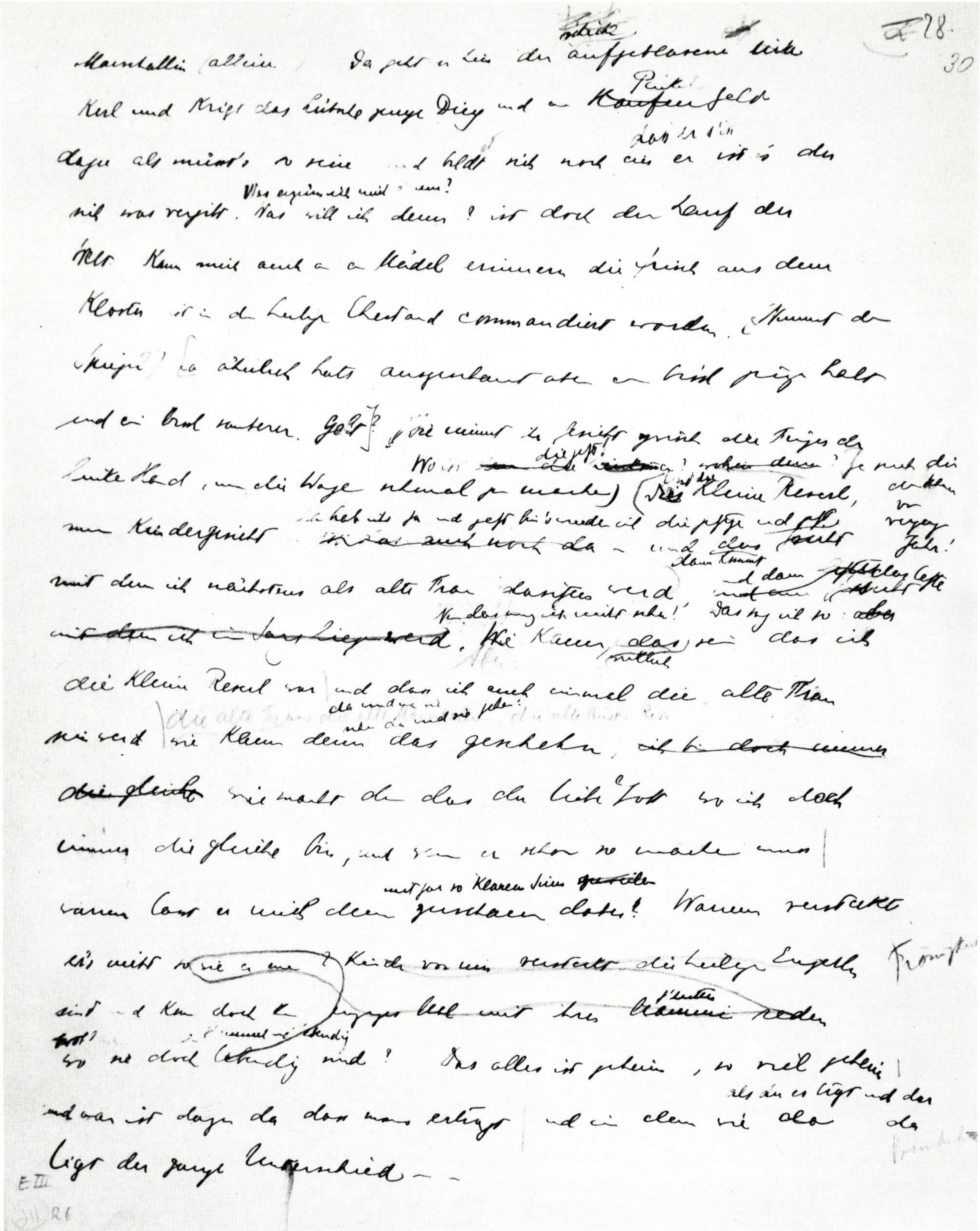

Marschallin (allein) Da geht er hin der aufgeblasene schlechte Kerl und kriegt das hübsche junge Ding und an Pinkel Geld dazu als müsst's so sein und bildet sich noch ein dass er es ist der sich was vergibt. Was erzürn ich mich denn? ist doch der Lauf der Welt. Kann mich auch an a Mädel erinnern die frisch aus dem Kloster ist in den heiligen Ehestand commandiert worden. (Nimmt den Spiegel) so ähnlich hats ausgeschaut aber a bissl jünger halt und ein bissl sauberer. Geh? ...

Wo ist die jetzt? ... Die kleine Resel, ... vor vergangenem Jahr!

... und dann kommt ... als alte Frau daherkommen werd.

... Das sag ich so: Wie kann denn das sein das ich die kleine Resel war und dass ich auch einmal die alte Frau sein werd. Wie kann denn das geschehen, ... wie macht denn das der liebe Gott wo ich doch immer die gleiche bin, und wenn er's schon so machen muss warum lasst er mich denn zuschauen dabei mit gar so klarem Sinn! Warum versteckt er's nicht vor mir? ...

... Das alles ist geheim, so viel geheim und man ist dazu da dass mans ertragt als ... und in dem Wie da liegt der ganze Unterschied — —

308 Manuskriptseite aus »Der Rosenkavalier« von Hugo von Hofmannsthal und Richard Strauss, Wien, Österreichische Nationalbibliothek, Handschriftensammlung
Monolog der Marschallin aus dem 1. Akt von Hugo von Hofmannsthals »Der Rosenkavalier« in der ursprünglichen, in Prosa gehaltenen Fassung: »Da geht er hin der aufgeblasene Kerl und kriegt das hübsche junge Ding...«

Von Ernst Mach führt der Weg auch zu Robert Musils erstem Roman *Die Verwirrungen des Zöglings Törless* (1906), worin das »Depersonalisationssyndrom« des jungen Kadetten glaubhaft in einer Pubertätskrise fundiert wird. Dieser folgt eine Erkenntniskrise, in der Törless eine fundamentale und nicht beantwortbare Frage an die Mathematik richtet. Musil, der als Ingenieur und Mathematiker auf andere Bildungsgrundlagen verweisen konnte als die Dichter des Jung Wien, wollte in seinen Werken das erfassen, was die Literatur nach den entscheidenden Fortschritten der exakten Wissenschaften zu leisten vermöchte. Zum Teil beantwortet er diese Frage in dem Motto zum Roman, das er von Maurice Maeterlinck entlehnt hat: »Sobald wir etwas aussprechen, entwerten wir es seltsam.« Durch dieses Zitat wird ein Rückverweis auf eine wichtige Bezugsfigur der Jahrhundertwende gegeben und das Buch zugleich in den Kontext der Sprachskepsis eingebunden.

Es ist schwer, literarische Werke von Rang aufzuzählen, die um die Jahrhundertwende sowohl ihrem Thema als auch ihrer Wirkung nach die Grenzen der bürgerlichen Kultursphäre überschritten hätten. Sicher verdient der Roman der Friedensnobelpreisträgerin Bertha von Suttner *Die Waffen nieder!* (1889) Beachtung; hinzuweisen ist auch auf Philipp Langmanns erfolgreiches Proletarierdrama »Bertl Turaser« (1897), vor allem aber auf Jakob Julius David, dessen Werke ganz im Gegensatz zu denen der Autoren der Wiener Dekadenz durch knappen, realistischen Sprachduktus gekennzeichnet sind. Seine Wiener Romane *Am Wege sterben* (1897/99) und *Der Übergang* (1902) sind gegen die im Umlauf befindlichen Klischees jenes prächtigen Wien der Jahrhundertwende zu halten. Auch wußte David, dem Stefan Zweig einen schönen Nachruf hielt, in seinen Dorfgeschichten anderes zu berichten, als der neuromantische Bauernkult wollte, der damals in der Stadt modisch wurde.

309 Robert Musil. Foto. Wien, Bildarchiv der Österreichischen Nationalbibliothek
Lange bevor Robert Musil an seinem Riesenwerk *Der Mann ohne Eigenschaften* zu schreiben begann, schuf er mit seinem von der Psychoanalyse beeinflußten Roman *Die Verwirrungen des Zöglings Törless* ein von der Kritik viel beachtetes und erfolgreiches Werk.

310 Bertha von Suttner; 1893. Foto. Historisches Museum der Stadt Wien
Bertha von Suttner, die erste Friedensnobelpreisträgerin, schrieb den Roman *Die Waffen nieder*, der die Autorin in aller Welt berühmt machte, zumal das Werk in viele Sprachen übersetzt wurde. Darüber hinaus setzte sich Bertha von Suttner auf internationalen Kongressen für die Friedensidee ein; 1890 gründete sie die »Österreichische Friedensgesellschaft«.

Antisemitismus und Provinz

Hermann Bahrs Essay »Die Entdeckung der Provinz« (1899) signalisiert das Unbehagen an der Konzentration auf Wien. »Die Provinz wird ignoriert«, hatte der wohl populärste Autor der damaligen Epoche, Peter Rosegger, festgestellt und damit die Frage Bahrs eben wider jene Dichter provoziert, die er rund zehn Jahre zuvor gefördert hatte: »Muß man sich denn nicht wundern, was die Autoren des ›jungen Wien‹ alles liegenlassen, das doch der größten Wirkungen sicher wäre? Gibt es denn in Österreich wirklich nichts mehr als ewig das süße Mädel von Schnitzler, höchstens einmal in ein anderes Kostüm gesteckt, und jene reizend verruchte Welt des Theaters, von der ich nicht loskommen kann, und die paar sonderbaren Laute einer äußersten, ja sublimen, aber schon fast kaum mehr faßlichen Verfeinerung, die Hofmannsthal hat? Ist das unser ganzes Österreich? Dann heißt es aber, es sei alles schon abgegriffen und verbraucht und kein unbetretener Weg mehr zu finden.« Bahr weist wiederum den Weg aus dem Dilemma: Dieser führt in die Provinz, die nun schon gar nichts Verächtliches mehr an sich hat. Man werde »zum Volke gehen müssen, wenn sich der Traum einer neuen österreichischen Kunst erfüllen soll«. In der »Provinz« war man – wie das Beispiel Rosegger mit seiner Zeitschrift *Heimgarten* beweist – bereits erfolgreich, und Wien war in das Schußfeld jener Literaten geraten, die ihre Themen allesamt aus der Provinz bezogen.

Bedeutet die städtische Kunst das Überfeinerte und Kranke, so soll die Kunst vom Lande das Natürliche und Gesunde bieten. Die Worte Hermann Bahrs begleiten die um diese Zeit mächtig einsetzende Heimatkunstbewegung. Inspiriert von naturalistischen Verfahrensweisen, begab sich die Literatur in den Dienst der Rustikalität. Auf der Bühne der Städte wurde das neue Volksstück heimisch, dessen Schauplatz mit geringen Ausnahmen das Land war. Am deutlichsten wird diese Tendenz in den höchst erfolgreichen Werken des Tirolers Karl Schönherr greifbar, vor allem in der Komödie »Erde« (1908), deren Hauptfigur, der alte Grutz, eine schwere Verletzung übersteht und mit dem Frühjahr wieder die Herrschaft über den Hof übernimmt, seinem schwächlichen Sohne zum Trotz. Bezeichnend, daß man damals befürchten mußte, man könnte in dem alten Bauern eine Anspielung auf den nun sechzig Jahre regierenden Kaiser Franz Joseph erblicken. Es ist dies die Zeit der über die Söhne triumphierenden Väter.

Wie sehr diese Kunst indes auf die Stadt angewiesen war, und aus welcher Paradoxie heraus er schuf, war Schönherr bewußt. Er hat seine Heimatdramen, die von der exakten Darstellung des ländlichen Milieus leben, allesamt in der Großstadt Wien konzipiert – »meist im ärgsten Gesumme und Gesurre großer Kaffeehäuser an einem der bekannten kleinen Marmortische oder während dem Einsamgehen mitten im Trubel der belebtesten Straßen.«

Die Provinzkunst wußte sich zu profilieren gegen die Dekadenz, indem sie sich gegen den Internationalismus, Modernismus und – solchermaßen Sozialkritik usurpierend – auch gegen den Kapitalismus wandte. Unverkennbar auch der antisemitische Unterton (hier sind Schönherr und Rosegger allerdings auszunehmen), mit dem man die meisten der Wiener Autoren zu treffen suchte. Der wesentliche Anteil, den Dichter und Kritiker jüdischer Herkunft an der Literatur dieser Zeit hatten, braucht nicht eigens betont zu werden. Es ist zu beachten, daß in der Zeit vor 1900 in den innerliterarischen Kreisen diese Herkunft kaum thematisiert wurde, aber die antisemitischen Kampagnen auch jene, die sich assimiliert hatten, dazu brachten, ihre Identität in den Werken neu zu thematisieren. Kraus, der selbst einer jüdischen Familie entstammte, hat in dem Pamphlet »Eine Krone für Zion« (1898) den Zionismus heftig attackiert; Arthur Schnitzler hatte unter antisemitischen Attacken besonders viel auszustehen, doch hat auch er in seinem Roman *Der Weg ins Freie* (1908) den Zionismus subtiler Kritik unterzogen, indem er einer Gestalt unverkennbar die Züge Theodor Herzls verlieh. Wie gereizt und unversöhnlich die Fronten einander gegenüberstanden, erhellt aus der

311 Otto Weininger. Foto. Wien, Bildarchiv der Österreichischen Nationalbibliothek
Otto Weininger befaßte sich in seinem vielbeachteten Buch *Geschlecht und Charakter* mit der Psychologie und Metaphysik der Geschlechter.

Wirkungsgeschichte von Schnitzlers Komödie »Professor Bernhardi« (1912), in deren Zentrum der Konflikt zwischen einem liberalen jüdischen Gelehrten und der kirchlichen Autorität steht. Die Uraufführung wurde 1912 mit der Begründung untersagt, daß die im Stück angelegten Konflikte auch solche im Zuschauerraum auslösen würden.

Der Antisemitismus ist indes nicht nur als die von der Provinz kommende Anti-Wien-Tendenz zu verstehen. Er hatte zudem in Wien in den Mittelschichten nahezu dogmatischen Charakter angenommen. In Otto Weiningers Buch *Geschlecht und Charakter* (1903), worin Frauen und Juden rundweg die Seele abgesprochen wurde, vermeinte man eine Argumentationsgrundlage zu besitzen. Daß Otto Weininger, der den Antisemiten dieses gefährlich pseudowissenschaftliche Instrument geliefert hatte, selbst Jude war, macht die verworren paradoxe Frontenbildung dieser Jahre vor dem großen Krieg schmerzhaft bewußt.

Schauspieler

Die Skandale um Schnitzlers »Reigen« und »Professor Bernhardi« bezeugen, wie wichtig das Theater für das Selbstverständnis dieser Epoche war. Die Literatur scheint zur Gänze abgestellt auf das Theater. »Also spielen wir Theater, / Spielen unsre eignen Stücke, / Frühgereift und zart und traurig, / Die Komödie unsrer Seele,...« – so lauten die berühmten Worte aus Hofmannsthals Prolog zu Schnitzlers »Anatol«. Die Theatermetapher ist dieser Generation nichts Äußerliches. Hohe Verehrung wird den Schauspielern gezollt. Und für diese Verehrung gab es einen Tempel: Im Jahre 1888 war das neue Hofburgtheater am Ring feierlich eröffnet worden. Die Gedichte, die Hofmannsthal zum Gedächtnis von Friedrich Mitterwurzer und Josef Kainz schrieb, haben den Charakter eines Hymnus. Zu bewundern ist die Wandlungsfähigkeit des Schauspielers, aus sich herauszutreten, ein anderer zu werden, es voll und ganz zu werden. In der Gabe der Schauspieler drückte sich das am stärksten aus, worum es den Autoren ging und woran sie auch litten: sich selbst nicht mehr als in sich konsistente Persönlichkeit, sondern nur als Rolle zu begreifen. Der Essay, den Hofmannsthal auf die italienische Schauspielerin Eleonora Duse anläßlich eines Gastspiels 1892 verfaßte, ist Zeugnis für diesen Theaterkult; die Duse spiele »nicht bloß die realistische Wirklichkeit«, sondern »auch die Philosophie ihrer Rolle«.

Die Verehrung für die Schauspieler war nicht purer Götzendienst, sondern entsprach dem Lebensgefühl dieser Generation. Adolf von Sonnenthal galt als Verkörperung der Tradition des Burgtheaters, Josef Lewinsky als Meister des Sprechens. Die hervorragendste Dame des Burgtheaters war Charlotte Wolter, deren dynamische Darstellungsweise mit den verkrusteten Rezitationsritualen der Burgtheatertradition brach. Der »Wolter-Schrei« wurde zum Inbegriff des emphatischen Darstellungsstils. Aufschlußreich ist, daß viele Schauspieler nicht aus der Tradition des Burgtheaters kamen; auch der Direktor Adolf von Wilbrandt, dessen eigene Interessen als Schrift-

312 Friedrich Mitterwurzer als Mephisto; 1894. Foto. Historisches Museum der Stadt Wien
Friedrich Mitterwurzer spielte am Burgtheater und auf anderen Wiener Bühnen vorwiegend Rollen des Charakterfachs.

313 Eleonora Duse. Foto. Historisches Museum der Stadt Wien
»Die Duse« – diese italienische Schauspielerin, die weit über die Grenzen ihres Landes bekannt war und auch im Ausland spielte – war besonders beliebt und geschätzt in ihrer Darstellung moderner Rollen. Deshalb verehrten sie auch die modernen Autoren sehr, und sie erschien ihnen geradezu als Inbild der zeitgemäßen Tragödin.

314 Adolf von Sonnenthal als Rudolf von Habsburg in Grillparzers »König Ottokars Glück und Ende«. Foto. Historisches Museum der Stadt Wien
Der vielbeachtete Schauspieler Adolf von Sonnenthal war jahrzehntelang am Burgtheater beschäftigt, als Spielleiter und eine Zeitlang auch als provisorischer Leiter des Hauses.

315 Charlotte Wolter. Foto. Historisches Museum der Stadt Wien
Seit 1862 bis zu ihrem Tod 1897 war Charlotte Wolter Mitglied des Wiener Burgtheaters. Sie war so angesehen, daß eigene Dramen in Auftrag gegeben wurden, die ihrer Eigenart als Schauspielerin besonders entsprachen. Die Melodie ihres Vortrags vermochte sie bis zum vielzitierten »Wolterschrei« zu steigern.

316 Josef Kainz. Foto. Wien, Österreichische Nationalbibliothek, Theatersammlung
Josef Kainz war einer der berühmtesten Schauspieler seiner Zeit, ein Sprechkünstler und Charakterdarsteller von hohem Rang, der seine Rollen mit größter körperlicher Ausdrucksfülle zu gestalten und geistig intensiv zu durchdringen verstand.

317 Anna Bahr-Mildenburg als Brünhilde. Foto. Historisches Museum der Stadt Wien
Anna Bahr-Mildenburg war viele Jahre an der Wiener Oper engagiert und machte sich vor allem als bedeutende Wagner-Interpretin ihren Namen. Sie war mit dem Schriftsteller Hermann Bahr verheiratet.

318 Alexander Girardi. Foto. Historisches Museum der Stadt Wien
Alexander Girardi trat an vielen Wiener Bühnen auf. Die Art, wie er seine Rollen gestaltete, legte die Bezeichnung »Volksschauspieler« nahe und kam beispielsweise in den Stücken von Ferdinand Raimund gut zur Geltung.

319 Alexander Moissi als Jedermann; 1926. Foto. Historisches Museum der Stadt Wien
Alexander Moissi kam 1898 nach Wien und wurde von Josef Kainz für das Theater entdeckt. Als beliebter Schauspieler trat er häufig in Wien und Salzburg auf.

steller manchmal zu seinem Amt als Direktor in einem wenig günstigen Verhältnis standen, kam aus Norddeutschland. Er ließ in eigener Übersetzung Dramen des Sophokles aufführen und erneuerte damit die Pflege antiker Klassiker auf der deutschen Bühne. Paul Schlenther kam aus Berlin, wo er sich konsequent für den Naturalismus eingesetzt hatte; während seiner Tätigkeit als Burgtheaterdirektor war er umstrittener als sein Vorgänger, der Ministerialbeamte und Privatdozent für Privatrecht Max Burckhard. Schlenthers Hauptstütze im Ensemble war Josef Kainz. Burckhard hatte Mitterwurzer gebracht, Ibsen häufig auf den Spielplan gesetzt und die Wiener mit Hauptmann bekannt gemacht. Schließlich ist ihm nachzurühmen, daß er Schnitzler mit der »Liebelei« zum Autor des Hofburgtheaters machte – trotz des Mißfallens, das dies höheren Ortes erregte.

Gegen die Art, in der Schlenther das Theater führte, setzte sich Karl Kraus heftig zur Wehr. Ihm schien dies ein Verrat an der großen Schauspielkunst der Wolter und anderer. Kainz nannte er »Siebenmonatsschauspieler« und stellte ihm einen anderen gegenüber, der nach seinem Geschmack war: Alexander Girardi, nach Kraus eine der »liebenswertesten und seltensten Persönlichkeiten, die je die dramatische Gelegenheit zur schöpferischen Darstellung benutzt haben«. In ihm drücke sich das Echte aus, das dem seichtesten Spaß durch die Betonung Gewicht zu geben verstehe. Allerdings trat er nicht im Burgtheater auf, sondern dort, wo das Volksstück zu Hause war: im Theater an der Wien, danach im Raimundtheater und im Deutschen Volkstheater. Seinen Valentin aus Raimunds »Verschwender« nannte Kraus »das größte Ereignis des Wienerischen Theaters«.

Der Nörgler

Die achtziger Jahre hatten ein Menetekel, das aus der Welt des Theaters auf die Welt der Politik verwies, ein düsteres Omen: der Brand des Ringtheaters 1881. Diese Katastrophe erlangte als Vorzeichen Bedeutung weit über das Theater hinaus. Es konnte, so mochte man damals befürchten, eine ganze zum Untergang verurteilte Welt meinen. Als jedoch der Erste Weltkrieg begann, schien jene Untergangsstimmung verflogen. Die meisten der Schriftsteller waren sich nun einig darin, daß endlich jenes Getto des *l'art pour l'art* verlassen werden könnte, in das man sich durch die so hoch spezialisierte und übersensible Literatur gedrängt sah. Willkommen war vielen, daß sie ihr Wort nun in den Dienst der kriegerischen Sache stellen konnten. Eine Siegesgewißheit, die durch das verheerende Ende von 1918 desavouiert wurde, spricht aus der geradezu seriellen Produktion von Kriegsgedichten, zu der sich renommierte Lyriker herbeiließen. Anton Wildgans, dessen sozialkritische Lyrik gewiß Respekt verdient, sei als einer von ihnen mit seinem Flugblatt »Vae victis! Ein Weihelied den verbündeten Heeren« (1914) zitiert:

Weh den Besiegten! Härtester der Sprüche,
An ihren Nacken wird er kalt vollstreckt,
Mit Schlächterruhe ohne Haß und Flüche
Zermalmt die Brut und was sie ausgeheckt.
Der Sieger wird die Großmut unterdrücken,
Und über schmählich hingekrümmte Rücken
Hinstampfen wie auf häßliches Insekt.

Daß solche Verse geschrieben wurden, daß sie gelesen und die Flugschriften mehrfach aufgelegt wurden, sollte heute noch Anlaß für Beunruhigung sein. Wildgans steht mit solch blutiger Rhetorik nicht allein. Selbst Hofmannsthal leistete, zwar ungleich behutsamer, patriotische Pflichtübungen. Doch es gab auch Gegenstimmen. Schnitzler war entschieden gegen die Kriegsbegeisterung; der kluge Kritiker Alfred Polgar blieb radikal skeptisch; Franz Werfel war von Anfang an gegen den Krieg; Stefan Zweig leistete nach einigen befremdlichen Entgleisungen mit dem Drama »Jeremias« (1917) wesentliche Arbeit im pazifistischen Sinne.

Nach kurzem Schweigen zu Beginn des Krieges hatte Kraus bald keinen Zweifel mehr an seiner Haltung gelassen. In seiner Rede »In dieser großen Zeit« vom Novem-

320 Rudolf Hirschenhauser, Bildnis Anton Wildgans. Radierung. Historisches Museum der Stadt Wien
Der Lyriker und Dramatiker Anton Wildgans, der in seinem Leben auch zweimal das Amt eines Burgtheater-Direktors ausübte, bewies in seinen Dichtungen eine besondere Liebe zu seiner Heimatstadt. Insbesondere sein Erinnerungsbuch *Musik der Kindheit* zeigt seine Einstellung zu Wien.

ber 1914 traf er alle jene, die meinten, daß durch den Krieg ihrer schriftstellerischen Arbeit endlich politische Relevanz zugesprochen würde: »Die freiwillige Kriegsdienstleistung der Dichter ist ihr Eintritt in den Journalismus. Hier steht ein Hauptmann, stehen die Herren Dehmel und Hofmannsthal, mit Anspruch auf eine Dekoration in der vordersten Front, und hinter ihnen kämpft der losgelassene Dilettantismus.« Vor allem jedoch verdient Kraus' Monsterdrama »Die letzten Tage der Menschheit« (erste Fassung 1918/19, erweiterte Fassung 1922) Aufmerksamkeit, ein Drama, das Kraus aufgrund des Umfangs einem »Marstheater« zudachte und das seine fünf Akte der kruden Realität der fünf Kriegsjahre widmet. Welche Macht die zerstörende journalistische Phrase hatte, welche Gefahr im Mißbrauch der Sprache lag – dies zeigte Kraus satirisch auf, und seine Themen sind heute noch von beklemmender Aktualität. Wie im Bernstein die Mücke aufbewahrt ist, so konserviert Kraus im Zitat die Ungeheuerlichkeiten, die damals gedruckt wurden. Das Drama war geschrieben gegen die unheilige Allianz von »Tinte, Tod und Technik«.

Auch wenn Karl Kraus darin nahezu alle Gebiete der großen Donaumonarchie ins Bild bringt: Im heimlichen Zentrum steht Wien, von wo aus der Nörgler (unschwer als Kraus selbst erkennbar) sein Urteil über jene spricht, die die Soldaten in den Krieg jagen. In diesen fünf Akten wird auch der Niedergang Wiens evident. So wie Kraus die Phrasenhaftigkeit der Sprache entlarvte, so entlarvte er auch die Wertlosigkeit jener Dekorativität, mit der die Gründerzeit die Realität verhüllt hatte.

Der Untergang der Donaumonarchie hinterließ seine deutlichsten Spuren in der Metropole. Wien, später als das »rote« Wien von Kräften der Bewahrung denunziert, wurde zum Ort der Veränderung und zum Sinnbild der herrschenden Misere schlechthin. Die jähe und irreversible Verarmung des Mittelstandes nährte die Aggressivität wider jene Kräfte, die das Ende des Habsburgerreiches heraufbeschworen hatten. Es ist bezeichnend, daß für viele der Autoren Hermetik und Retrospektivität zu Gestaltungsprinzipien wurden. Hofmannsthals virtuos konzipierte Komödien »Der Schwierige« (1922) und »Der Unbestechliche« (1923) bewahren Lebens- und Denkformen einer untergegangenen Gesellschaft und stehen somit in Kontrast zu ihrer von Inflation und Verelendung geprägten Entstehungszeit. *Gespenster im Sumpf* (1920) – so lautet dagegen der Titel eines utopischen Romans aus der Feder des Vielschreibers Karl Hans Strobl. Der Sumpf ist Wien, mit den Gespenstern sind die neuen Machthaber gemeint. Auch wenn es sich bei diesem Buch um ein Machwerk handelt, so ist es doch ein Zeugnis für den gestörten Realitätsbezug der meisten Autoren nach 1918.

Albert Ehrensteins Gedicht »Wien« (1920) ist mit seinen heute komisch wirkenden Stilbrüchen und seinem expressionistischen Pathos adäquater Ausdruck jener Zerrissenheit:

Wien weint hin im Ruin.
Wien, du alte, kalte Hure,
Ich kauerte an deines Grabes Mauer,
Da du noch locktest,
Ein mürbes Goderl dieser Welt,
Und hurtig hurtest mit Hurradämonen,
Kriegsüber siegerischen Drohnen;
Nun hungernd unkst du
Unter deiner Laster Last:
Du hast ein Reich verpraßt.

Eine späte Absage an das Dekorum, an das Wert-Vakuum. Für viele Schriftsteller – etwa Schnitzler, Hofmannsthal, Musil, Joseph Roth – lieferte die versunkene Welt reiches Material für wichtige Werke. Daß indes gerade in den zwanziger Jahren in Wien kulturpolitisch und philosophiegeschichtlich neue Akzente gesetzt werden konnten, deren Bedeutung erst heute erkennbar wird, gehört in ein anderes, nicht minder erregendes Kapitel österreichischer Geistesgeschichte.

AUSGEWÄHLTE LITERATUR

Bettelheim, Anton, Karl Schönherr, Leben und Schaffen, Leipzig 1928

Broch, Hermann, Hofmannsthal und seine Zeit, in: H. B., Kommentierte Werkausgabe, hg. von P. M. Lützeler, Bd. 9/1, Frankfurt/Main 1975, S. 111–284

Fischer, Jens Malte, Fin de siècle, Kommentar einer Epoche, München 1978

Johnston, William M., Österreichische Kultur- und Geistesgeschichte, Gesellschaft und Ideen im Donauraum 1848–1938, Wien, Köln u. Graz 1974 (ursprünglich: The Austrian Mind, Berkeley 1972)

Jugend in Wien, Literatur um 1900, Eine Ausstellung des Deutschen Literaturarchivs im Schiller-Nationalmuseum, Marbach 1974

Nielsen, Erika (Hg.), Focus on Vienna 1900, Change and Continuity in Literature, Music, Art and Intellectual History, München 1982

Österreichische Avantgarde 1900–1938, Ein unbekannter Aspekt. Bildende Kunst zusammengestellt (von) Oswald Oberhuber, Literatur-Wissenschaft zusammengestellt (von) Peter Weibel, Wien 1975

Scheible, Hartmut, Arthur Schnitzler in Selbstzeugnissen und Bilddokumenten, Reinbek bei Hamburg 1976

Schorske, Carl E., Wien, Geist und Gesellschaft im Fin de siècle, Frankfurt/Main 1982 (ursprünglich: Fin-de-siècle Vienna, London 1979, New York 1980)

Weigel, Hans, Walter Lukan und Max D. Peyfuss, Jeder Schuss ein Russ, Jeder Stoss ein Franzos, Literarische und graphische Kriegspropaganda in Deutschland und Österreich 1914–1918, Wien 1983

Wunberg, Gotthart (Hg.), Das Junge Wien, Österreichische Literatur- und Kunstkritik 1887–1902, 2 Bde., Tübingen 1976

Wunberg, Gotthart (Hg.), Die Wiener Moderne, Literatur, Kunst und Musik zwischen 1890 und 1910, Stuttgart 1981

BIOGRAPHISCHE ANGABEN

ADLER, FRIEDRICH (Wien) 1879–1960 (Zürich); sozialistischer Politiker, Führer der »Linken« im öst. Parlament

ADLER, GUIDO (Eibenschitz) 1855–1941 (Wien); Begründer der »Wiener Schule« der Musikwissenschaft

ADLER, VICTOR (Prag) 1852–1918 (Wien); Politiker und Arzt, Einiger der öst. Sozialdemokratie

ALT, FRANZ (Wien) 1824–1914 (Wien); Aquarellist

ALT, RUDOLF VON (Wien) 1812–1905 (Wien); Aquarellist, Ehrenpräsident der Wiener Secession

ALTENBERG, PETER (Wien) 1859–1919 (Wien); Feuilletonist und Aphoristiker

ANDRI, FERDINAND (Waidhofen/Ybbs) 1871–1956 (Wien); Maler und Graphiker, 1905–1906 Präsident der Wiener Secession

ANDRIAN (-WERBURG), LEOPOLD VON (Wien) 1875–1951 (Fribourg); Erzähler, Diplomat und Literaturhistoriker

AUCHENTALLER, JOSEF MARIA (Grado) 1865–1949 (Grado); Maler, 1898–1905 Mitglied der Wiener Secession

BACH, DAVID JOSEF (Wien) 1874–1947 (London); Musikschriftsteller und Kritiker, Gründer der Arbeiter-Symphoniekonzerte in Wien

BACHER, RUDOLF (Wien) 1862–1943 (Wien); Maler und Bildhauer, Professor an der Akademie der bildenden Künste in Wien, Mitglied der Wiener Secession

BADENI, KASIMIR GRAF (Surochów) 1846–1909 (Krasne); 1895–1897 öst. Ministerpräsident und Innenminister

BAHR, HERMANN (Linz) 1863–1934 (München); Dichter, Essayist und Kritiker, schrieb zahlreiche Theaterstücke

BARTH, OTTO (Wien) 1876–1916 (Waidhofen /Ybbs); Maler, Lithograph und Illustrator

BAUER, LEOPOLD (Jägerndorf) 1872–1938 (Wien); Architekt, Schüler von Carl von Hasenauer und Otto Wagner, Professor an der Akademie der bildenden Künste in Wien

BAUER, OTTO (Wien) 1881–1938 (Paris); sozialdemokratischer Politiker, Wortführer des »Austromarxismus«

BAUERNFELD, EDUARD VON (Wien) 1802–1890 (Wien); Lustspieldichter, Hausautor des Burgtheaters

BAUMANN, LUDWIG (Seibersdorf, Schlesien) 1853–1936 (Wien); Architekt

BEER-HOFMANN, RICHARD (Wien) 1866–1945 (New York); Erzähler und Dramatiker

BENEDIKT, MORITZ (Kwassitz) 1849–1920 (Wien); Liberaler Publizist, Chefredakteur der *Neuen Freien Presse*

Berg, Alban (Wien) 1885–1935 (Wien); Komponist, gehörte dem »Schönberg-Kreis« an

Berger, Alfred Frh. von (Wien) 1853–1912 (Wien); Dramaturg und Schriftsteller, Direktor des Burgtheaters

Bernatzik, Wilhelm (Mistelbach) 1853–1906 (Hinterbrühl); Maler und Zeichner, Gründungsmitglied der Wiener Secession

Blau-Lang, Tina (Wien) 1845–1916 (Wien); Landschaftsmalerin

Boehm, Adolf (Wien) 1861–1927 (Klosterneuburg); Maler und Designer, Gründungsmitglied der Wiener Secession

Brahms, Johannes (Hamburg) 1833–1897 (Wien); Komponist und Symphoniker

Breitner, Hugo (Wien) 1873–1946 Clairemont); sozialdemokratischer Kommunalpolitiker, prominenter Mitschöpfer des »Roten Wien«

Broch, Hermann (Wien) 1886–1951 (New Haven); Dichter und Kulturphilosoph

Bruckner, Anton (Ansfelden) 1824–1896 (Wien); Komponist, einer der bedeutendsten Symphoniker Österreichs

Burckhard, Max (Korneuburg) 1854–1912 (Wien); Schriftsteller und Jurist, Direktor des Burgtheaters

Canon, Hans (Wien) 1829–1885 (Wien); Maler

Czeschka, Carl Otto (Wien) 1878–1960 (Hamburg); Designer, Buchkünstler und Illustrator

Darnaut (-Fix), Hugo (Dessau) 1857–1937 (Wien); Maler

David, Jakob Julius (Mährisch-Weißkirchen) 1859–1906 (Wien); Schriftsteller und Journalist

Dörmann, Felix (Biedermann) (Wien) 1870–1928 (Wien); Schriftsteller, Dramaturg und Regisseur

Ederer, Carl (Wien) 1875–gest. ?; Maler Radierer und Lithograph

Ehrenstein, Albert (Wien) 1886–1950 (New York); Dichter, Wortführer des Expressionismus

Engelhart, Josef (Wien) 1864–1941 (Wien); Maler und Bildhauer, Gründungsmitglied der Wiener Secession, später im Gegensatz zur Klimt-Gruppe

Eysler, Edmund (Wien) 1874–1949 (Wien); Operettenkomponist

Fabiani, Max (Kobdil) 1865–1962 (Görz); Architekt

Fahringer, Karl (Wiener Neustadt) 1847–1952 (Wien); Tier-, Figuren- und Landschaftsmaler

Fall, Leo (Olmütz) 1873–1925 (Wien); Operettenkomponist

Ferstel, Heinrich von (Wien) 1828–1883 (Wien); Architekt, Schüler von van der Nüll und Sicardsburg

Franz Ferdinand, Erzherzog von Österreich (Graz) 1863–1914 (Sarajewo); Thronfolger, seine Ermordung durch serbische Seperatisten führte zum Ausbruch des Ersten Weltkriegs

Franz Joseph I., Kaiser von Österreich und König von Ungarn (Wien-Schönbrunn) 1830–1916 (Wien-Schönbrunn); regierte von 1848 bis zu seinem Tode 1916

Freud, Sigmund (Freiberg) 1856–1939 (London); Neurologe, Begründer der Psychoanalyse

Friedell, Egon (Wien) 1878–1938 (Wien); Kulturhistoriker, Schriftsteller, Feuilletonist, Kritiker und Schauspieler

Friedländer, Otto (Wien) 1889–1963 (Waidhofen/Ybbs); Schriftsteller und Pazifist

Friedrich, Otto (Raab) 1862–1937 (Wien); Maler, Gründungsmitglied der Wiener Secession

Fuchs, Johann Nepomuk (Frauenthal) 1842–1899 (Bad Vöslau); Komponist und Kapellmeister

Fuchs, Robert (Frauenthal) 1847–1927 (Wien); Komponist und Hoforganist

Gerstl, Richard (Wien) 1883–1908 (Wien); Maler

Geyling, Remigius (Wien) 1878–1974 (Wien); Bühnenbildner, Maler und Kunsthandwerker

Girardi, Alexander (Graz) 1850–1918 (Wien); Volksschauspieler

Goldmark, Karl (Keszthely) 1830–1915 (Wien); Komponist und Musiklehrer

Gomperz, Heinrich (Wien) 1873–1942 (Los Angeles); Philosoph

Gomperz, Theodor (Brünn) 1832–1912 (Baden bei Wien); Klassischer Philologe, Professor an der Universität Wien

Grädener, Hermann 1844–1929; Komponist

Graf, Max (Wien) 1873–1958 (Wien); Musikhistoriker und Schriftsteller

Granitsch, Susanne (Wien) 1869–1946 (Wien); Malerin

Hampel, Sigmund Walter (Wien) 1867–1949 (Nußdorf am Attersee); Maler

Hanak, Anton (Brünn) 1875–1934 (Wien); Bildhauer

Hansen, Theophil von (Kopenhagen) 1813–1891 (Wien); Architekt, Mitschöpfer der Wiener Ringstraße

Hanslick, Eduard (Prag) 1825–1904 (Baden bei Wien); Musikkritiker, Professor an der Universität Wien

Hasenauer, Karl von (Wien) 1833–1894 (Wien); Architekt, Mitschöpfer der Wiener Ringstraße

Hauer, Josef Matthias (Wiener Neustadt) 1883–1959 (Wien); Komponist und Lehrer, Entdecker eines »Zwölftonspieles«

Hellmer, Edmund (Wien) 1850–1935 (Wien); Bildhauer, schuf zahlreiche Bauplastiken und Denkmäler für Wien

Hellmesberger, Josef (Wien) 1855–1907 (Wien); Dirigent und Komponist

Herzl, Theodor (Budapest) 1860–1904 (Edlach); Theaterschriftsteller, Kritiker und Journalist, Begründer des theoretischen Zionismus

Hevesi, Ludwig (Heves) 1842–1910 (Wien); Schriftsteller und Journalist

Hitler, Adolf (Braunau) 1889–1945 (Berlin); Führer des Nationalsozialismus und Reichskanzler

Hodler, Ferdinand (Bern) 1853–1918 (Genf); Schweizer Maler, hatte enge Beziehungen zur Wiener Secession

Hoffmann, Josef (Pirnitz) 1870–1956 (Wien); Architekt und Designer, Mitbegründer der Wiener Werkstätte, Gründer des österreichischen Werkbunds

Hofmannsthal, Hugo von (Wien) 1874–1929 (Wien-Rodaun); Lyriker und Dramatiker

Hoppe, Emil (Wien) 1876–1957 (Wien); Architekt

Hörmann, Theodor von (Imst) 1840–1895 (Graz); Landschaftsmaler

Jettel, Eugen (Johnsdorf) 1845–1901 (Lussingrande); Landschaftsmaler

Jettmar, Rudolf (Zawodzie bei Tarnow) 1869–1939 (Wien); Maler und Graphiker, Mitglied der Wiener Secession

Jungnickel, Ludwig Heinrich (Weinsiedel) 1881–1965 (Wien); Maler, Zeichner und Graphiker, vor allem als Tierdarsteller bekannt

Kainradl, Leo (Klagenfurt) 1872–1943 (München); Maler und Graphiker, in München Schriftleiter der *Fliegenden Blätter*

Kainz, Josef (Wieselburg) 1858–1910 (Wien); Schauspieler

Kálmán, Emmerich (Siófok) 1882–1953 (Paris); Operettenkomponist

Karl, Kaiser von Österreich und König von Ungarn (Persenbeug) 1887–1922 (Funchal)

Kienzl, Wilhelm (Waizenkirchen) 1857–1941 (Wien); Komponist und Dirigent

Klimt, Ernst (Wien) 1864–1892 (Wien); Maler

Klimt, Gustav (Wien) 1862–1918 (Wien); Maler und Zeichner, Gründungsmitglied und erster Präsident der Wiener Secession

Klinger, Max (Leipzig) 1857–1920 (Großjena bei Naumburg); Graphiker, Maler und Bildhauer

Kraus, Karl (Gitschin) 1847–1936 (Wien); Sprach- und Kulturkritiker, Schauspieler, Journalist und Übersetzer

Kremser, Eduard (Wien) 1838–1914 (Wien); Komponist und Dirigent

Křenek, Ernst (Wien) 1900; Komponist und Dichter

Kokoschka, Oskar (Pöchlarn) 1886–1980 (Villeneuve); Maler, Graphiker und Schriftsteller, Mitarbeiter der Wiener Werkstätte

König, Friedrich (Wien) 1857–1941 (Wien); Maler, Graphiker, Designer, Gründungsmitglied der Wiener Secession

Krois, Ferdinand (Pisek) 1869–1944 (Innsbruck); Maler und Graphiker, Mitglied der Wiener Secession

Kundmann, Carl (Wien) 1838–1919 (Wien); Bildhauer

Kurzweil, Max (Bisenz) 1867–1916 (Wien); Maler und Graphiker, Mitglied und Mitbegründer der Wiener Secession

Langmann, Philipp (Brünn) 1862–1931 (Wien); Schriftsteller

Laske, Oskar (Czernowitz) 1874–1951 (Wien); Maler und Graphiker

Laufberger, Ferdinand (Mariaschein, Böhmen) 1829–1881 (Wien); Maler, Radierer und Lithograph

Lefler, Heinrich (Wien) 1863–1919 (Wien); Maler, Graphiker und Bildhauer, gründete mit seinem Schwager Urban den Hagenbund

Lehár, Franz (Komorn) 1870–1948 (Bad Ischl); Operettenkomponist

Lenz, Maximilian (Wien) 1860–1948 (Wien); Maler, Graphiker und Bildhauer, Gründungsmitglied der Wiener Secession

Lewinsky, Josef (Wien) 1835–1907 (Wien); Charakterschauspieler

Liebenwein, Maximilian (Wien) 1869–1926 (München); Maler und Graphiker, Mitglied der Wiener Secession

Löffler, Berthold (Nieder-Rosenthal bei Reichenberg) 1874–1960 (Wien); Maler, Graphiker, Illustrator und Designer, gründete mit Michael Powolny die Werkstatt »Wiener Keramik«

Löwe, Ferdinand (Wien) 1865–1925 (Wien); Dirigent, Gründer des Orchesters der Wiener Symphoniker

Loos, Adolf (Brünn) 1870–1933 (Kalksburg); Architekt und Kunstschriftsteller

Lueger, Karl (Wien) 1844–1910 (Wien); christlichsozialer Politiker, 1897–1910 Bürgermeister von Wien

Luksch, Richard (Wien) 1872–1936 (Hamburg); Bildhauer und Medailleur

Mach, Ernst (Turas) 1838–1916 (Haar bei München); Physiker, Psychologe und Philosoph

Mahler, Gustav (Kalischt) 1860–1911 (Wien); Komponist, bedeutender Symphoniker und Dirigent, Direktor der Wiener Hofoper

Makart, Hans (Salzburg) 1840–1884 (Wien); Historien- und Porträtmaler

Marx, Joseph (Graz) 1882–1964 (Graz); Komponist, Professor an der Akademie für Musik und darstellende Kunst

Matsch, Franz von (Wien) 1861–1942 (Wien); Maler und Bildhauer, Arbeitsgemeinschaft mit den Brüdern Klimt

Mayreder, Rosa (Wien) 1858–1938 (Wien); Frauenrechtlerin und Schriftstellerin

Mitterwurzer, Friedrich (Dresden) 1844–1897 (Wien); Schauspieler im Helden- und Charakterfach

Moll, Carl (Wien) 1861–1945 (Wien); Maler, Mitbegründer der Wiener Secession

Myrbach, Felician Frh. von (Zaleszczyki, Galizien) 1853–1940 (Klagenfurt); Maler, Graphiker und Designer, Mitbegründer der Wiener Werkstätte

Neumayer, Josef (Wien) 1844–1923 (Wien); Politiker, Bürgermeister von Wien

Ohmann, Friedrich (Lemberg) 1858–1927 (Wien); Architekt

Olbrich, Joseph Maria (Troppau) 1867–1908 (Düsseldorf); Architekt, Gründungsmitglied Wiener Secession, deren Haus er erbaute

Orlik, Emil (Prag) 1870–1932 (Berlin); Maler, Graphiker und Designer, Mitglied der Wiener Secession

Pajer-Gartegen, Robert (Wien) 1886–1944; Maler und Graphiker, Mitglied des Hagenbundes

Peche, Dagobert (St. Michael) 1887–1923 (Mödling); Architekt, Maler und Designer, Leiter der Wiener Werkstätte

Petzold, Alfons (Wien) 1882–1923 (Kitzbühel); Arbeiterdichter

Plečnik, Josef (Ljubljana) 1872–1957 (Ljubljana); Architekt und Designer, Schüler von Otto Wagner

Polgar, Alfred (Wien) 1873–1955 (Zürich); Schriftsteller, Satiriker und Theaterkritiker

Popp, Adelheid (Wien) 1869–1939 (Wien); sozialdemokratische Frauenführerin

POWOLNY, MICHAEL (Judenburg) 1871–1954 (Wien); Bildhauer und Keramiker, gründete mit Berthold Löffler die Werkstätte »Wiener Keramik«

RENNER, KARL (Untertannowitz) 1870–1950 (Wien); sozialdemokratischer Politiker, Staatskanzler und Bundespräsident

RICHTER, HANS (Raab) 1843–1916 (Bayreuth); Dirigent, vorwiegend in Wien und Bayreuth

ROESSLER, ARTHUR (Wien) 1877–1955 (Wien); Kunstschriftsteller, Essayist und Publizist

ROLLER, ALFRED (Brünn) 1864–1935 (Wien); Maler und Graphiker, Designer und Bühnenbildner, Mitglied der Wiener Secession

ROSEGGER, PETER (Alpl bei Krieglach) 1843–1918 (Krieglach); Volksschriftsteller

ROTH, JOSEF (Schwatendorf bei Brody) 1894–1939 (Paris); Schriftsteller und Feuilletonist

RUDOLF, Kronprinz von Österreich (Laxenburg) 1858–1889 (Mayerling); bekannt durch seine liberale Einstellung, verübte Selbstmord

SAAR, FERDINAND VON (Wien) 1833–1906 (Wien); Erzähler und Lyriker

SALTEN (SATZMANN), FELIX (Budapest) 1869– 1945 (Zürich); Schriftsteller

SCHACHNER, FRIEDRICH 1841–1907; Architekt

SCHALK, FRANZ (Wien) 1863–1931 (Edlach); Dirigent, gemeinsam mit Richard Strauss Direktor der Wiener Staatsoper

SCHIELE, EGON (Tulln) 1890–1918 (Wien); Maler, Zeichner und Graphiker, Mitbegründer der »Neukunstgruppe«

SCHIMKOWITZ, OTHMAR (Tárts-Ungarn) 1864–1947 (Kroisbach); Bildhauer

SCHINDLER, EMIL JAKOB (Wien) 1842–1892 (Westerland-Sylt); Maler

SCHLENTHER, PAUL (Insterburg) 1845–1916 (Berlin); Direktor des Burgtheaters

SCHLÖGL, FRIEDRICH (Wien) 1821–1892 (Wien); humoristischer Volksschriftsteller und Feuilletonist

SCHMIDT, FRANZ (Bratislava) 1874–1939 (Perchtoldsdorf); Komponist und Symphoniker

SCHMIDT, FRIEDRICH VON (Frickenhofen) 1825–1891 (Wien); Architekt, einer der Baumeister der Ringstraße

SCHNITZLER, ARTHUR (Wien) 1862–1931 (Wien); Dichter und Dramatiker

SCHÖNBERG, ARNOLD (Wien) 1874–1951 (Los Angeles); Komponist, Führer der »Wiener Schule«

SCHÖNERER, GEORG VON (Wien) 1842–1921 (Rosenau); Politiker und Gutsbesitzer, Führer der deutsch-nationalen Bewegung in Österreich

SCHÖNHERR, KARL (Axams) 1867–1943 (Wien); volkstümlicher Dramatiker

SCHÖNTHAL, OTTO (Wien) 1878–1961 (Wien); Architekt, Schüler und Mitarbeiter von Otto Wagner

SCHREKER, FRANZ (Monaco) 1878–1934 (Berlin); Komponist

SCHUCH, CARL (Wien) 1846–1903 (Wien); Maler

SEITZ, KARL (Wien) 1869–1950 (Wien); führender sozialdemokratischer Politiker, Bürgermeister des »Roten Wien«

SEMPER, GOTTFRIED (Hamburg) 1803–1879 (Rom); Architekt und Kunsttheoretiker

SICARD VON SICARDSBURG, AUGUST (Budapest) 1813–1868 (Weidling bei Wien); Architekt, erster Präsident des Künstlerhauses

SITTE, CAMILLO (Wien) 1843–1903 (Wien); Architekt und Stadtplaner

SOPHIE, Erzherzogin von Österreich (München) 1805–1872 (Wien); Mutter Kaiser Franz Josephs I.

SPEIDEL, LUDWIG (Wien) 1830–1906 (Wien); Schriftsteller und Kritiker

SPITZER, DANIEL (Wien) 1835–1893 (Meran); humoristisch-satirischer Schriftsteller und Feuilletonist

STÖHR, EMIL (St. Pölten) 1860–1917 (St. Pölten); Maler, Graphiker, Dichter und Musiker, Gründungsmitglied der Wiener Secession

STRASSER, ARTHUR (Adelsberg) 1854–1927 (Wien); Bildhauer

STRAUS, OSCAR (Wien) 1870–1954 (Bad Ischl); Operettenkomponist

STRAUSS, EDUARD (Wien) 1835–1916 (Wien); Komponist und Kapellmeister

STRAUSS, JOHANN (Wien) 1824–1899 (Wien); Komponist und Kapellmeister, der »Walzerkönig«

STRAUSS, RICHARD (München) 1864–1949 (Garmisch); Komponist und Dirigent

STROBL, KARL HANS (Iglau) 1877–1946 (Perchtoldsdorf); Schriftsteller

SUPPÉ, FRANZ VON (Spalato) 1819–1895 (Wien); Operettenkomponist

SUTTNER, BERTHA VON (Prag) 1843–1914 (Wien); Schriftstellerin, erste Friedensnobelpreisträgerin

TANDLER, JULIUS (Iglau) 1869–1936 (Moskau); Anatom, sozialdemokratischer Politiker des »Roten Wien«

UHL, FRIEDRICH (Teschen) 1825–1906 (Mondsee); Schriftsteller und Chefredakteur der *Wiener Zeitung*

URBAN, JOSEPH (Wien) 1872–1933 (New York); Architekt, Designer und Buchkünstler, gründete mit seinem Schwager Heinrich Lefler den Hagenbund

VAN DER NÜLL, EDUARD (Wien) 1812–1868 (Wien); Architekt

VEITH, EDUARD (Neutitschein) 1856–1925 (Wien); Dekorationsmaler

WAGNER, OTTO (Wien) 1841–1918 (Wien); bedeutendster Architekt dieser Epoche in Wien

WEBERN, ANTON VON (Wien) 1883–1945 (Mittersill); Komponist und Dirigent, Schüler von Arnold Schönberg

WEINGARTNER, FELIX (Zara) 1863–1942 (Winterthur); Dirigent und Komponist, Direktor der Wiener Hofoper

WEININGER, OTTO (Wien) 1880–1903 (Wien); Philosoph

WILBRANDT, ADOLF VON (Rostock) 1837–1911 (Rostock); Schriftsteller, Direktor des Burgtheaters

WILDGANS, ANTON (Wien) 1881–1932 (Mödling); Dichter und Lyriker, Direktor des Burgtheaters

WINTER, MAX (Tarnok) 1870–1937 (Hollywood); Schriftsteller und Redakteur der *Arbeiter-Zeitung*

WISINGER-FLORIAN, OLGA (Wien) 1844–1926 (Wien); Malerin

WITTGENSTEIN, LUDWIG (Wien) 1889–1951 (Cambridge); Philosoph

Wittmann, Hugo (Ulm) 1839–1923 (Wien); Feuilletonist und Journalist

Wolf, Hugo (Windischgraz) 1860–1903 (Wien); Komponist

Wölfling, Leopold (Salzburg) 1868–1935 (Berlin); Erzherzog Leopold Franz Salvator hatte 1902 auf den Titel eines Erzherzogs verzichtet und den Namen L. W. angenommen

Wolter, Charlotte (Köln) 1834–1897 (Wien); Hofschauspielerin, gefeierte Tragödin ihrer Zeit

Zemlinsky, Alexander von (Wien) 1872–1942 (New York); Komponist und Dirigent

Zweig, Stephan (Wien) 1881–1942 (Petropolis); Schriftsteller und Dramatiker

REGISTER

Die kursiven Zahlen verweisen auf die Nummern der Abbildungen und der zugehörigen Bildtexte.

ABBILDUNGSNACHWEIS

Der Verlag dankt den Fotografen, die die Aufnahmen für das vorliegende Buch machten, und den Museen, Archiven und sonstigen Institutionen, die weiteres Fotomaterial lieferten. Die Abbildungen, die nachstehend nicht aufgeführt sind, wurden vom Historischen Museum der Stadt Wien zur Verfügung gestellt. Die Zahlen verweisen auf die Abbildungsnummern.

Basel, Kunsthalle 189 (Colorphoto Hinz)
Köln, Theatermuseum des Instituts für Theaterwissenschaft der Universität 266
Wien, Bundesdenkmalamt 150, 212
Wien, Graphische Sammlung Albertina 279
Wien, Graphische Sammlung Albertina, Loos-Archiv 240, 241, 243
Wien, Gustav Mahler-Gesellschaft 261 (Foto Vouk), 280
Wien, Dr.-Karl-Renner-Institut 30, 36, 38
Wien, Österreichische Galerie 152, 181, 188, 195–197, 201, 268
Wien, Österreichisches Museum für angewandte Kunst 144, 146, 161, 167, 264, 265
Wien, Österreichische Nationalbibliothek 33, 41, 209, 228, 258, 259, 262, 267, 281–284, 288, 289, 298, 303, 308, 309, 311
Wien, Österreichische Nationalbibliothek, Theatersammlung 53, 294, 316
Wien, Sigmund Freud-Gesellschaft 117–119, 122
Wiener Stadt- und Landesbibliothek 52, 64, 65, 292, 306, 307
Wien, Gerhard Trumler 221

Den Stadtplan (S. 10) stellte freundlicherweise der Verlag Hallwag, Bern, zur Verfügung; Abb. 216 nach *Der Architekt* XXII, 1919; Abb. 224 nach Marco Pozzetto, *Max Fabiani,* Wien 1983; Abb. 233, 234 u. 239 nach Eduard F. Sekler, *Josef Hoffmann – Das architektonische Werk,* Salzburg u. Wien 1982 (mit freundlicher Genehmigung des Residenz Verlags).